HERMES

在古希腊神话中，赫耳墨斯是宙斯和迈亚的儿子，奥林波斯神们的信使，道路与边界之神，睡眠与梦想之神，亡灵的引导者，演说者、商人、小偷、旅者和牧人的保护神……

西方传统 经典与解释
Classici et Commentarii **HERMES**

地缘政治学丛编
Library of Geopolitics

刘小枫●主编

施米特的国际政治思想
——恐怖、自由战争和全球秩序危机

The International Political Thought of Carl Schmitt
Terror, Liberal War and the Crisis of Global Order

[英]欧迪瑟乌斯 Louiza Odysseos [英]佩蒂托 Fabio Petito ｜ 选编

郭小雨 等 ｜ 译

华夏出版社

中国人民大学科学研究基金
（中央高校基本科研业务费专项资金资助）项目成果(20XNL026)

"地缘政治学丛编"出版说明

在一种观点看来,地缘政治学(Geopolitics)与政治地理学(Political Geography)是一门学科的两个名称,并无实质差异。① 人们显然不能说,地缘政治学是德语学界的惯用术语,而政治地理学是英语和法语学界的惯用术语。19世纪末的德国人文地理学家拉采尔(1846—1904)是地缘政治学的创始人,而他为这门学科奠基的大著就名为《政治地理学》(*Politische Geographie*, 1897, 715页)。1925年,德国的地缘政治理论家毛尔(Otto Maull, 1887—1957)出版的地缘政治学教科书也名为《政治地理学》(*Politische Geographie*, Berlin, 1956年修订版)。十年后,毛尔出版了一本同样性质的著作,却又名为《地缘政治学的本质》(*Das Wesen der Geopolitik*, 1936)。②

地缘政治学与政治地理学这两个术语似乎可以互换,其实不然。仅仅从字面上看,这两个术语也有差异:政治地理学的基本要素是历史地理学,地缘政治学的基本要素则是政治学。瑞典的契伦(1864—1922)作为地缘政治学这个术语的发明者出身于政治学专

---

① 皮尔赛等,《世界政治地理》,彦屈远译,台北:世界书局,1975,页7。
② 比较 Rainer Sprengel, *Kritik der Geopolitik. Ein deutscher Diskurs. 1914–1944*, Berlin, 1996。

业,而非像拉采尔那样出生于地理学专业。契伦凭靠拉采尔的政治地理学原理来建构现代式的国家学说仅仅表明,自18世纪以来,政治学越来越离不开对世界地理的政治史认识。

就学科性质而言,由于综合了史学、地理学、经济学、军事学、政治学,"地缘政治学"这个名称比"政治地理学"更恰切。毕竟,这门学问的重点在政治而非地理,地表不过是人世间政治冲突的场所。① 豪斯霍弗说得有道理:费尔格里夫的《地理与世界霸权》属于"政治地理学"要著,它为理解"地缘政治学"提供了必要的知识准备。② 换言之,政治地理学是地缘政治学属下的一个基础性子学科,没有某种政治学观念的引导,政治地理学仅仅是一堆实证知识。

拉采尔逝前一年出版了《政治地理学》的增订版(1903),这个版本添加了一个并列的书名"或诸国家及其贸易和战争的地理学"(*or die Geographie der Staaten, des Verkehres und des Krieges*)。这个副题准确解释了拉采尔所理解的"政治"现象的含义:"诸国家"是复数,"贸易"和"战争"是单数。这意味着,"政治"就是诸国家之间的贸易和战争。

显然不能说,这是什么了不起的新定义。自有文明记载以来,政治共同体之间的贸易和战争就是人类的基本生存经验。不过,古代与现代的地缘政治冲突有很大差别,除了"地理大发现"带来的整全的世界地理视野之外,商业技术文明的出现是这种差别的决

---

① 比较 R. D. Sack, *Human Territoriality: Its Theory and History*, Cambridge University Press, 1986; J. Painter, *Politics, Geography and "Political Geography": A Critical Perspective*, London, 1995。

② 豪斯霍弗,《〈地理与世界霸权〉德译本导言》,见娄林主编,《地缘政治学的历史片段》("经典与解释辑刊"第51辑),北京:华夏出版社,2018,页63–64。

定性原因。1750年，杜尔哥（1727—1781）写下了《关于政治地理学的论著纲要》，清晰地勾勒出一幅世界地缘政治史的演进图。[①]事实上，拉采尔的《政治地理学》中的所有基本论题，都可以在杜尔哥的这篇纲要中找到。

拉采尔在《政治地理学》的"序言"一开始就说：他的老师李特尔（Karl Ritter, 1779—1859）已经充分注意到地理学的"政治方面"。[②]史称李特尔为"人文地理学"的先驱人物，但我们应该知道，他因在其成名作《地球志》中探究了"黑非洲"而随即被当时的普鲁士王家军事学院聘为地理学教授。[③]由此看来，"人文地理学"这个名称虽然听起来颇为美丽，且如今已成为大学中的一门基础学科，但其诞生之初却是为欧洲各王国的世界性"政治占有"服务的自然科学。

作为古老的中国文明的后代，我们必须承认，古希腊人、罗马人乃至后来的日耳曼裔欧洲人，在地缘政治冲突方面的经历都远比我们的古人丰富。周代晚期七国争霸的内战状态，毕竟并未与西方式的地缘政治冲突交织在一起。20世纪40年代，在中国面临生死存亡之际，流亡陪都重庆的世界史学家也成立了一个"地缘政治学协会"（1941），还形成了一个"战国策派"。但因时势艰难，中国的政治地理学家很难有沉静的心态从世界历史的角度深入认识地缘政

---

① 杜尔哥，《政治地理学》，刘小枫编，《从普遍历史到历史主义》，北京：华夏出版社，2017，页99-118。

② Friedrich Ratzel, *Politische Geographie or die Geographie der Staaten, des Verkehres und des Krieges*, München, 1923（E. Oberhummer审读、增订第三版），页V。

③ 迪金森，《近代地理学创建人》，葛以德等译，北京：商务印书馆，1980，页43。

治学。

"文革"时期关于"三个世界"的普及教育,也许算得上是一种地缘政治学教育,但是,且不谈相当粗陋,它实际上并不具有整全的世界历史视野。① 如今通过叙述"丝绸之路"的历史,我们也许可以铺展出一幅让中国史与世界史彼此交融的历史地图,毕竟,"把中国文明与西欧亚及地中海世界连接起来的通道,就是陆上和海上的丝绸之路"。②

然而"中西交通史"并不具有地缘政治学的视野。"丝绸之路"的历史与帝国兴衰密不可分:无论陆上还是海上的贸易通道,无不受帝国秩序掌控。何况,"'丝绸之路'根本不是什么道路,[罗马帝国和中华帝国]双方的军队无论从哪个方向都无法发动进攻"。③ 因此,叙述"丝绸之路"的历史若不能深度反映帝国间冲突的历史,难免流于商贾之谈。

太平洋战争爆发以来,美国的政治学家一方面把德国的地缘政治学说成替德意志第三帝国服务的"侵略性学科"或"伪科学",另一方面又通过大学教育以及传媒对国民普及地缘政治学知识。直到今天,美国知识界正是凭靠海上强国的地缘政治观纵论国际政治时局,才掌握着主导国际政治格局的话语支配权。

由于种种历史的原因,我国学界对世界地缘政治学的认识迄今

---

① 比较国营东光无线电器材厂工人理论组/吉林师范大学地理系73级工农兵学员编,《三个世界》,长春:吉林人民出版社,1975。

② 张国刚,《胡天汉月映西洋:丝路沧桑三千年》,北京:生活·读书·新知三联书店,2019。

③ 奎斯特,《国际体系中的进攻与防御》,孙建中译,上海:上海人民出版社,2008,页36。

仍然相当局促,这与我们缺乏相关的知识储备有关。为了改变这一情形,本工作坊开设了这个系列,聚焦于19世纪末以来形成的地缘政治学文献,原典和研究性著作并重,为我国学界在新的国际政治形势下进一步开阔眼界尽绵薄之力。

刘小枫

2018年春

古典文明研究工作坊

目　录

概要及作者简介 ………………………………………… 1
致谢 ……………………………………………………… 5

导论：施米特的国际政治思想 ………………………… 7

第一单元　施米特的"异端"国际思想

一　施米特的"现实制度主义"………………… 科伦坡 31
二　地缘政治与大空间政治：从施米特到
　　卡尔和伯纳姆 ………………………… 罗玛·阿霍 50
三　从人性化战争到人道主义干涉 ………………… 布朗 74

第二单元　后"9·11"时代中的秩序危机

四　全球恐怖主义与永久例外状态 ……… 拜诺伊斯特 95
五　游击战、恐怖主义与新的大地法 ………… 乌尔曼 122
六　战争、暴力与对政治性的代替 …… 比沙　贝恩克 133
七　越界？………………………………… 欧迪瑟乌斯 154

第三单元　寻求新的大地法

八　施米特对单极世界危险的警告 …………… 墨菲 181
九　帝国概念的重现与施米特思想的影响 ……… 佐罗 190
十　反对世界一体化：施米特、西方中心论以及自由的全球
　　秩序……………………………………………… 佩蒂托 205
十一　欧盟法的演进和施米特的欧洲秩序
　　　理论 …………………………………………… 伯吉斯 229

第四单元　对施米特国际思想的批判性重读

十二　一个没有外部的可怕世界 ………… 奥贾康盖斯 251
十三　不安生活的气质 …………………… 普罗佐罗夫 273
十四　法：词与神话 ……………………………… 迪恩 299

概要及作者简介

在第三个千年的开头,我们正在经历新"大地法"或全球秩序的显现吗?通过为施米特《大地的法》提供第一个批判性分析,本书想处理国际关系中的这一关键性问题,并且考察这个重要文本——以及更宽泛意义上施米特的国际政治思想——如何能够帮助我们理解自威斯特伐利亚国际秩序崩塌以来国际体系中的时代性变化。

本书认为,施米特的国际政治思想提供了另外一种国际关系的历史,包括"威斯特伐利亚体系"的起源、贡献和面貌,为思考当代国际社会秩序和结构的危机提供了一块敲门砖。施米特的写作开始于一个他认为空间、政治和法律秩序(即"大地法")已经崩塌的时代,其作品点明了在当代世界政治中出现的不少核心关切,例如国家遭到削弱、美国的"帝国式"霸权、自由主义全球干涉的兴起以及更普遍意义上的恐怖主义和战争的变化。

针对施米特为国际关系提供的法学与政治思想,本书的作者们希望进一步推动并扩展对其重要性的新近争论。他们也用施米特的思想去反思造成全球"反恐战争"和国际法危机的当代国际政治环境。由此,本书鼓励对施米特的批评,甚至力求超越施米特。

研究国际关系、政治、法律和历史的学生和学者,应该会对《施米特的国际政治思想》这本书很感兴趣。

贝恩克(Andreas Behnke):雷丁大学(University of Reading)政治与国际关系学院讲师。在《和平研究(国际刊)》(*International Journal of Peace Studies*)与《千禧年与国际关系》(*Millennium and Zeitschrift für Internationale Beziehungen*)刊物上著文,研究兴趣包括非传统安全研究、安全与全球化、非传统地缘政治研究,以及批判性国际关系理论。

比沙(Linda S. Bishai):美国和平机构(United States Institute of

Peace)教育项目的高级项目主管,关注国际关系、争端解决、人权与和平研究方面的大学教育。在《国际关系期刊》(Journal of International Relations)、《发展》(Development)和《合作与冲突》(Cooperation and Conflict)这些刊物上发表多篇文章。在此机构工作之前,她是陶森大学(Towson University)的助理教授,教授国际关系、国际法、武力运用、人权方面的内容。其研究兴趣包括国内法庭中的身份政治和国际人权法的运用,以及纽伦堡审判对国际法发展的影响。

布朗(Chris Brown):国际关系学教授,伦敦经济学院国际关系系主任。出版著作《主权、权利与正义》(Sovereignty, Rights and Justice, 2002)、《理解国际关系》(Understanding International Relations, 3rd edn, 2005),同时也是《国际关系与政治思想》(International Relations and Political Thought, 2002)的编者之一,并且参与编著了大量关于国际政治理论的文章与著作章节。目前研究计划涉及人性、文化多样性和国际政治理论。

伯吉斯(J. Peter Burgess):奥斯陆国际和平研究机构(PRIO)研究教授,负责安全项目,编辑期刊《安全对话》。是《欧罗巴博物馆:经济与政治中的欧洲文化遗产》(Museum Europa: The European Cultural Heritage between Economics and Politics, 2003)的编者;著有《文化与合理性:欧洲框架中的挪威人认同》(Culture and Rationality: European Frameworks of Norwegian Identity, 2001)。

科伦坡(Alessandro Colombo):米兰大学国际关系学教授,撰写了关于国际政治概念、欧洲宗教安全困境方面的论文,出版专著:《不平等的战争:国际社会衰落中的和平与暴力》(Pace e violenza nel tramonto della società internazionale, 2006)、《长久的联盟:巩固、霸权和危机之间的北约组织》(La lunga alleanza: La Nato tra consolidamento, supremazia e crisi, 2001)。

迪恩(Mitchell Dean):澳大利亚麦考瑞大学(Macquarie University)社会学教授,"社会、文化、媒体与哲学"学院主任。出版多部著作,其中包括《政府能力:现代社会中的权力和规则》(Governmentality: Power and Rule in Modern Societies, 1999)。目前的研究和写作涉及威权自由主义、主权、例外国家、世界秩序、战争与和平的概念。其新书《管理社会:国内与国际规则的政治视角》(Governing Societies: Political Perspectives on National and International Rule, 2007)中包含这些主题。

德·拜诺伊斯特(Alain de Benoist):两本法国学术期刊——《危机》(Krisis)与《新学院》(Nouvelle Ecole)——的编者,撰写了五十多本政治哲学、社会学和思想史方面的书籍。施米特作品的法文版译者,出版了第一部施米特全集索引:《卡尔·施米特:作品与通信书目索引》(Carl Schmitt: Bibliographie seiner Schriften und Korrespondenzen, 2003)。

罗玛·阿霍(Mika Luoma-aho):芬兰拉普兰大学(University of Lapland)国际关系方向助理教授。1999至2002年在芬兰政治科学与国际关系研究生院(Finnish Graduate School of Political Science and IR)研习施米特地缘政治著作,2002年于纽卡索大学获得政治学博士学位。在下列刊物上发表或合作发表多篇文章:《欧洲公共政策》(Journal of European Public Policy)、《地缘政治与欧洲遗产》(Geopolitics and European Legacy)。

墨菲(Chantal Mouffe):英国威斯敏斯特大学民主研究中心政治理论教授。著有:《政治的回归》(The Return of the Political, 1993)、《民主悖论》(The Democratic Paradox, 2000),同时还是《卡尔·施米特的挑战》(The Challenge of Carl Schmitt, 1999)一书的编者。

欧迪瑟乌斯(Louiza Odysseos):萨塞克斯大学国际关系学高级讲师。著有《共存的主体:国际关系中的他者》(The Subject of Coexistence: Otherness in Inter-national Relations, 2007),并在《欧洲政治理论期刊》(European Journal of Political Theory)、《国际政治和千禧年评论》(Review of International Studies and Millennium)上发表论文。她与人合编《性别化了的国际政治》(Gendering the International, 2002),并且在《莱顿国际法学报》(Leiden Journal of International Law, 2006)上设立"施米特国际理论"的"特别关注"栏目。她最近的研究计划是考察施米特的国际政治作品,将其用于分析"后威斯特伐利亚时代"的自由世界主义理论。

奥贾康盖斯(Mika Ojakangas):芬兰赫尔辛基大学赫尔辛基高等研

究院研究员。著有关于施米特和政治哲学的论文数篇,包括近期的一篇专论文章:《具体生活的哲学:卡尔·施米特与后现代性中的政治思想》(A Philosophy of Concrete Life: Carl Schmitt and the Political Thought of Late Modernity, 2006)

佩蒂托(Fabio Petito):在伦敦东方和非洲研究院(SOAS)教授国际关系,同时任教于意大利那不勒斯东方大学。他是伦敦经济学院《千禧年:国际研究学报》(Millennium: Journal of International Studies)的编辑,同时与人合编《国际关系中的宗教:由放逐到回归》(International Relations: The Return from Exile, 2003;意大利文版,2006),以及《莱顿国际法学报》上"施米特国际理论"的"特别关注"栏目。

普罗佐罗夫(Sergei Prozorov):国际关系学教授,任教于俄罗斯彼得罗扎沃茨克国立大学(Petrozavodsk State University)。著有:《技术协助下的政治教学法:俄国后共产主义历史本体论研究》(Political Pedagogy of Technical Assistance: A Study in Historical Ontology of Russian Postcommunism, 2004)、《理解俄国与欧盟的冲突:融合的限度》(Understanding Conflict between Russia and the EU: The Limits of Integration, 2005)以及《福柯、自由与主权》(Foucault, Freedom and Sovereignty, 2007)。

乌尔曼(Gary L. Ulmen):《目标:批判性思想季刊》(Telos: A Quarterly Journal of Critical Thought)的资深编辑。《大地的法》(2003)的英译者和编者,撰写了关于施米特思想的多篇文章,最近在翻译施米特的《游击队理论》(Theorie des Partisanes)

佐罗(Danilo Zolo):意大利佛罗伦萨大学政治与法律理论教授。著有:《反身的认识论》(Reflexive Epistemology, 1989)、《民主与复杂性:一种现实主义的路径》(Democracy and Complexity: A Realist Approach, 1992)、《全球政治:世界政府的前景》(Cosmopolis: Prospects for World Government, 1997)、《以人性为名:战争、法律和全球秩序》(Invoking Humanity: War, Law and Global Order, 2002)。

致　　谢

本书始于 2003 年。在第一次读到施米特《大地的法》的英译本后，我们觉得有必要介绍这本书，让国际关系、政治理论和国际法领域的学者，换句话说，也就是那些热衷于思考当前国际困境的学者更好地了解这本书的洞见。

为此，我们在 2004 年 9 月于海牙召开的第五届泛欧国际关系会议(Pan‑European International Relations Conference)上，专门召开了一次关于施米特国际政治思想的研讨会。这里有不少立即会引人注目的巧合：会议的名称是"构建世界秩序"，会议于 9 月 9 日至 11 日在海牙举行——施米特则将这座城市与欧洲公法的最终解体联系在一起。不仅如此，会议和工作坊还与新近召开的国际刑事法院共用荷兰议会中心。

我们要感谢 Douglas Bulloch、Christoph Burchard、Dominika Dufferova、Jörg Friedrichs、Montserrat Herrero、Robert Howse、Carmelo Jiménez Segado、Jerónimo Molina Cano、Sergio Ortino、David Pan、Mikkel Thorup、Lars Vinx、Howard Williams 和 Thalin Zarmanian 对工作坊的贡献，以及他们所做的点评，这些点评不仅有助于形成本书，而且有助于我们理解施米特的国际思想。此外，我们还要感谢 Fred Dallmayr, Alexander Wendt, Michael Cox, Richard Bellamy, R. B. J. Walker 和 Peter Wilson 对本书出版的批评和帮助。最后，我们感谢 Stefan Elbe 和 Irène Petito 在过去几年中的支持和耐心，没有他们的支持和耐心，本书不可能出版。

墨菲一章的较短版本以"施米特看多极国际秩序"("Schmitt's Vision of a Multipolar World Order")为题已发表在《南大西洋季刊》(*South Atlantic Quarterly*) 2005 年第 2 期。

欧迪瑟乌斯／佩蒂托
于布莱顿／巴黎

导论:施米特的国际政治思想

欧迪瑟乌斯 佩蒂托 撰

郭小雨 译

施米特与国际思想

[1]在第三个千禧年开始的时候,我们是否正在经历新"大地法"(nomos of the earth)的显现? 20世纪50年代,施米特以其国际视野完成了影响深远的作品:《欧洲公法的国际法中的大地法》(*Der Nomos der Erde im Völkerrecht des Jus Publicum Europaeum*)(2003 [1950])。在欧洲大陆,《大地的法》已被广泛视为施米特智识成果的代表,为中世纪末到冷战之初的国际法变迁提供了最令人信服的历史叙述。实际上,它不仅仅是一部国际法的历史,它还给出了另一种相当成熟的关于国际关系的历史性叙事,描述了常被国际关系领域称为"威斯特伐利亚体系"(Westphalian system)的现代"国际社会"的产生、成就及解体(参考 Bull and Watson 1984)。

施米特在写作时认为,"威斯特伐利亚体系"作为包含在 jus publicum Europaeum[欧洲公法]中的空间、政治、法律的全球秩序,经历了重大的秩序坍塌过程,他将这一过程追溯至从19世纪的后几十年到一战开始之时。在《大地的法》的前言中,施米特掩饰不住惋惜之情,说道:"传统上以欧洲为中心的国际法在今天已经消逝,正如旧的大地法一样。"(2003:39)同时,施米特预见了从美国霸权式全球干涉主义中产生的诸多危险,国际法的去具体化、普遍化(即成为没有明确空间根基的"秩序")和国际体系多样性减少所造成的影响,以及游击战和恐怖主义的发展。他基于这些考虑所提出的问题,也是我们以此篇导论为开头的这本关于施米特国际政治思想的书所关心的问题。

这些危险带来的影响从冷战结束就日渐明显,但直到今天,我们才逐渐认为,严肃对待施米特的国际政治思想对理解当下国际形势是有用的,甚至可能是必要的。① 实际上,施米特写于魏玛共和国[2]晚期的法律和政治作品已对当今英语世界的法律和政治理论产生了重要且与日俱增的影响,②然而,常与欧陆政治思想交锋的施米特"国际政治思想"却在很大程度上被国际关系和政治理论领域共同忽略,尽管施米特最激烈的当代批评者也承认他作为一个思想家的贡献,认为他是"20世纪欧洲最具影响力的政治和法律理论家……对战后美国政治思想也发挥了潜在的作用"(Scheuerman 1999:1)。

这种忽略可以部分地归因于《大地的法》在 2003 年才被翻译成英文。不仅如此,施米特在 20 世纪 30 年代卷入纳粹政府这一事实,也经常成为国际关系领域拒斥施米特的正当理由(Balakrishnan 2000; Schmitt 1950)。非常有趣的是,相较于政治理论、法学理论和国际法等学科,这种拒斥在国际关系领域持续的时间更长,在一定程度上有力地揭示了国际关系在何种程度上仍然是一种"美国的社会科学"(Hoffman 1977)。但同时更值得注意的是,施米特国际关系思想的"多学科"特质——它涵盖了国际关系、国际法和多国历史,且涉及哲学、政治和法律理论——加剧了这一令人遗憾的忽视。

---

① 开始关注施米特国际思想的研究见 Stirk(2005),以及 Leiden Journal of International Law(2006)的特辑,另见 South Atlantic Quarterly(2005)和 Constellations(2004)。"Theory of the Partisan" in *CR: The New Centennial Review*(2004)的特辑也可参考。

② 施米特在英语世界中的日增影响力,见 Mouffe(1999)、Dyzenhaus(1998)、Müller(2003)、Scheuerman(1999)、Cristi(1998)、McCormick(1999)、Balakrishnan(2000)、Kennedy(2004)。

通过考察作为"异端"的施米特涉及国际关系领域的作品,更重要的是,通过探究这些作品与国际社会中时代性变化间的关系——这些变化产生于威斯特伐利亚国际秩序坍塌之后——本书旨在针对性地矫正上文提及的那种忽视,并寻求弥补在国际关系和政治理论研究中都存在的空缺。因此这一智识努力有两个主要任务。第一,把施米特的国际思考引入国际关系领域。如我们在上文所说,该领域尚未认识到,施米特的作品针对威斯特伐利亚这一国家体系的地缘政治品质和成就提供了重要且有力的分析,而且他的分析与奠定了国际关系学科本身的"神话"截然不同(Teschke 2003;Krasner 1999;Schmidt 1998)。基于下文给出的原因,本书认为,对国际关系领域而言,施米特论及威斯特伐利亚秩序起源的作品至少不仅应与经典的现实主义者如卡尔(E. H. Carr)、摩根索(Hans Morgenthau)、阿隆(Raymond Aron)、怀特(Martin Wight)、布尔(Hedley Bull)和沃尔兹(Kenneth Waltz)的作品地位相似,也应与新近确立地位的沃尔夫(Leonard Woolf)、拉斯基(Harold Laski)等自由主义者的作品平等。换句话说,通过扩展和激发关于施米特思想对国际政治意义的争论,这册书旨在鼓励一种对其全部作品进行整体性反思的研究方向,即不再将其视为国际关系领域的边缘,而是视其为切中了这一学科的核心关切。所以我们的第一个目标就是,承认施米特在国际问题方面的思考,尤其是《大地的法》,是国际关系学科中"失落的经典"。

[3]第二,之所以需要迫切地纠正忽视施米特对国际问题的思考这一现象,除了回应国际关系学科在选择和诠释经典方面存在的重要问题之外,还因为我们需要更深地理解当下国际情势的危机与国际社会规范性结构中发生的划时代变化。这册书的作者们证明,施米特的诸多洞见可以为社会、法律和政治科学的学者们提供一个多学科的共同研究平台,有助于他们分析新兴的全球恐怖主义,当下全球"反恐战争"中的国际政治环境,国际合法性危机,美国"帝国性"霸权的出现,以及谋求全球干涉的自由世界主义兴起(Schmitt 2000

[1963],1996)。

但是,如果对于我们来说,紧迫的是理解当下世界的有序或无序、制度性的不稳定和政治暴力,以及我们能够为建立未来和平与正义的国际秩序做些什么,那么,为何要如此注重过去,即注重一部关于国际关系的历史——而且还是半个世纪前写就的历史呢？实际上,我们很有必要为迅速变化的全球社会提供一个可供定位的参照系背景,而这比任何时候都更需要敏锐的历史感觉。不了解过去,我们就不能读懂现在,更不能构建未来,即使在社会科学中占主导地位的实证主义方法论不想要我们如此认为。具体而言,我们主张,在这个变化的时代,任何旨在超出新闻评论层次的对当前国际局势的反思,都需要熟悉历史。就此而言,我们忠于一种历史社会学的方法论,并欣然赞成布尔和沃特森(Adam Watson)为《国际社会的扩张》(*The Expansion of International Society*)一书所撰"导言"中的最后一句话：

> 我们当然认为我们的研究对象只能在历史的视域中得到理解,而且,没有对生成这一研究对象之过去的理解,当前的普遍国际社会就不可能有任何意义。(1984:9)

以这种方法论为前提,我们会接着给出施米特关于威斯特伐利亚体系——用他的话说,即"旧的大地法""欧洲公法"——的不同于传统的历史叙述,并在这个意义上把关于施米特国际政治思想的多种解释编入此书。① 施米特将威斯特伐利亚这一全球秩序构架视为欧洲法律和文明的最高成就,它诞生于中世纪的"基督教共和国"(respublica Christiana)这一前全球性秩序的灰烬中。但到20世纪,欧洲公法已明显解体,新大地法的问题便随之出现。

---

① 对施米特《大地的法》中主要观点的详细批判性讨论见 Ulmen(2003)。

再思作为大地法的"威斯特伐利亚体系"

施米特认为威斯特伐利亚体系是一个独特的欧洲秩序。通过点明使这一具体空间秩序及作为国际[4]法的"欧洲公法"成为可能的特定条件和环境,他将威斯特伐利亚体系历史化了。国际关系领域中的现实主义框架认为,国际政治是固定和重复的,趋向重复也被肯定为一种分析和预测上的优势。在此框架中,威斯特伐利亚式的国家体系被刻画为现存权力政治关系最靠近今天的历史证明(例如 Waltz 1979)。与此相反,在施米特看来,只有在更广阔的历史叙事中,我们才能讨论威斯特伐利亚秩序的起源和层次。这种历史叙事包括了新兴的、世俗化的欧洲现代性以及与此相关的现代国家的形成,它们的发展改变了之前使欧洲人民和君主能政治性地共存的制度和法律基础。

实际上,在施米特看来,作为一个历史时期的现代性与国家的兴起直接相关。这里的国家是"公共生活中反神学和理性化的历史性行为体"(Schmitt 2003:159,140;亦参 1985;Ulmen 1996:130)。是世俗化,或者更为具体地说,是对教会之于政治和战争的精神权威性的剥夺,促成了新的、独特的空间秩序的产生(Schmitt 1999:204)。现代国家"打破了中世纪基督教共和国的空间秩序格局,并用一种完全不同的空间形式代替了它"(Schmitt 2003:127)。这一新全球秩序的出现不仅是由于国家的切实发展,而且得益于这种形式的政治体寻求并建成了在所有同类政治体间的均势(同上,页126)。

施米特对"威斯特伐利亚体系"的理解与其他主流解释完全不同,就在于他坚信,这一欧洲的政治—法律秩序从一开始就是全球性的,且完全无法脱离15世纪末发现新世界这段不可重复的历史。实际上,施米特说,只有在发现了新世界,并且将地球看做一个真正的球体——一个能被科学衡量的空间后,我们才能将地球看做一个整体,并反思其空间秩序,也即大地的法。

"大地的法"与新世界的发现

一种粗浅的字面翻译或许会将 nomos 这一概念译为实证主义的、一种作为抽象命令的"法律"概念。但这两个概念几乎毫不相干。对施米特来说，nomos 是一种奠基性的行动，它创生出统一了（法律）秩序和（空间）方向（Ordnung und Ortung）的具体领土性秩序（同上，页 67–69）。Nomos 的概念让下述真理变得可见：每一种法律秩序首先且主要地是一种由土地占有过程构成的空间秩序，因为"所有法律都是一个具体地方的法律"（同上，页 98）。如我们先前提及的，施米特把发现和占有新大陆作为历史性的转折点，这一行为促成了第一个大地法的诞生：欧洲公法秩序。

因此，大地的法是一种全球秩序，"一个由共同规则联合起来的政治单位共同体……它们在国际事务的行为中相互制约"（Ulmen 2003：10）。在[5]施米特看来，此种秩序必须建立在占有土地这一历史性事件之上，而这一奠基性行动是暴力的。正如其定义所示，由国际关系领域中的理性主义者和英国学派大致描述出来的现代欧洲"国际社会"（参 Wight 1994；Linklater 2001），是在国际关系领域内部理解施米特所谓第一个大地的"法"——即欧洲公法——的一个可能的起点。实际上，布尔就将国家所构成的社会定义为"一个认为自身在与其他国家的关系中受制于一系列共同规则的国家群体"（1977：13）。毫无疑问，"国际社会"和"大地的法"这两个概念都比现实主义者使用的"国际体系"概念要更为丰富，因为前两者都揭示了威斯特伐利亚体系中致密的制度性面貌，以及其独特的欧洲根源（见科伦坡为此书写的第一章）。但是，对施米特而言，威斯特伐利亚体系从一开始就是一种全球秩序——甚至在欧洲国际社会的扩展进程开始之前即如此（在布尔和沃特森眼中，这一扩展进程于 20 世纪的普世化浪潮中达到顶峰）。而威斯特伐利亚体系作为一种全球秩序的原因恰恰在于，它起源于将新世界作为自由空间这个划时代的发现。这意味着,新世界是一个向欧洲占领和扩张开放的区域。

1492年后不久,当第一批地图和地球仪生产出来时,欧洲占取土地的诸强国也首次划下了界限,在这一新的全球空间中分割、分配领土。这标志着施米特所谓的"全球划界思维方式"(global linear thiking)诞生了(2003:86 - 100)。施米特阐明了作为第一次全球性划界的"西班牙 - 葡萄牙线"(Spanish - Portuguese rayas, Treaty of Tordesillas 1494)的分配性(distributive)目的:在罗马教皇作为教会首领的共同权威保证下,两个占取土地的基督教君主在基督教共和国空间秩序内部划分新土地。之后,法国和英国通过1559年《卡托 - 康布雷齐条约》(Cateau - Cambrésis)划定的"友好线"(amity lines)则建立在完全不同的预设之上,并体现了奋力争夺(agonal)的特点。他们将两个完全不同的区域认定为"开放空间":一个是新世界中属于未被承认的土著的陆地;另一个则是新近才绘入地图的适于航行的海洋(同上,页94 - 95)。在这两种形式的"开放空间"中,占取性的欧洲强权都可以自由、粗暴地运用武力,因为这些区域就是"被指定来用于痛苦的力量斗争测试的"(同上,页99)。施米特用有力的语言表达道:

> 欧洲在"界线"的一边终结,"新世界"在另一边开始。无论如何,欧洲的法律,即"欧洲公法",在界限处终止了……界限的另一侧是"海外"区域,其中没有任何对战争的法律限制,只有胜者为王。(同上,页93 - 94)

我们需要得到许可去占有这些"界线之外"的新土地,需要在法律上证成这一占有的正当性,也需要对海洋的秩序安排。,所考察的,便是这些需要如何创生了延续近三百年的独特欧洲秩序——"威斯特伐利亚体系",这也是第一个具有全球性地缘政治特征的秩序。[6]在占取中形成的全球性关系,于施米特带有异端特质的国际政治和法律学说中扮演着核心和关键角色。但直到经历了持续的后殖民和后建构主义批判后,这些内容才被国际关系界承认为其研究范围(例如 Hoogvelt 2001;Campbell and Dillon 1993)。

实际上,施米特认为,现代国际政治的历史与科学理性的产生分不开,也离不了更一般的现代性叙事中所强调的资本主义扩张,但是,起首要作用的还是国家这一独特的欧洲社会组织形式对新世界的土地占取过程。施米特确实也这样表示:

> 国际法的首要问题就是,非基督教的、非欧洲的人民和君主是否都是"自由"且没有权威的,是否非欧洲人处于较低的文明阶段,可以被较高文明阶段中的人视为组织的对象。(同上,页137–138)

这一秩序不仅用界限把欧洲和非欧洲(即"开放"或"自由"的)领土区分开,使强权能在非欧洲空间内占取、争夺权势,还规制了欧洲内部的战争关系(同上,页97)。施米特将这种对战争的限制称之为"战争的藩篱"(eine Hegung des Krieges)——把战争放在括弧内(a bracketing of war)。他认为,这带来了威斯特伐利亚秩序最大的贡献:对战争的限制和人道化。我们将在下文讨论这些内容。

"战争的藩篱":限制战争

在《大地的法》中,施米特强调,欧洲现代国家不仅作为世俗化的载体出现,还具有全球性地缘政治的特征。据此,施米特可以追溯这种国家间秩序如何能够限制战争,使战争得以"理性化和人道化"。通过承认存在于国家间有限战争中的暴力形式,施米特在此书中还详细叙述了这一秩序成功"限制"战争的方式:这恰恰是以在欧洲和非欧空间之间进行地缘政治区分,并在新世界追求土地占取为基础的。因为它让战争远离欧洲土地,所以,施米特将限制战争之效果的出现作为意

重大的法律与政治成就(见本书第八篇):

> 宗教和派系战争将敌人视为罪犯或海盗,因此自然要追求对敌人的彻底消灭。与这种战争形式的残暴性相比,或与对抗"野蛮"人的殖民战争相比,欧洲的"形式战争"代表了战争理性化和人性化的最大可能。(Schmitt 2003:142)

[7]根据施米特的说法,这便是威斯特伐利亚体系的主要贡献。这一到1914年都存在于欧洲的国家间秩序,谋求的是通过其国际法体系来"避免毁灭性的战争,也即,既然战争不可避免,那么便要对其进行限制"(同上,页246)。它并不寻求以诸如在国际关系中禁绝或消灭战争的方式来终止战争,因为"任何没有真正限制战争就废除战争的做法只会带来新的、可能是更糟糕的战争形式,比如回到内战或其他灭绝型的战争形式"(同上)。因此,它更愿意找到方法,通过在新世界中竞逐对土地的占取,或在欧洲领土上进行有限战争,以及将对手视为同等敌人——所谓"正当敌人"(justus hostis)——来判定和调整对手的力量。

"正当敌人"这一概念的发展对"限制战争"的贡献至关重要。"平等且正当的敌人",这一概念的演化伴随着现代国家的形成。在这种形式的政治体逐渐占据主导地位的过程中,教会的道德权威遭到削弱,战争转向"非歧视性"的,也就是说,摆脱了对实质上的"正义理由"(justa causa)的纠结。由于战争成了变更土地所有权状态的手段,所以"战争可以就其结果来评判",进而成为国家间的一种政治关系(同上,页100)。任何具有国家形式的敌人都是正当敌人,也都可以成为战争对象。这一发展避免了源于信仰、信念和宗教的战争(也即基于实质正义理由的战争)——这种战争在历史上已经造成了灾难性的毁灭;也避免了可能出现的对敌人的彻底灭绝。施米特相信战争是政治生活中不可避免的一部分,对他而言,这一不基于实质理由的对战争的规范,意味着战争的"理性化、人道化和法制化"。将敌人看做一个正当和平等的伙伴,意味着可以与敌人达成和平,即并不寻求对他的毁灭,但仍可能与他发生有节制的冲突。

结果是,战争成了"形式上的战争"(war in form; une guerre en forme;同上,页141),战争的正义不再与战争的原因相关,要考虑的只是参战方的形式充分程度:他们必须是正当敌人,是战争法的承担者,也就是说,是欧洲主权国家。换句话讲,"战争在某种程度上类似于决斗,成了有独立领土的道德人格之间的武装冲突"(同上),冲突的双方都是欧洲公法"家庭"的一部分。施米特指出,这种战争实际上恰恰是"失序的反面"(同上,页187)。

进一步地,"正当敌人"概念的出现意味着这个战争体系同时允许抵抗和自卫:正是由于正义理由不再起作用,敌人才是先验正当的,也因此,其自卫和抵抗的权利都应该得到承认。这使国际法可能发展出第三方国家的中立机制。唯一的非正义战争是非国家间战争,或者说私战:叛乱者、海盗、被剥夺了法定权利的人、扰乱正常秩序者都不是"正当敌人",而是罪犯,他们必须接受现代刑法意义上的惩罚。

因此,欧洲公法能够建立并[8]维持一种平衡(同上,页161),即在国际关系领域中为人熟知的"均势"。这与避免毁灭性战争相关,因为如果均势才是政治和军事目标,战争就不像出于实质和正义理由的战争那样,要求对手屈服或重新进入社会,而是会在实现这一目标的过程中受限。欧洲领土国家间大陆均势体系的运作,在解决领土变化这一根本问题时体现得最为明显:如何在不危及欧洲公法的整体空间秩序的前提下,允许欧洲内部的领土变迁。在18和19世纪,这一问题是在强权的领导下,通过大型和平会议的国际法程序来解决的。这代表了对均势这一欧洲国际法基础在法律层面最高程度的法律制度化,体现在其两大主要原则中:其一,欧洲国家间每一场重要战争都承载着所有欧洲国家成员的合法关切;其二,强权是欧洲空间秩序的担保者,相关领土变化需要强权得到承认(同上,页185–212)。

这一大地法的空间性使得欧洲强权可以在欧洲内部进行有限的、理性化的战争,同时在外部进行土地占取,从而支持了这一大地法长久的生命力。另外,值得重视的是,均势能够维持,是以"陆地"与"海洋"间的根本性对立为条件的,而这是另一个独特历史事件的结果,即不列颠对海洋的征服(Schmitt 1997)。施米特认为,有陆地和海洋这两大不同的空间秩序,它们共存但充满张力,大地的法就建立在这一基础之上。在此框架中,"岛国英格兰连接起了陆地和海洋这两种不同的秩序"(Schmitt 2003:173),它是海洋的统治者,而且保障着海陆间的平衡。于是,从1713年到1914年,在大地法之中有两个主要的分野:一个是陆地与海洋之别,牵涉到陆海对于敌人、战争、掠夺这些各不相同的概念以及由此导出的陆地战争和海洋战争之区分;另一个是欧洲国家与殖民地领地之间的区分,在前者中存在着对国家间战争的限制,在后者中则没有这一限制。

此书中的各位作者会接续、扩展或批评这里给出的简要阐述。他们也揭示了施米特的《大地的法》应该被置于它应得的位置上,与国际关系领域中的其他主要经典并肩,并被用来纠正这一领域的非历史性,以及该领域对空间、法律和政治在构成世界秩序中所发挥的作用的忽视。进一步地,这也可能让我们重新认识施米特的思想,将其视为国际的但却极具异端色彩的思想。

重估施米特的"异端"国际思想

如上述讨论所展示的,施米特给出了对威斯特伐利亚国家体系历史生成与特质的另一种解释,该解释[9]与国际关系学科中的常识相距甚远。下面,我们将概括本书中对施米特关于大地的法的论述的评价,包括在更宽泛的意义上检讨被视为"异端"的施米特国际政治思想对国际关系和世界秩序的理论意义和理解贡献。在此书题为"施米特的'异端'国际思想"的第一部分,我们从制度层面和地缘政治层面讨论其国际政治思想;在第四部分"对施米特国际政治思想的批判性重读"中,我们则考察其研究的形而上学结构、神话创作的特征以及"伦理"特质。

大地法的内与外:
施米特思想中的"现实制度主义"和地缘政治特征

在某种意义上,施米特称之为"大地的法"的全球秩序的贡献,无不与现代国家在欧洲和世界政治生活中逐渐占据主导地位的演进相关。尤其是,施米特认识到现代国家概念的构建对限制战争而言非常关键。实际上,他很有意思地指出,"所有已不再被今人普遍理解的美化国家的定义,都要回溯到这一伟大贡献,不管后来它们是否被误用,或像如今一样似乎遭到替代"(同上,页142)。对施米特而言,国家确实是威斯特伐利亚秩序制度性支柱的焦点。但无论是现实主义还是自由主义,主流国际关系研究都经常忽视这一层面,科伦坡(Alessandro Colombo)在第一章深入讨论了这一问题。

尽管古典现实主义和新现实主义的叙事承认国家对威斯特伐利亚体系的重要性,他们仍坚称,这一国家的中心性会消解对国际政治任何"厚"的制度主义理解。呼吁对国际政治中在一开始不甚稳定却日渐重要的制度性变化进行考察,则成了自由主义的制度主义叙事的责任。相反,施米特对现代国际制度发展历史条件的"异端"式叙事,则同时挑战了自由主义和现实主义视角。用科伦坡的说法,这两种视角没有认识到,国家是欧洲秩序的充分担当者,是威斯特伐利亚体系的主要制度性成分。科伦坡批评现实主义和自由主义,认为两者都忽视了在威斯特伐利亚体系致密的制度性特征中"寻找制度的具体意义"。他还认为,施米特式的国际政治思考"揭示的并非权力政治的历史,而基本上是一套制度的历史",这套制度的历史也同时恰当地考虑了地缘政治和权力的因素。在科伦坡看来,"制度给国际生活带来了巨大的影响,而欧洲公法就是这一影响的丰碑",这同时也解释了施米特的历史图景为何拒斥当代制度主义的进步论和乐观主义视角。

布朗(Chris Brown)在第三篇中,通过在实质上反对施米特"对[10]历史图景的颠倒",辩证地给出了与科伦坡对立的理解。在布朗看来,施米特确实能够"告诉我们人道主义干涉的概念起源于哪里,也能够向我们展示另一种不从西方枪杆子里产生的'人文主义'"。但布朗仍然批评了"施米特的政治学,以及他对历史材料高度选择性的利用",并且质疑主权国家间的有限战争较之前的"正义战争"和之后的"人道主义战争"而言有任何先进之处。

但无论布朗还是科伦坡,都认为施米特作品在国际关系领域中的经典地位应该得到承认。在科伦坡看来,其原因是《大地的法》凸显了一种特殊形态的"现实性制度主义":

> 在当代国际关系理论中,这似乎是一个当然的矛盾词,因为大多数制度主义者拒斥现实主义的预设,大多数现实主义者也不承认制度的作用。

而布朗则认为,施米特成为经典的理由是他"为当前有所复兴的正义战争思想提供了最充分、在智识上最具实质性的批判。任何想要继续在这一传统内进行研究的人都必须面对他的批判"。并且,这样一种批判对当代理论和政治论辩来说也同样至关重要。

让施米特的国际政治思想更贴近当代理论构建的原因还在于,它不仅叙述了第一个以国家为中心的全球秩序的历史,同时还尝试理解国家的终结及其影响,以及为世界政治建立新秩序的需要。因此,在第二篇中,罗玛-阿霍(Mika Luoma-aho)考察了施米特从魏玛时期到1936年后作品中地缘政治思考的演进,尤其是他对一种新秩序基础的探求。在这一秩序中,由各个强权领导的跨国"大空间"(Großräume)将会替代国家这一地缘政治形式。进一步地,罗玛-阿霍在国际政治学科中甚为重要的卡尔,以及当前被普遍接受为美国新保守主义之父的伯纳姆(James Burnham)的核心思想中,都追踪到这一大空间政治的影响。

伦理的、形而上学的、神话建构的?
——施米特思想的批判性重读

虽然这篇导论聚焦于对施米特国际政治思想的批判性阐发,但对施米特作品的哲学、语文学和伦理学方面的刻画也应得到同等重视,尽管这并非更重要。在本书第四单元即最后一个部分,论文作者们深入且批判性地讨论了施米特前期思想和后期国际问题思考中的哲学和伦理学基础。在讨论中,作者们借助当代欧陆批判理论进入并检讨施米特的整体思想。

在第十二篇中,奥贾康盖斯(Mika Ojakangas)从如下问题开始了对施米特思想形上学基础的考察:"为何施米特如此恐惧全球化和世界一体化,即一个没有外部的世界"?针对迈尔(Heinrich Meier 1998)至今都极具影响力的对施米特的神学解读,[11]奥贾康盖斯给出了一个形上学论证,认为施米特的思想是要质疑并遏制"后现代的突出特质",即质疑并遏制"内在性形而上学的支配地位"(dominance of the metaphysics of immanence)。奥贾康盖斯认为,施米特思想的形上学基础是外部的中心性。这一外部是不可被消解的。通过反抗内在性,施米特试图维持"秩序朝向超越的开放性",但"此种超越并非外在,而是在内在性之中的"(着重为作者所加)。

但是,迪恩(Mitchell Dean)在第十四篇中则认为,我们批判工作的焦点也许不应该放在以迈尔为代表的对施米特思想的神学解读之上,而是可以(带着反讽的、有大地意味的强调)挖掘施米特世界秩序思想中的神话构建和语文学层面。迪恩的这一考察还批判性地反思了我们在当今的讨论和政治中,在不陷入施米特不厌其烦的神话构建所带来的危险的情况下,利用施米特思想的学术能力。

最后,第十三篇即普罗佐罗夫(Sergei Prozorov)的文章处理了施米特研究和国际关系界批判性视角中的一个重要缺漏,聚焦于对施米特思想中伦理层面的思考。在这一缺漏中,施米特的政治现实主义"经常被各种以'政治伦理学'为名的学说批判"。普罗佐罗夫通过福柯来理解施米特的存在主义决断论,将其视为"在缺乏实质性道德律令,或与律令对立的情况下"进行"自我建构"的一种形式。换句话说,这使普罗佐罗夫能够重塑那些与施米特非道德主义(amoralism)相关的、"最受争议甚至臭名昭著的面相",认为它们"本身便是伦理的"。

下面,在导论的最后一部分,我们将讨论施米特的"异端"国际政治思想如何为我们提供了一个分析重要国际问题的新的跨学科研究基础。这些问题包括当下全球性恐怖主义的兴起,全球"反恐战争"所面临的国际政治环境,美国"帝国式"霸权的演进,以及全球干涉主义、自由世界主义的流行。

寻求新法:施米特和当代秩序危机

在 19 世纪的最后几十年,欧洲公法进入它的暮年,这决定性地导致了它随着一战最终解体。对施米特来说,从那时开始,真正重要的事情就是寻找新的大地法。施米特将这第一个大地法贯穿于 20 世纪的终结之路理解为三个过程,每一个过程中,它都展现出巨大的力量。第一,欧洲公法解体为一个无空间基础的普遍"国际法",并在国联体系中成为一套制度(2003:227-258);第二,战争含义的转变;第三,美国的新角色,以及西半球作为其对外政策[12]话语中攸关范围的出现(同上,页281-308)。这些过程的背后包含着一个重大的历史性、划时代的变化:欧洲不再是全球的中心。在之前的几个世纪中,欧洲国际会议决定着世界的空间秩序;在一战之后,如巴黎和会所昭示的那样,世界第一次决定了欧洲的空间秩序。

在施米特看来,"国联"体系在替代欧洲公法方面是失败的,因为前者不能提供任何空间秩序。事实上,国联以高度不稳定的无序为基础,这首先在其处理战争限度的方式——这是任何一种国际法的首要目的——中体现出来。通过引入歧视性战争的新概念,并将战争视为罪行,它的主要目的变成了废除而不是限制战争。在古典式的欧洲国际法中,战争罪的概念只涉及在战时采取的某些违反战争法(jus in bello)的特定行动;而今,在《凡尔赛条约》第227条之中,施米特注意到,德国皇帝威廉二世被控以国际战争罪,罪名是"对国际道德和条约神圣性的极大侵犯"。将侵略战争罪犯化、创设国际仲裁机构、要求对战争损失进行赔偿,这些都是从发动不正义的侵略战争所带有的法律责任中衍生出来的。所有这些努力都昭示着战争意涵的划时代变化,并以最为清晰的方式标志着旧大地法的终结。这一终结,尤其是欧洲法律理性主义的最大贡献——限制战争——的终结所带来的影响,会在20世纪得到清晰的呈现,那就是新的总体战争的出现:借助于现代毁灭性武器(炸弹)并以人性为名的灭绝性战争,已经转化为针对危害和平者、罪犯和其他对象的警察行为。

但是,没有美国扮演的新的决定性角色,上述变化是不可能出现的。施米特通过观察西半球作为美国对外政策话语的中心来分析美国的崛起。自1823年著名的门罗主义宣言开始,西半球在施米特的语言中就代表了美国的"大空间",它界定了美洲大陆这一美国的特殊利益范围。在"全球划界思维"的意义上,这一西半球的界限既不同于葡萄牙与西班牙之间的分配性界线,也不同于英法之间竞争性的"友好线",而是一条划定了安全区的防御性界线。它是一条自我孤立的界线,也是一条基于鄙夷、"腐败的"旧欧洲的反欧洲界线。但是,在两次世界大战期间,西半球原初的孤立主义本质逐渐转变为一种普世主义—人道主义的全球干涉主义。以回归更古老、更可靠的正义战争传统为基础,它试图在所有相关的政治、社会、经济问题上为美国的干涉行为正名。这就是本书第二部分的作者们以"秩序危机"为题研究当前国际政治处境时的背景。

秩序危机(或法的危机):战争、恐怖主义和政治

[13]全球恐怖主义,以及随之而来的全球性反恐战争,是国际共存的规范性框架的重大危机最为鲜明的体现。拜诺伊斯特(Alan de Benoist)和乌尔曼(Gary L. Ulmen)撰写的章节便从这一基本观察出发,因为根据施米特,对战争法则的共识是建构所有国际法体系最为重要的支柱。但是,这个共同的施米特式起点并不必然导出他们对后"9·11"时代变化的一致解读。拜诺伊斯特在第四篇中对全球恐怖主义进行了政治性解读,将之视为美国压倒性霸权背景下的"新型敌人"。他还聚焦于美国采取的反应,认为其形式是无期限战争中的永久例外状态,并相信这种反应是不够充分的。乌尔曼则于第五篇给出了不同的解读。他区分了"游击队"和"恐怖主义"的概念,并且认为,在展现出施米特意义上"全球内战"特征的情形下,施米特所称的"除害行动"(pest control)应该得到支持。

自由主义和世界主义促成了当代国际法话语,但这一话语却与当下的政治暴力行径有着意想不到的联系,这也同样暴露了当代国际社会结构中的秩序危机。如比沙(Linda S. Bishai)和贝恩克(Andreas Behnke)在第六篇展示的那样,自由主义要将国际政治中的多样性转化成为普遍性。在这一普遍性中,差异带来的影响能被一个"超主权"(meta-sovereign)控制。而达成这一转化的方法,则是当下由美国所推动的对国际法的重塑——给予自由民主制以特殊地位,并重新引入以干涉权利为形式的"歧视性战争概念"。这一干涉权利包括从人道主义干涉到预防性干涉等多种形式。在第七篇中,欧迪斯乌斯也讨论了这种对政治性的替代。她强调了目前世界主义试图抹去威斯特伐利亚体系中的空间区隔,在普遍人性的基础上开启现代性的新时期所蕴含的危险。她的分析揭示了世界政治趋向主观性的过程,这一过程随着世界主义的方案而来,且指向世界主义和反恐战争之间重要却遭人忽视

的关系。

1989年冷战的两极阶段结束之后,秩序危机越来越明显地显现出来。实际上,我们甚至可以说,从1918年到1989年的整个"全球内战"时期仅仅是推迟了我们必将面对的普遍主义和多元主义间的困境。对施米特而言,这将是决定新的全球性国际法的核心问题(2003:243,247)。这一点在后冷战时期对国际秩序的重要论争中得到了证实。这些争论都围绕着普遍主义与多元主义各个版本的二元对立,也正切中施米特国际关系思想的核心关切:单极与多极,全球化与碎片化,世界主义与社群主义,[14]在一定程度上,甚至是福山"历史的终结"(1989)与亨廷顿"文明的冲突"(1993)之间的对垒。接续这些反思,本书第三部分在"寻求新的大地法"的框架下讨论了未来世界秩序的本质和可能性。

寻求新的大地法

借助施米特的洞见,墨菲(Chantal Mouffe)于第八章中认为,在美国不受挑战的霸权所主导的单极世界中,我们当下面临的核心问题是,敌意无法找到合法的表达形式。在这种状况下,当敌意产生时,它就倾向于以极端形式表现出来。墨菲暗示,为了创建能使异见得到合法表达的渠道,我们需要设想一个围绕着一系列大空间和原生文化中心构建的多元、多极的世界秩序。

沿着相似的线索,第九篇的作者佐罗(Danilo Zolo)用施米特的国际法哲学来反对当下某些对"帝国"概念的使用方式。他用"帝国"概念指代一种复杂意义上的美国全球霸权。相对于通常被当代政治理论作为帝国范式的"罗马模式"而言,这一帝国概念有着全新的内容。佐罗反对美国危险的帝国倾向,认为世界秩序与和平需要"大空间"概念的新地区主义式复兴,以及对民族国家间多边协议的强化——这仍然是地区融合中民主合法性的来源。

如果说这些分析倾向于强调施米特更青睐一个新的多元秩序,将之作为未来的大地法,那么,佩蒂托(Fabio Petito)和伯吉斯(J. Peter Burgess)则分别阐发了这个新的、还未到来的多元大地法可能的理论和实践。在第十篇中,佩蒂托批判性地讨论了施米特自己对"新大地法"之可能结构的想法。从施米特对灾难性的世界一体化的反对出发,佩蒂托勾勒出一个国际政治理论领域的智识策略框架,以阐发一个对文化多元、全球化的国际社会而言更为充分的且多元主义的世界秩序。伯吉斯写的第十一篇则考察了欧洲法律体系的一般性要素,以及更为具体的,从1950年到2005年体现在欧盟法律演进中的欧洲建设计划。伯吉斯勾勒了新欧洲秩序的大致轮廓,认为它比欧洲公法的目标更为谦逊,包含了有限普遍性和地方特殊性以特定方式进行的混同。他还思考了这一欧洲秩序与未来大地法间可能的联系。

在本导论的一开始,我们就和施米特一同问道:在这第三个千年的黎明,我们是否正在经历着新大地法的诞生?用[15]普勒滕贝格(Plettenberg)法官的话说,回答这个问题是"一个极热切的希望,也是一个极困难的任务"(2003:39)。说得更谦逊一点,我们在这本书中的希望,是澄清与施米特国际政治思想的批判性交锋为何——以及如何——能够帮助我们走过在完成这一困难任务的过程中要历经的复杂路程——我们并不能在短期内摆脱这一任务。同时,我们也热切希望这本书能够激励更多比本书提供的见解更精彩的创造性思考,以便在寻求新的大地法时"超越施米特"。

参考文献

Balakrishnan, G. (2000) *The Enemy: an intellectual portrait of Carl Schmitt*, London: Verso.
Bull, H. (1977) *The Anarchical Society: a study of order in world politics*, London: Macmillan.

Bull, H. and Watson, A. (1984) *The Expansion of International Society*, Oxford: Clarendon Press.
Campbell, D. and Dillon, M. (1993) 'Introduction: the end of philosophy and the end of international relations', in D. Campbell and M. Dillon (eds) *The Political Subject of Violence*, Manchester: Manchester University Press.
Carr, E. H. (2001) *The Twenty Years' Crisis: an introduction to the study of international relations, 1919–1939*, ed. M. Cox, Basingstoke: Palgrave.
Cristi, R. (1998) *Carl Schmitt and Authoritarian Liberalism*, Cardiff: University of Wales Press.
Dyzenhaus, D. (ed.) (1998) *Law as Politics: Carl Schmitt's critique of liberalism*, Durham, NC: Duke University Press.
Fukuyama, F. (1989) 'The end of history', *National Interest*, 16: 3–18.
Hoffmann, S. (1977) 'An American social science: international relations', *Daedalus*, 106: 41–61; reprinted in J. Der Derian (ed.), *International Theory: critical investigations*, London: Macmillan.
Honig, J.-W. (1995/1996) 'Totalitarianism and realism: Hans Morgenthau's German years', *Security Studies*, 5, no. 2: 283–313.
Hoogvelt, A. (2001) *Globalization and the Postcolonial World*, 2nd edn, Basingstoke: Palgrave.
Huntington, S. (1993) 'The clash of civilizations', *Foreign Affairs*, 72, no. 3: 22–49.
'The International Theory of Carl Schmitt' (2006) special section of *Leiden Journal of International Law*, 19, no. 1.
Kennedy, E. (2004) *Constitutional Failure: Carl Schmitt in Weimar*, Durham, NC: Duke University Press.
Krasner, S. (1999) *Sovereignty: organised hypocrisy*, Princeton, NJ: Princeton University Press.
Linklater, A. (1990) *Beyond Realism and Marxism: critical theory and international relations*, London: Macmillan.
—— (2001) 'Rationalism', in S. Burchill, R. Devetak, A. Linklater, M. Paterson, C. Reus-Smit and J. True, *Theories of International Relations*, 2nd edn, New York: Palgrave.
McCormick, J. P. (1999) *Carl Schmitt's Critique of Liberalism: against politics as technology*, Cambridge: Cambridge University Press.
Meier, H. (1998) *The Lesson of Carl Schmitt: four chapters on the distinction between political theology and political philosophy*, trans. M. Brainard, Chicago: University of Chicago Press.
Mouffe, C. (ed.) (1999) *The Challenge of Carl Schmitt*, London: Verso.
Müller, J.-W. (2003) *A Dangerous Mind: Carl Schmitt in post-war European thought*, New Haven, CT and London: Yale University Press.
Rasch, W. (2000) 'Conflict as vocation: Carl Schmitt and the possibility of politics', *Theory, Culture and Society*, 17: 1–32.
—— (2003) 'Human rights as geopolitics: Carl Schmitt and the legal form of American supremacy', *Cultural Critique*, 54: 120–147.
—— (2005) 'Lines in the sand: enmity as a structuring principle', *South Atlantic Quarterly*, 104, no. 2: 253–262.
Scheuerman, W. E. (1999) *Carl Schmitt: the end of law*, Lanham, MD: Rowman & Littlefield.

Schmidt, B. C. (1998) *The Political Discourse of Anarchy: a disciplinary history of international relations*, Albany, NY: State University of New York Press.

Schmitt, C. (1950) *Ex captivitate salus*, Cologne: Greven; (2002) Berlin: Duncker & Humblot.

—— (1985 [1922]) *Political Theology: four chapters on the concept of sovereignty*, trans. G. Schwab, Cambridge, MA: MIT Press.

—— (1996 [1932]) *The Concept of the Political*, trans. G. Schwab; Chicago: University of Chicago Press.

—— (1997 [1942]) *Land and Sea*, trans. S. Draghici, Corvallis, OR: Plutarch Press.

—— (1999) 'Ethic of state and pluralistic state', in C. Mouffe (ed.) *The Challenge of Carl Schmitt*, London: Verso.

—— (2003) *The Nomos of the Earth in the International Law of the Jus Publicum Europaeum*, trans. G. L. Ulmen, New York: Telos Press; (1950) *Der Nomos der Erde im Völkerrecht des Jus Publicum Europaeum*, Berlin: Duncker & Humblot.

—— (2004) 'Theory of the partisan: intermediate commentary on the concept of the political', *Telos*, 127: 11–78; (1963) *Theorie des Partisanen: Zwischenbemerkung zum Begriff des Politischen*, Berlin: Duncker & Humblot.

'Schmitt's Nomos of the Earth' (2004) special section of *Constellations*, 11, no. 4.

'Theory of the Partisan' (2004) Special issue of *CR: The New Centennial Review*, 4, no. 3.

Ulmen, G. L. (1996) 'Schmitt as scapegoat: a reply to Palaver', *Telos*, 106: 128–138.

—— (2003) 'Translator's introduction', in C. Schmitt, *The Nomos of the Earth in the International Law of the Jus Publicum Europaeum*, New York: Telos Press.

Waltz, K. N. (1979) *Theory of International Politics*, Reading, MA: Addison-Wesley.

Wight, M. (1994) *International Theory: the three traditions*, London: Leicester University Press.

Wilson, P. (2002) *The International Theory of Leonard Woolf: a study in twentieth century idealism*, Basingstoke: Palgrave.

'World Orders: Confronting Carl Schmitt's *The Nomos of the Earth*' (2005), special issue of *South Atlantic Quarterly*, 104, no. 2.

第一单元

施米特的"异端"国际思想

一 施米特的"现实制度主义"

科伦坡 撰
吕梓健 译 郭小雨 校

导 论

[21]在一本讨论施米特这种异端国际思想的书中,用其中一部分来关注制度是切题的。事实上,在防止法学与政治科学分家的同时,施米特的主要关切恰恰就是寻找制度的确切含义。一方面,在《大地的法》的开篇,施米特仍然代表着法学家,毫不含糊地反对以天真的马基雅维利主义看待政治的视角,认为它不能把握秩序中的文化和法学维度。与之相反,施米特的思想围绕着去协调形式与决断,有效权力与法律权力的问题,试图把一种将自身意志施加于他人之上的纯粹简单的能力,与权力通过法律能变成什么样区分开——施米特借助保罗的"阻挡者"(katechon)概念将之定义为一种"阻挡力",即能够将政治顽固的不受限性导入法律形式之中(Schmitt 1984,1988)。

另一方面,作为一个规范主义和法律形式主义的批判者,施米特强烈谴责当代法律的研究取向,这一研究取向指向一种在规范与现实、法规与实际行为(Schmitt 2004a)之间愈加极端的分离,并把法律降格为仅仅是"有效规范的集合"(a collection of somewhat valid norms)(Schmitt 2003:220)。在这一概念之中,具体的困难以及政治、经济、地缘政治问题都被从司法领域中驱逐出去,纯社会性的与纯司法性的事实也被技术区分开来。在此种国际法的困境中,或者更准确地说,在它长达数世纪实验的末尾,施米特看到了国际法的真实退场:

> "神学家应对陌生的事情闭嘴!"(Silete theologi in munere alieno!)16世纪晚期的人文法学家对神学家们这样说,目的是建立一种关于"万民法"的独立法学。三百年之后,也就是19世纪晚期,法学以法律实证主义的名义,在所有当代重大的法律问题上闭嘴。我们必须对陌生事物闭嘴(Sileamus in munere alieno)。由于国际[22]法的失职,欧洲陷入世界大战的泥潭,欧洲大陆不再是世界的中心,先前运转良好的战争框架亦土崩瓦解。(Schmitt 2003: 239)

以克服这一法律与政治的分离为目的,不仅标识了施米特对宪法(Staatsrecht)与国际法(Völkerrecht)反思的历史与概念基础,同样也显示了他在国际关系理论中的杰出贡献,我将称之为"现实制度主义"(realist institutionalism)。首先,我想分析这一概念的意义,我们可以正当地视之为当代国际关系理论中的矛盾修辞术(oxymoron),因为大多数制度主义者都拒绝现实主义的假设,而大多数现实主义者则不重视制度的角色。其次,我将聚焦于施米特制度主义的基本主题:国家。正如现实主义与新现实主义一样,施米特将"国家"放置在现代国际政治的中心。然而,施米特也把一个完全不同的角色归于国家:他认为国家不是在制度背景之后的唯一真实行动者,反而是这一背景的创建者与担保者。最后,我会讨论施米特的历史图景,它同样不在一般的现实主义/制度主义区分之中。一方面,它拒绝了国际政治永恒的现实主义教条,明确承认了由欧洲公法引入国际领域的重要变化;另一方面,施米特的历史图景也拒绝了当代制度主义的进步与乐观图景,施米特以自己对欧洲国际法失败命运的判断及对其的怀旧态度,反对这种乐观图景。

与此同时,这一无法避免的失败也是施米特的思想结果与灵感来源。如果说他承认国际情势相互联系的肌理是通过制度呈现出来的,这恰恰是因为他正观察着这一情势的崩塌,正如他的同时代德国诗人本(Gottfried Benn)所说,那是一个"木板开始嘎吱作响"的时刻。与其说这些木板在内部继续支撑着建筑,不如说这些木板开始突破表面,变得可见,从而允许我们从它们的裂缝中观察它们的历史。面对这一危机局面,施米特首先追溯制度的起源,其次是它在长时间段中的轨迹,直到显出自身,并使我们看到,它与当今国际关系领域中大多数所谓制度主义理论所描述的"制度"有多么不同:制度不是20世纪的创新发明,反而是现代国际政治历史连续性中最令人印象深刻的要素;它不是对于权力关系的否定,反而表达了它们赋予国际生活以形式的能力;它不是普遍主义的明证,反而是例外主义与欧洲中心的最后标志。

一种现实制度主义

施米特属于现实主义传统不容置疑。组成施米特思想基础的全部主要假设都证实了这一点:政治对于经济关系的首要性。在他看来,政治的概念依赖冲突的中心地位(Schmitt 1996);他坚持"例外状态"的[23]决断角色,这充斥于他对国内以及国际问题所做出的反思之中,也构建了他对主权的定义(Schmitt 1988)。他不断提及现实主义的经典人物,从霍布斯,到博丹,再到科特斯(Donoso Cortés)以及19世纪的反革命天主教主义——他认为他们同样属于决断论者(同上),这更证实了这一点。

然而,施米特对现代国际关系史的回顾性重构揭示的并非一种权力政治史,而基本是一种制度史(Schmitt 2003)。从对外国的承认到改变领土的合法性,从国家继承到 occupatio bellica [军事占领],从国际会议体系到中立化的国家,欧洲公法是制度影响国际生活的典范。通过将公共领域世俗化,以及将宗教内战导致的冲突中立化,欧洲公法的基本贡献是将国际共存转变为一种"处于特定、具体的空间中,在得到组织的秩序内的关系"(Schmitt 2003:158),这一关系"能够通过comitas [礼仪] 与jus [正义] 来运作"(同上,146)。在欧洲公法的时代,现代国际政治没有变成霍布斯自然状态的具象化,反而变为了对这一状态的政治与法学回应,同时也回应了"内战"这一为此状态提供"生存论真相"(同上,127)的经验。

对国际制度层面的兴趣,从两个重要方面将施米特的思想与国际关系领域中流行的现实主义分开。首先,在国际政治中的无政府状态尚未改变时,施米特明确地将这种状态的重要性纳入视野之中。但是,施米特不仅像现实主义者与新现实主义者一样承认秩序能够存在于无政府状态之中,还超越了这些人,理解到国际秩序是某种比(不断变动的)权力关系更多的东西;在更为深远的意义上,国际秩序依赖于一系列(更为稳固的)政治、法学以及文化限制。在过去的三个世纪之中,这些限制允许国际竞争按照确切的规则进行,而且更为重要的是,在具体的界限和限制中竞争得到维持;实际上,施米特看到的正是这些界线的危机。

与国际关系研究中的英国学派相似,欧洲公法也将国际无政府状态置于社会而且是法学的规范之中——尽管欧洲公法明显不受格劳秀斯的指挥(Bull 1966;Wight 1994)。如施米特在《大地的法》中所说:

> 从霍布斯、莱布尼茨到康德,从雷切尔到克吕伯,所有的著名学者都主张,国家作为"道德人格",彼此依据国际法处在自然状态中,也就是说,作为战争的主体,不存在制度化的共同的高级权威,主权人格之间彼此权利平等。你可以视之为无政府状态,但并不是无法无天的状态……乍看起来,平等主权国家间 [24] 国际法

的全部命运都维系在条约这根细线上,这些"利维坦"依据条约进行自我约束……实际上,传统的约束力——例如教会、社会、经济的力量——倒更具持久性。(Schmitt 2003:147-148)

正如历史中所发生的那样,在理解到无政府状态可能导致与霍布斯主义的图景所不同的结果时,施米特拒斥了当代现实主义的另一基础:国际政治数个世纪以来一直保持的不变性假设(Waltz 1979;Gilpin 1987)。一旦将国际共存的每一形式,从基督教中世纪一直到现代国际体系,放入它们各自的制度背景之中,它们都会展现出自己与其他形式的根本不同。在制度中,持续与断裂、不变与灾难相继而来,相互交织。一方面,制度的诞生是为了创造一种预期并克服偶然性;另一方面,它们本身就是一种偶然性,事实上并没有根本地改变在政治中真正不变的东西——如施米特的敌友辩证法(Schmitt 1996)——但它们改变了参与者的本质,游戏场地的范围,以及游戏的规则。对于正统的现实主义来说,不变的东西在概念中发生了改变,变得更加复杂的同时也变得更加准确。一方面,对欧洲公法制度框架的再发现甚至可能重新强化了不变性的假设,这不是因为它构成了现代国际关系史上持续性的唯一要素,而是因为它是构成这一持续性的诸多要素之一。准确地说,它是那个赋予其他变体以形式的要素。另一方面,不变性假设显得相对化了,因为承认欧洲公法的同时,也就标志着现代国家的国际体系与其他国际共存模式的断裂,无论后者存在于欧洲还是在世界的其他地方,也无论后者发生在过去、现在还是未来。

准确地说,正是在这里,在对现代国际体系的兴趣之中,施米特的制度主义重新与现实主义传统连接起来。不像那些晚近的制度主义,尤其是那些施米特观察到的从国联以及战后国际法中诞生的制度主义——施米特曾明确表示,相对于过去的国际政治,他对于这些诞生于20世纪的制度毫无兴趣——他将注意力转向了那些扎根在过去的制度,将之当作从文化和法学层面对权力政治发出的挑战。他不关注那些源自某种明确(意识形态性质的)转型计划,比如国联或者联合国;而是把注意力放在那些非常持久,因而伴随着整个现代政治史的制度,这些制度也因此自然地可以宣称自己是一种机制,尽管它们不再被承认。施米特的进路并不关心某些特定的制度,比如国际机制或者正式组织,而是关注一些更为基本的实践,这些特定制度被安排在这种实践之中,国际共存的本质也依赖于这种实践:此种本质同样得到政治现实主义的承认,尽管他们并没有察觉到此种本质带有的制度印记。

[25]这一惊人的转变是施米特现实制度主义中第一个也是根本的特殊性。施米特不是把制度设想为国际政治中现实主义游戏的替代物;相反,国际政治的现实主义游戏本身被设想为一种制度。施米特将自己与其他理想主义者区分开,他接受现实主义分析的关键原则:国家的中心性,权力平衡,以及国际无政府状态本身。然而,与正统现实主义者不同的是,他意识到这些原则不仅仅是一种假设,而是一系列制度。通常归于国际政治的主要特点有着与制度相似的特征:从国际政治作为一种(基本来说是)国家间政治的概念,到边界的概念,再到国内与国际政治的区分,以及国内(内战)与国际战争的区分。施米特意识到,对国际关系真实的现实主义分析不应该将自身奠基于这些假设之上,反而应当把它们当作调查研究的主要关切。

施米特对现实主义令人印象深刻的重述毫无意外地在他对战争的分析中达到高潮。与他的现实主义进路一致,施米特认为战争是国际生活中的关键现象,这并不是因为到处发生着战争,而是因为战争对于那些在"可以确保安全无虞的时代"(Schmitt 2003:82)可能被忽视或隐藏的现象具有启发性(正像任何例外事件一样)。然而,与当代现实主义者不同,施米特并不认为战争是国际政治不变的、无政府本质的表现,而恰恰是其对立面。施米特解释说,不加区分地把任何以战争为形式的暴力使用都定义为一种无政府状态,并将这一定义当作对战争的法学判断是非常不明智的,"无政府状态与法律并不是相互排斥的"(同上:187)。与之相反,承认 justus hostis［正当敌人］的能力是任何国际法的起点,正像无法承认正当敌人毫无疑问可视为国际法失败的标志一样。国际政治与霍布斯式自然状态的对照就可以用来说明这一点。一方面,一切人对一切人的战争没有停止成为无政府状态的一种可能结果,内战可怕的重复爆发证实了这一点。另一方面,这种迫近的威胁产生了阻挡无政府状态的需要;不是将一系列制度与战争造成的棘手现实并列,而是将战争本身转变成为一种制度。

正是这种"战争的理性化和人道化"被施米特设想为欧洲公法的基本贡献。国家在国内的角色——通过赋予冲突以形式来将其中立化——与国家间战争一道被带入国际领域。欧洲国际法的实质就是对战争的约束(eine Hegung des Krieges)。

> 这里所说的战争的实质就是在一个有限制的空间内上演武力竞赛。这种战争与无序相对立,这是一种人力可及范围内最高形式的秩序。它是防止冤冤相报的唯一保障,即避免虚无主义式的报复与仇恨——后者的最终结果是无意义的相互灭绝。(Schmitt 2003:187)

[26]尽管战争是政府缺席达到极致的结果,但它同时也变成了一个国际生活得到最大程度的制度化的场所——进行"形式战争"(guerre en forme)的场地。正如施米特所写,与之相对比,形式在内战中惊人地缺席。这与决斗有着某种相似性,一场发生在有明确领土界限的 personae morales［道德人格］之间的武装冲突,冲突双方都承认彼此的战争法权(jus belli),因此也试图给予敌人合法形式,从而清晰地将它们与罪犯区分开(aliud est hostis, aliud rebellis［一些是敌人,另一些是罪犯］)。

在这种历史与法学的重构之中,国家间战争的含义与正统现实主义、自由制度主义对它的刻画有着根本不同。后者将国家间战争与国内和平相比,认为战争是国际间无政府状态的最高表现。施米特反其道而行之,将国家间战争与内战进行比较,认为它是欧洲公法为无政府状态赋予形式这一现象的最高表达。与内战的完全非限定性相比,国家间战争成为一种受约束的现象,被清楚地限制在时间与空间之中,并不向所有有力量进行战争的实体开放——那才会是无限制的无政府状态——而只面向那些预设了"国家"这一法学形式,并且尊重欧洲公法规范与程序的实体。在它的限制以及接受范围内,国家间战争的历史重要性得以发现。正如另一位对国际关系的制度层面感兴趣的现实主义学者布尔所说:

> 作为主权国家间有组织的暴力,战争的现代概念的发展是一种限制暴力过程的结果。在现代世界中,我们习惯于将国家间战争与国家间和平进行对照;但在历史上,国家间战争之外的另一条道路则是更为普遍的暴力。(Bull 1977:185)

国家作为欧洲秩序的恰当承担者

当面对制度的持存和(或)危机问题时,施米特制度观的现实主义印记便变得更为明显。与其反形式主义的进路一致,施米特使欧洲公法的持存依赖于两个具体的历史情境。首先是欧洲与非欧洲空间、陆地与海洋间的二分法(Schmitt 1997/2003)。施米特将这两种二分法总结为一种 nomos [法]的概念,以及一种由法所建立的在秩序(Ordnung)与方位(Ortung)间的联系。作为16、17世纪伟大占取的结果,陆地与海洋的二分是欧洲公法的具体基础,即,它的法(nomos)。

这些在国家间时代为了欧洲大陆权力体系中的共存所发展出

来的具体的和实践性的政治形式、安排与预设,很明显是为了建立一种[27]真实有效的约束机制,没有这些就不会有国际法。这种约束机制并不是指那些建立在平等主权者的自由意志基础上的、很值得怀疑的自我约束,而是指在欧洲中心主义空间秩序中对所有主权者都有效的强力约束。该法的核心在于欧洲土地被划分为边界固定的国家领土,因此可以得出一个很重要的区分:已被承认为欧洲国家的土地,这意味着其国家领土在国际法上具有一种特殊的领土地位,区别于那些"自由的"、非欧洲的王侯和人民居住的可供欧洲掠取的土地。此外,因为新出现的海洋自由而产生了第三种区域,其形式是先前的国际法中没有的。这就是欧洲国家均势观念中包含的空间结构,让欧洲主权者所处乎其中的大陆法与一种特殊自由形式所在的巨大开放空间形成了对立。(Schmitt 2003:148)

如果将欧洲公法中的制度从它们所属的有限的、具体的空间中剥离出来,那么欧洲公法中的任何制度都是不可理解的(或不能对之进行历史的辩护);这一空间没有将一个主权从其他主权中独立出来,而是强迫所有的主权单位就它们整体来进行思考。首先,权力平衡作为国际共存的基本原则并不基于一种普遍的、在空间上未确定的原则。与此相反,它正是一种特定空间体系下产生的约束力,其中每一个力量主体都关注着发生在欧洲国家体系中的一切与领土相关的改变。另一方面,对欧洲之外领土的土地占取则不会被注意,比如俄国对西伯利亚的征服(同上,189)。其次,对新国家的承认本质上由大国宣言所构成,以确保相关的领土变化能被现存空间体系的整体结构所维持(同上,191-192)。最后,在欧洲公法的语境下,和平本身不是"一个抽象的概念,而是具有在欧洲空间秩序中的具体含义"(同上,249)。正像"和平"在基督教中世纪法律中所具有的确切含义一样,当时它不被理解为"一种自由浮动的、规范的以及普遍的和平概念,存在的只是帝国的和平、村落的和平、教堂的和平、城市的和平、城堡的和平、市场的和平以及当地法律集会的和平等具体的和平概念"(同上,59)。

另一个条件是这一体系的"充分承担者",这就将施米特对国际政治的反思带回他法学思想的决断论之中(Schmitt 1988,2004a)。正是在这里,人们可以发现施米特现实制度主义最为清晰的基础,即国家的中心性。"一个简单的问题"从进行了一个世纪之久的宗教内战中浮现出来,"在每一关于 justa causa[正当理由]的主张里所固有的、无休止的法律争论中,Quis judicabit[谁来进行决断]？只有主权者可以在国内以及国家间来决定这个问题"(同上,157)。与大部分当代制度主义不同,却再一次与国际关系领域中的英国学派相似,国家不被视为国际制度发展的阻碍或者[28]断裂,而是被视为一种带来新法律秩序的例证,一个公共生活世俗化的主要倡导者,以及国际制度约束战争这一主要任务的守护人。

> 以前所有那些使"国家"神圣化的定义,现在大多已经不被人所理解了,更难以重现昔日的光彩,甚至有可能被误解或干脆被取代。通过消除内战形式的战争,并对战争予以约束,战争就变成了欧洲国家间的争斗,而且战争因为具备一定程度的理性而具有了正当性。主权平等使得交战各方的权利平等,也避免了毁灭性的战争。(Schmitt 2003:142)

然而,类似于战争的中心性,国家中心性的含义也与正统现实主义或新现实主义赋予它的完全不同。根据后两者的观点,国家似乎是政治的永久垄断者,一个理性的(带有自闭症倾向的)自我主义者,一个权力的极点,同时又是一个普通的行为者。首先,与大部分幼稚的现实主义不同,国家与政治的等同没有被施米特视为理所当然。与此相反,他认识到这一等同首先呈现了一种张力——现代政治世俗化及其造成混乱的逻辑与反过来需要对它进行约束之间的张力,对这种约束力的需求弥漫在以失去根基为标志的现代性中。另一方面,通过将政治定义为人们联合或分裂程度所达到的强度,而不是一个特殊且独立的领域(Schmitt 1996),施米特认为政治是一种永恒的干扰性力量。它注定持续地从一个精神中心转移到另一中心,并且每一次转移都削弱了依靠于前一中心之上的政治统一体(Schmitt 1993)。如施米特所说,欧洲人持续地从一个战场转移到一个中立地区,而一旦中立地区被征服,它马上就将自己再次转化为另一个战场;因此,寻找一个新的中立空间变得尤为必要(同上)。但从另一方面讲,国家可以视为能够抵御这种约束缺乏的最后主体。作为教会核心法学逻辑的继承人,国家拼命地(如果不是绝望地)去限制"狂热粗暴且无拘束的预言"并尝试赋予其以形式(Schmitt 1984:24)。国家与政治的等同从政治永恒流动的深渊中产生,并悬垂于这一深渊之上,但又似乎总是处于再次陷入这一深渊的临界点之上,正像国家间战争也总显得处于再次陷入内战的无限制暴力的临界点上一样。

其次,每一个国家的自我主义(egoism)都认为自己是一种特殊利益的承担者,这不仅被其他国家的自我主义所限制——正如一些战略讨论所秉承的——还被国家间的相互承认所限制。根据施米特,这是欧洲公法的另一主要成就:一种克服传统[29]边界概念的能力,这种概念作为一种限制,将"和平的秩序与非和平的无序,将宇宙和混沌、家园和非家园、保护区和荒野彼此区分开来"(Schmitt 2003:52)。与罗马界墙、中国长城和伊斯兰地区的类似界限(Dar-el-Islam)不同,"存在于现代欧洲国际法中两个领土国家间的边界并非彼此排斥,而是相互承认,承认边界之外的邻国土地是有主权的(同上)"。这种多元性存在于国际政治作为国家间政治这一概念之中,这种性质不是偶然的,而恰恰是奠定于政治的概念本质之上。国家是一种多元政治的载体与担保者,它与对国际法和秩序的普遍主义设想不相容,甚至与任何对人道概念的政治性使用也不相容(Schmitt 1996, 2003)。这一多元主义图景远非偶然,而是源于政治自身的概念本质。

施米特在《政治的概念》中写道(Schmitt 1996:53-54),只要有一个国家存在着,就总会有其他国家的存在,因为一个包含整个地球以及全部人类的单一世界国家是不可能存在的。只要这一政治与法学的多元宇宙存在着,对于他国的承认就不仅仅标志着一个简单事实的实现——"就像我可以命令他一样,他也可以对我发号施令"(Clausewitz 1984:77);但这也同样标志着他发动战争的权利得到承认,因此也就是承认了他作为一个合法敌人的本质。

第三,施米特的国家中心主义与当代现实主义、新现实主义的国家中心主义之间的根本区别,还在于国家在国际舞台上扮演的角色不同。根据正统现实主义的观点,国家是国际政治的基本行为者,这仅仅是因为它们占有最多的权力资源(Waltz 1979);而施米特则认为,国家的中心性不仅表现在权力政治中,也同样表现在法律中。一方面,国家不过是"有权的一极";但在另一种意义上,它还特别是法律协调的载体,也就是所有欧洲公法制度与概念诞生的源头,从这些制度与概念出发,战争才能被赋予形式。正如施米特所说,"人类的欧洲版图不久前还滞留在某个时期,那时法学概念完全是国家塑造出来的,国家是设定政治统一体模式的前提"(Schmitt 1972a:90)。所有赋予欧洲国际法结构以经典特征的界线,都源自国家这一中心。

> 这样一种政治统一体对内追求完全的和平,对外则完全作为与其他主权相对的主权而出现。这种国家的古典模式意味着什么?意味着清晰、明了的区分的可能性。内政与外交,战争与和平;战争期间的武力与文明,中立或不中立,所有这些都判然有别,不能有意混淆。(Schmitt 1972a:91-92)

[30]最后,还有一个同样重要的、对国际关系领域最为流行的现实主义解释的偏离。现实主义与新现实主义对权力的沉迷,使其倾向于将"国家"这一表述溶解为更为普通的"国际行为者",以便完全消除国家与其他有影响力的行为者相比所具有的历史与法学特殊

性。与此相反,施米特从未停止将国家自身设想为一种特殊的制度,它由历史与法学所决定,并因此也可以从历史及法学中撤销。如他所说:

> 你们听到一个人说希腊和罗马的"古代国家"而不是城邦(polis)与罗马共和国(Romana respublica),"中世纪日耳曼国家"而不是帝国(Reich),甚至说阿拉伯、土耳其与中国的国家。当他这么说时,完全由当时历史塑造的政治组织所具有的具体且特别的形式就失去了自身的历史定位,也失去了它特有的内容。(Schmitt 1958:376)

一幅倒转的历史图景:从无政府到虚无主义

最后,施米特的现实制度主义最具决定性的特点源自他对现代国际政治的制度构成及其具体基础的兴趣。《大地的法》中所描绘的20世纪图景与自由制度主义,与国联、联合国所代表的制度主义所描述的图景完全相反。对于施米特来说,20世纪似乎更像是一个见证了组成欧洲体系的古典制度崩溃的世纪,而不是一个面临困难却又不受阻碍地编织着(新)国际制度大网的世纪。这不再是一个国际法大行其道的世纪,恰恰相反,这是一个无能为力地见证了国际法自我毁灭的世纪。总之,这不再是一个首先倡导克服无政府状态与战争的世纪,它变成了缺乏任何限制与规定的战争的战场。

> 需要再次回顾的两个事实是:首先,国际法的任务在于阻止毁灭性的战争,既然战争不可避免,就要对之施加约束;其次,空谈取消战争而没有真正可行的约束措施的话,可能会导致新的更恶劣的战争形式。但是,日内瓦到处都在谈论废止或取消战争,却无人论及对战争的空间约束。(Schmitt 2003:246)

这一欧洲公法的解体是作为其基础的具体历史支柱坍塌的结果。第一根支柱建立在秩序(Ordnung)与方位(Ortung)之间的原始关联基础之上,也即[31]欧洲的中心性。与大多数以"美国社会科学"(Hoffman 1977)为自身研究领域的当代国际关系理论不同,施米特承认欧洲的"颠覆"是20世纪的根本性事件,也是他智识经验的基础。正像他在战后出版的一部作品的意大利文版前言中所说:

> 在过去的半个世纪里,欧洲失去了自身作为世界政治中心的地位,这也同样是我的学术写作开始的时期。(Schmitt 1972b:21)

施米特认为,欧洲中心主义的结束,是欧洲发展了数个世纪的制度与概念以及在此历史中建立的第一个全球性国际法的崩溃,而不仅仅是在世界范围内对权力进行的划时代的再分配。施米特批评说,国际法的全球化扩展恰恰伴随着"传统秩序中空间结构观念"的丧失,而这又伴随着接受一种观点,该观点"将这种日益表面化、肤浅化并不断扩展的普遍化过程天真地视为欧洲国际法的胜利"(Schmitt 2003:233)。

> 与之相伴随的是传统世界整体秩序走向解体。取而代之的,是一套数十年来由所谓普遍性的承认规则组成的空洞的规范主义秩序,这套东西使人们意识不到这样的事实:先前被承认的由各大国所组成的秩序已然衰亡,但是新的秩序仍未建立。(同上:227)

施米特还见证了另一个基础的崩溃,那便是欧洲法律科学的宏伟成就:国家。国家对政治垄断的终结在变为当代政治科学的老生常谈之前,已经成为施米特反思的中心主题,并且也是其历史经验的另一关键维度:

国家的时代正在走向终结。这一点毋庸置疑。那些与国家相关的概念也随之走向终结。为了获得这些概念,欧洲国家法和国际法科学付出了四个世纪的思想探索。将国家看作政治统一体的模式,看作最为奇特的垄断——垄断政治决定——的载体,看作欧洲的形式和西方理性主义的光辉篇章,凡此种种国家观都已经被推翻。(Schmitt 1972a:90)

"国家"与"政治"间等同的完结也清晰地表明,施米特的思想不能被还原于现实主义与制度主义间的区分。不像摩根索和沃尔兹(Kenneth Waltz)那样的现实主义者,施米特做梦都不会将国家的中心性置于现实主义某几个基本特征的位置上。然而,也不同于多数[32]对现实主义的自由派批评者,施米特并不将这一危机归于政治解体为经济,或者国家溶解为经济全球化这一现象;相反,他将之归于国家无力把握制造政治强度的新潮流(Schmitt 1996,2004b)。一旦敌意将自身从相对性中重新转化为绝对,国家就"不再能够整合自身的成员和信徒,正像革命政党在整体上整合它的积极斗士一样"(Schmitt 2004b:10)。正如一直存在于施米特反思中的,是政治的演进打破了政治与战争中旧有的政治-法学架构。一旦国家的"旧规律渐渐成为一种惯例与游戏",一种能够恢复"战争严肃性"的新形象就出现了(Schmitt 2004b:63)。这一新形象不是技术专家,也不是企业家,而是游击队。它扫除了国家对政治与战争的控制。国家间战争的不可设想性并没有承诺和平,反而允许暴力溢出国家的界限。

施米特的现实制度主义将自身呈现为一种危机哲学。由于缺乏一种空间定位和秩序的恰当承担者,新国际法一方面塑造了现代乌托邦及社会工程的幻象,另一方面则既在现代内在性(modern immanence)中,也在一种历史上不可避免的退化进程中迷失了自己。这一退化过程使人们想起"文化"(Kultur)与"文明"(Zivilisation)之间的对立,那是那个时期典型的德国思想语境。施米特毫不令人意外地将欧洲公法解体之后产生的"普通国际法"(generic international law)与其他被剥夺了空间中心(topos)的"普遍化"相对比:首先是希腊化时代的空间,那时城邦(polis)已经被转化为了世界(cosmopolis)(Schmitt 2003:50);其次是中世纪基督教具体秩序的衰落阶段,那时经院哲学的概念和中世纪法学尽管被剥夺了空间的维度,仍得到维持(同上:133 – 138;181 – 182)。在后一种情况中,施米特观察到,经院哲学与中世纪法学概念的联合,与人文主义法学或罗马法学概念一道,导致了一种"思考和言说方式,让人们想起在上次世界大战中许多陷入迷茫的纯粹法律护教者"(同上:182)。

自由制度主义与民主全球主义将国家间无政府状态的消亡,视为通往全球社会和普遍主义国际法、国际秩序的道路,但施米特却反过来视其为向一个无形式的宇宙的堕落,认为其最终确证了"乌托邦与虚无主义的关联"(同上:66)。施米特没有将注意力放在自由制度主义所欢迎的跨国政府与组织的增加之上,而是关注新国际法无力以法律回应战争,即给不出一个国际法能够依赖的有效回应。法律全球主义认为,正义战争学说是向最古老、健全的战争概念的回归,而根据施米特的看法,它的复兴似乎是新法无力性与抽象性的最好表达(同上:119 – 125)。与其中世纪前身相比,它缺少与一种具体制度的关联,缺少一个对[33]这一秩序的恰当承担者(正如教会是之前的宗教内战中的承担者);也缺少一种正义的实质性概念。尽管正义战争的复兴目标是实现 summum bonum[至善],但通过将战争转化为一种国际犯罪,它实际上导致了 summum malum[至恶]——"对所有法律的可怖的虚无主义式毁灭"(同上:187);也导致歧视敌人的法律与道德这一现象的重现。

国际法无力把握现实同样解释了我们在开头提到的政治与法律的分离。在《大地的法》的前言中,施米特使用了一个精确的表达,他写道:在今天,法学"被神学与技术所分裂"(同上:38)。五十年过去了,对国际制度的多数分析也面临以同一境况告终的危险。一方面,分析者对技术的关注慢慢变得带有政治科学性与法学性。这导致对制度的研究越来越多地被限制在规范与政策的 hortus clausus［封闭花园］之中,被"纯粹"(pure)一词的魔力所守护,受到"具体性"(concreteness)这一几乎超现实的概念启发——它建议,一个人的全部注意力应该放在制度如何运转上,而不是浪费时间去追问它们是否能够影响现实。正如在观点上与施米特差别分明的沃尔泽(Michael Walzer)所说:

> 产生于19世纪晚期到20世纪早期主要学术作品中的法律实证主义,在联合国的时代中已经越来越不重要了……在今天,仔细挖掘寓于宪章的确切含义已变成一种乌托邦式的吹毛求疵。因为有时联合国假装它已经成了它几乎才刚刚开始成为的东西,除了对那些负责解释这些命令的实证法学家而言,它的命令也并不博得智识与道德尊重。法学家们构建了一个文件世界(paper world),而这一世界在关键之处没能与我们所居住的世界达成一致。(2000:Walzer xviii – xix)

另一方面,法律全球主义实现 civitas maxima［最大城邦］的野心,建立20世纪世界政府的观念,以及最近在全球实施民主治理的想法,一起将制度主义推向一个政治神学的极端形式。这一政治神学把承认旧欧洲不再作为世界中心这一危机,转变成了对可自由延展的新世界的预言——这种 ex nihilo［无中生有］之社会建构的神秘性,仅仅因为明显地继承了旧欧洲塑造西方留下的标签才得以保持。在将欧洲中心性的终结转变为西方普遍主义大戏的新(尽管是抽象的)开端时,"西方的全球中心论者"(Bull 1977:302 – 305)参与了一场秘密且充满矛盾的对话;对话的另一方是被施米特在其智识生涯早期就断定为无力把握现实的原型:浪漫派(Romantics)。作为布尔乔亚社会的出色产物(Walzer 1991:78 – 108),浪漫派不认为自己无力把握现实是一种不足,相反,他们认为这是一种无尽的 occasio［机会］;个人主义的欺骗使他们可以不断地制造出新的、尽管总是偶然的世界,这一世界没有实质,没有功能性的关系,没有[34]确切的方向。正如施米特所观察到的,这些世界被剥夺了结论、定义以及决断,它没有形式,且主要被"机运的魔力之手"所指导。在其 ludus globi [全球游戏]的末尾,浪漫派受到谴责,落到像瑞登堡(Swedenborg)地狱中那些骗子一样的境地:他们坐在一个窄小的桶里,看到各种各样神奇的图像穿过他们的头顶,他们错把这些图像当做真实的世界,一个他们认为自己命中注定要去统治的世界(同上:78)。

参考文献

Bull, H. (1966) 'The Grotian Conception of International Society', in H. Butterfield and M. Wight (eds), *Diplomatic Investigations*, London: George Allen & Unwin.
—— (1977) *The Anarchical Society: a study of order in world politics*, New York: Columbia University Press.
Clausewitz, C. (1984) *On War*, trans. M. Howard and P. Paret, Princeton, NJ: Princeton University Press; (1832) *Vom Kriege*.
Gilpin, R. (1987) *War and Change in International Politics*, Cambridge: Cambridge University Press.
Hoffmann, S. (1977) 'An American Social Science: International Relations', *Daedalus*, 106: 41–61; reprinted in J. Der Derian (ed.), *International Theory: critical investigations*, London: Macmillan.
Morgenthau, H. (1948) *Politics among Nations*, New York: Knopf.
Schmitt, C. (1958) 'Staat als Konkreter, an eine geschichtliche Epoche gebundener Begriff', in C. Schmitt, *Verfassungsrechtliche Aufsätze aus den Jahren 1924–1954: Materialen ze einer Verfassungslehre*, Berlin: Duncker & Humblot.
—— (1972a) 'Premessa a Il concetto di politico', in C. Schmitt, *Le categorie del politico*, Bologna: Il Mulino; (1963) *Vorwort*, revised edition of *Der Begriff des Politischen*.
—— (1972b) 'Premessa all'edizione italiana', in C. Schmitt, *Le categorie del politico*, Bologna: Il Mulino.
—— (1984) *Römischer Katholizismus und politische Form*, Stuttgart: Klett-Cotta.
—— (1988) *Political Theology: four chapters on the concept of sovereignty*, trans. G. Schwab, Cambridge, MA: MIT Press; (1922) *Politische Theologie: Vier Kapitel zur Lehre von der Souveränität*.
—— (1991) *Political Romanticism*, trans. G. Oakes, Cambridge, MA: The MIT Press; (1919) *Politische Romantik*.
—— (1993) 'The Age of Neutralizations and Depoliticizations', trans. M. Konzett and J. P. McCormick, *Telos*, 96: 130–142; (1929) *Das Zeitalter der Neutralisierungen und Entpolitisierungen*.

—— (1996) *The Concept of the Political*, trans. G. Schwab, Chicago and London: The University of Chicago Press; (1927) *Der Begriff des Politischen*.

—— (1997) *Land and Sea*, trans. S. Draghici, Corvallis, OR: Plutarch Press; (1942) *Land und Meer. Eine weltgeschichtliche Betrachtung*.

—— (2003) *The Nomos of the Earth in the International Law of the Jus Publicum Europaeum*, trans. G. L. Ulmen, New York: Telos Press; (1950) *Der Nomos der Erde im Völkerrecht des Jus Publicum Europaeum*.

—— (2004a) *On the Three Types of Juristic Thought*, trans. J. W. Bendersky, Westport, CT: Praeger Publishers; (1934) *Über die drei Arten des Rechtswissenschaftlichen Denkens*.

—— (2004b) *The Theory of the Partisan: a commentary/remark on the concept of the political*, trans. A. C. Goodson, East Lansing: Michigan State University Press. Available online: msupress.msu.edu/journals/cr/schmitt.pdf (accessed 29 May 2006); (1963) *Theorie des Partisanen*.

Waltz, K. N. (1979) *Theory of International Politics*, Reading, MA: Addison-Wesley.

Walzer, M. (1977; 3rd edn 2000) *Just and Unjust Wars: a moral argument with historical illustrations*, New York: Basic Books.

Wight, M. (1994) *International Theory: the three traditions*, London: Leicester University Press.

二 地缘政治与大空间政治:
从施米特到卡尔和伯纳姆

罗玛·阿霍 撰

韩若愚 译 郭小雨 校

引论:施米特与大空间政治

[36]1939年,当德国的外交政策成为欧洲的一项主要关切时,施米特的《禁止外部空间权力干涉的国际法大空间秩序》(*Völkerrechtliche Grossraumordnung mit Interventionsverbot für raumfremde Mächte*)自然地吸引了世人的注意。几家德国报纸发表了长篇文章来描述施米特的大空间理论,国外媒体也注意到了施米特的讲座:两家英国报纸将施米特刻画为希特勒欧洲扩张背后的理论家(Bendersky 1983:237 – 242,250 – 252)。尽管不为人所认,《国际法大空间秩序》仍是一座学术上的里程碑:它预见了一种在20世纪40年代才出现的、以战后国际秩序为主题的国际关系理论。这一理论试图不断地用一种地理上更大也更为有力的新概念来取代传统民族国家概念。对施米特而言,这个概念便是大空间(Schmitt 1991)。① 在施米特的《大空间秩序》中,美国、苏联、大英帝国和日本帝国都有各自的大空间,而中欧则在迅速地成为德意志帝

---

① Grossraum 一词很难翻译成英语,二手文献中有 greater region、large space、super – state、sphere 和 bloc 等提法。

国的后花园。

施米特对德国未来的预测很快便被证明大错特错,不过他却很好地预见了新兴国际秩序的政治形式:一种终结国际政治的时代并开启了大空间政治纪元的地缘政治(或地缘法学,见 Gyorgy 1943:682)概念。世界政治秩序的主导者不再是领土国家,而是"半球性的"(hemispheric)权力。而这种新秩序的前提,是要在事实上否认现代主权国家的一项根本性原则:由1648年《威斯特伐利亚合约》所确立的国家平等原则。

本章有两个任务。第一是讨论施米特从魏玛时期到1936年后的著作中地缘政治理论的演变,以及从国家概念到大空间概念的转变。在其魏玛时期的著作,尤其是在1932年出版的《政治的概念》(*Der Begriff des Politischen*)中,施米特发展了对国家作为威斯特伐利亚国际秩序中政治形式的历史性理解。而在1930年代后期和1940年代早期,施米特则阐释了新秩序的基础:[37]在大国引领下由多国组成的大空间。它将会取代国家,成为地缘政治的新形式。同时,施米特在1933—1936年间与纳粹政权的关系让他被讥为第三帝国的桂冠法学家(Kronjurist),他随后的智识生涯也都伴随着这一污名。

本章的第二个任务是要说明,虽然施米特的具体预测错了,但他在原则上是正确的:战后的国际秩序是由大国塑造的,而这一秩序需要理论来加以说明。在1940年代早期,英美国际关系学界已经开始讨论后民族主义与后威权时代的"大国"理论。福克斯在其1944年出版的《超级大国》(*The Super-Powers*)中如此描述当时的思想氛围:

> 西方的国家系统总是由几个大国所主导……由于一些国家的力量远超其他国家,他们的政府自然会借机发动轻易而有利可图的进攻。这是一个持续的危险。但力量可用于奴役人,也可用于保护人。在我们所生存的世界,力量上的区别会一直存在。我们的任务是去发现在这样的世界中保障安全的条件是什么。(Fox 1944:4)

在西方大空间政治理论界,两位思想巨人尤为突出:英国的卡尔(E. H. Carr)和美国的伯纳姆(James Burnham)。卡尔首先以学者闻名:他不仅是一位杰出的历史学家、新闻记者和外交官,也是一位政治现实主义和现代国际关系的经典作家。伯纳姆虽然也有学术背景,但主要是作为极具影响力的活动家而出名:他在今天被视为美国新保守主义的奠基人之一。卡尔与伯纳姆在许多方面都十分不同,但他们都与施米特一样,有着对大空间的智识激情——卡尔甚至在其作品中使用了这一术语。但不同于施米特的是,这二位的理论得到了时人的赞誉。与施米特的作品一样,他们都值得我们阅读:卡尔在战后政治上的欧洲主义对今天英国甚嚣尘上的欧洲怀疑主义是一种强力的解毒剂,而伯纳姆则先知般地预见到了今日美国在全球范围内开展的反恐战争。

施米特的(地缘)政治概念

在其魏玛时期的著作中,施米特发展了对国家作为欧洲公法国际秩序中政治主体的历史理解。被纳粹解职后,为了避免与纳粹党发生牵扯,施米特在1936年后就不再谈论德国国内或政党事务,而是将注意力转向国际关系研究(见 Bendersky 1983:242)。尽管在20世纪20年代他还在为国家作为政治形式而辩护,但在20世纪30年代晚期和40年代早期,施米特就阐发了替代国家的新政治形式的基础:基于门罗主义法律原则的大空间概念。

[38]至少对他自己而言,施米特著名的政治格言总是有着明确的时空坐标。因为"政治"指的是涉及敌人的关系。任何能区分敌友的组织化实体都能依此定义被称为政治实体。如果严格依照施米特的术语,政治状态只能存在于领土实体之间,也即,在国际关系中的地缘政治领域之内。而这一领域本质上就是相互间敌意最强的空间(Schmitt 1996:46 – 47;亦参 Ulmen 1996:12 – 13)。施米特以政治主体性(political subjectivity)来规定他的主权概念。对他而言,国家主

权的实际标准就是在一个具体的政治环境中区分敌友的权威:它出现于"敌人具体而清晰地被指认为敌人"的时刻(Schmitt 1996:67)。

在他1925年对《凡尔赛和约》的批判中,施米特说道,莱茵兰成了国际政治的客体(object):其命运不再由德国掌控,而是被置于协约国手中。这种以国联之名实施新的政治主体性的做法得以可能的前提,便是让国际法优先于国际政治。新的政治主体有创造并执行国际法的强大力量,因此,通过国际法被创造出来的客体没有做出自己政治决定的能力。处于掌控地位的政治主体如果利益受损,便会使用干涉权,越过被控制的政治客体的主权(Schmitt 1988a:28-29)。对施米特而言,政治主体性——也即,做出敌友区分,并在其领土内执行这种区分的权威——是在国际关系中确立主权的关键概念。

施米特主权概念的内涵来自他对凯尔森(Hans Kelsen)纯粹规范主义的攻击。对凯尔森而言,国家并不享有至高无上的主权,而仅仅是一套等级规范结构的一部分。位于这一结构顶端的便是国际法(1967)。以国际法之名对莱茵兰实行占有和非军事化削弱了魏玛共和国的领土主权。施米特反驳凯尔森道,政治生活不能被法学原则所规范,因为当社会遭遇危机时,必须诉诸政治权威的使用(见Gottfried 1990:57-64;Schwab 1989:44-51)。因此,国家在本质上就是决断主义(decisionist)的:主权的意志高于国家的法律。

施米特决定以政治主体和客体而非单纯的国家概念来讨论国际关系,是因为对他而言,现代国家不再是国际关系中唯一的政治主体。的确,施米特欣赏国家。作为世俗化的主要机制,国家在地理范围上将respublica Christiana[基督教共同体]的宗教战争限制在了尘世主权者之间的决斗中,并以此终结了宗教战争(Freund 1995:15)。但自那之后,新的宗教战争已悄然打响,旧的制约却不再奏效。《凡尔赛合约》《凯洛格—白里安公约》等法律文本将战争罪犯化,并将其转化为一种维持国际治安的行动。[39]与另一位政治天主教徒迈斯特(Joseph de Maistre)一样,施米特也认为人道主义(humanitarianism)是一种危险的政治宗教,它将人的政治本性中立化的企图只会带来混乱与暴力。

取代欧洲公法的国际秩序在不断发展着。但在施米特眼里,这是一种没有空间指向的秩序。尽管旧秩序的空壳仍然提供了一种模型,但新的国际法成了一堆松散原则的集合,存在于地缘政治的混乱之中。当我们很难将欧洲国家与殖民地或欧洲外的准国家区分开来时,欧洲的国家体系就丧失了其同质性。由于缺乏新的地缘政治概念来理解具体的现实,混乱就随之而来。施米特对这一问题的答案,便是"大空间"概念(见 Ulmen 1987:43–71)。

"大空间"这一术语并不是施米特所创,但他用他在国际法训练中获得的手段和方法对之进行了概念化。大空间最初并不是一个法学概念。它在魏玛德国以"区块经济"(Großraumwirtschaft)的形式流行开来:这一概念催生了德国在欧洲谋求霸权的理论(见 Murphy 1997:61–63)。

施米特将他的大空间理论与臭名昭著的豪斯霍弗学派(Haushofer school)的地缘政治学脱钩(Schmitt 1991:15–19),后者认为地缘政治是进行国家统治的一个科学手段(见如 Toal 1996:46)。豪斯霍弗地缘政治学中将政治地理与第三帝国连接起来的一个核心概念是生存空间(Lebensraum)。这一概念在拉采尔(Friedrich Ratzel)1901 年的《生存空间》(*Der Lebensraum*)之后便为人所知。拉采尔将达尔文的生存斗争概念等同于空间斗争:地球上所有的生物形式都在无休止地追求生存空间。尽管他的著作主要是关于植物与动物地理的,但拉采尔也强调了生存空间概念的存在论意义。其中与国家达尔文主义的类比也自然地被豪斯霍弗学派的地缘政治家们所吸收。

对施米特而言,大空间政治形式介于国家与宇宙这两种政治范畴之间(Schmitt 1995:237)。他确信,一个大空间是由某个代表特定政治观念的强权所主导的一块区域,这个强权伴随铭记着一个特定对手而形成——这个特定政治观念决定了敌友关系。施米特认为,大空间国际秩序的法律先例是 1823 年的门罗主义。就地缘政治而言,门罗主义划定了一块远超美国国土的区域,因此创造出了一种超越领土性民族国家的新政治主体。在其宣布之时,美国政府宣誓不会介入欧洲事务,同时也互惠式地禁止外部势力干预西半球。通过门罗主义,美国接受了独立的"西半球"国家保护者的责任,同时也避开了欧洲事务(Schmitt 1991:22 – 23)。对施米特而言,门罗主义不仅寻求将西半球从欧洲和全球孤立出来,还标志着[40]与欧洲公法根本性规范之一的国家平等原则割裂开来。

然而,实际上,门罗主义背后的原则在门罗总统发表演说之前已经在欧洲得到了承认。1814 年的维也纳会议决定了拿破仑战争后的欧洲形势,但这次会议的执行委员会并非基于《巴黎和约》的签署国,而是基于大国与小国间的区分。四个协约国——英国、俄罗斯、普鲁士和奥地利,以及法国和西班牙,都被认为是大国,并因此享有区别于国际法所赋予的政治权力。在会议上,委员会实质上重画了整个欧洲版图,而小国只有是否接受这一新决定的权力(Peterson 1945:534)。

对施米特而言,原初门罗主义的核心是真正的大空间原则,它以一个政治实体在其利益圈内排除外部干涉为政治理念。西半球根本上是一个防御性概念,但它从一开始就与旧世界相对,因此有着反欧洲的成分。在道德和文化意义上,西半球则构成了一个有欧洲价值观的新欧洲——只不过是在美国的土地上。正如施米特随后所揭示的,这正是西半球的政治含义(Schmitt 1997:261 – 267)。

据施米特,原初的门罗主义在国际法中造成了三个重要后果:美洲各国的独立;在其领土中排除殖民地;以及在美洲国家不干涉美洲外领土的条件下,禁止非美洲力量干涉美洲。门罗主义并不是一个法律主体间的协约:它的含义只由其唯一的政治主体——美国——所定义、解释并执行(Schmitt 1991:22 – 27)。在此,施米特从他先前致力于讨论国家主权的著作中解放出来:大空间作为一种政治形式,超越了以领土和国家为界限的国家间政治。

施米特认为原初门罗主义的对立面是政治普遍主义。但不幸的是,罗斯福(Theodore Roosevelt)总统在 19 世纪末恰恰将门罗主义带向了普遍主义。这一过程在 1917 年威尔逊(Woodrow Wilson)总统向国会的演讲中达到顶峰:威尔逊宣称,门罗主义的原则必须被普遍化(Schmitt 1991:32 – 33)。其结果是,门罗主义的地缘范围从西半球扩展到了整个世界与全人类。因此,在美国外交史中,门罗主义从一个防御性的孤立概念,转化成了进行全球干涉的进攻性工具(Schmitt 1998c:295 – 297)。

施米特反对美国外交的这一普遍化转向,并强调门罗主义原初含义及其原则的重要性。施米特认为,他的大空间理论能应用于不同的历史和地理环境。他设想在欧洲中部和东部崛起一个新的[41]大空间,来对抗西半球的普遍主义。在他看来,这个大空间的一个中心成分就是帝国(Reich)概念:一种有着独特政治理念,能够划定界限,并在其空间内排除外部干预的力量(Schmitt 1991:23,49)。施米特认为,有着约 6000 万人口、位于欧洲中部的德国还不能独自构成一个大国,但已足以自立(Schmitt 1988b:107)。美国、大英帝国、苏联以及正在崛起的日本帝国都有自己的空间,施米特也希望欧洲成为德国的空间(见 Bendersky 1983:257)。

对施米特而言,帝国概念并不仅仅指德国在欧洲的地位,而是所有大空间中政治主体性的标志(见 Gruchmann 1962:23)。尽管如此,施米特的论证在具体的政治环境中仍然有其特殊含义。西方和东方都基于普遍性的原则,认为自己有在全球范围内进行干涉的权力。施米特认为,也许德国可以在欧洲范围内抵抗这种干涉,正如美国(最初时)那样:禁止外部势力干涉自己的领域(Schmitt 1988d:302)。德国在欧洲中部的大空间将横亘在自由主义和布尔什维克主义的普遍性计划之间,但这需要一种新的、超越国家平等规范之上的国际法。

施米特的大空间理论在 20 世纪 30 年代晚期和 40 年代早期激起了许多德国国内评论者的兴趣,但也有许多人批评其不够清晰,太过抽象。批评者们迅速指出,施米特既没有阐明德国大空间的内在性质或具体政治秩序,也没有对他认为必要的新国际法提出任何具体建议

(见 Gruchmann 1962:121)。本德斯基(Bendersky)认为,这种模糊性是为了避免与纳粹党内理论家产生异议而有意为之(1983:255-256)。现在人们广泛接受的是,施米特1939年的讲座,以及他之后就这一问题的论述,与希特勒在中东欧的外交政策一致。但是,施米特并不主张战争和纳粹对欧洲的征服,他关于大空间的作品也从未提出过这一目标。战争一开始,施米特将其作为既成事实接受下来,并试图为德国的立场辩护(Scheuerman 1999:169-173),但在1941年和巴巴罗萨计划后,德国的外交政策就再也无法被安放在他的理论框架中了。

大空间理论在西方

也许施米特并不是个讨人喜欢的家伙,他的许多观点也令人无法苟同,但下文将表明,施米特对国际秩序历史与结构的分析在根本上是正确的,正因为如此,此英美两位重要的战后国际关系理论家都对此表示接受。今日,卡尔[42](以及摩根索)被视为早期国际关系学界最正统的施米特主义者。他的现实主义可以不偏不倚地塞进施米特的模子里,并且他也试图将欧洲统一成一个大空间,来对抗伪普遍主义的政治力量。伯纳姆与施米特的联系则是理论性而非历史性的。或许他并没有读过或听过施米特,但他显然注意到了施米特对政治普遍主义中内在危险的警告,并将其颠倒后以美国外交政策的方式表达出来。我们今天仍然在见证伯纳姆的遗产成真。

卡尔与大英帝国

1936年,卡尔(1892—1982)被任命为阿伯里斯特威斯的威尔士大学(University of Wales, Aberystwyth)的维尔德·威尔逊国际政治教授——世界所有大学中的第一个此类教授席位。卡尔的任命极富争议,因为他在外交部工作时对国际联盟持怀疑态度,并对"威尔逊式"的国际关系多有批判,他接受这一任命对有些人而言有亵渎之意。

今天,我们普遍认为,卡尔 1939 年出版的《二十年危机:1919—1939》是国际关系领域"第一代大辩论"(First Great Debate)的标志性作品:"现实主义"向"理想主义",或者按卡尔的称法,"乌托邦主义",发起了挑战。尽管"辩论"的提法具有误导性,因为双方并没有实际地交换意见(见 Wilson 1998),但卡尔的作品及其触发的讨论,确实为当时理论与方法都显得混杂的早期国际关系研究带来了一些范式性的归整。霍夫曼(Stanley Hoffmann 1977:43)将《二十年危机》形容为"对现代世界政治的第一次科学分析",而瓦斯克斯(John Vasquez 1983:16)则称其为一次"摧毁性的,而又影响深远的批判"。

据卡尔,乌托邦式政治科学很少注意现存事实,也不分析因果,而是投身于"阐述幻想中的计划,为的是实现自己脑海中已有的目的。这些计划简单而完美,因此很轻易地便受人追捧"(Carr 2001:6)。这也是国际关系作为一门科学的目的:它始于第一次世界大战的灾难,自然以消除这种灾难为目标。但当这些幻想式的计划开始崩塌时——正如国际联盟在 1930 年代开始崩塌一样——国际关系就必须将分析现实作为其研究的一个重要部分。理想主义的一个核心,被卡尔称为"利益和谐原则"(the doctrine of harmony of interests)的政治预设,受到了现实主义的挑战。根据这一原则,个人所追求的自我利益在无意间涵盖了集体的利益。通俗而言,这一原则认为自利行为和道德行为间没有冲突,因为当个人追求自我利益时,他们就集体性地产生了最佳的社会结果。乌托邦主义预设,这在个体层面为真,在国家层面也为真:通过关注本国的利益,各个国家都是在服务全人类[43](Carr 2001:42–61)。这一原则通常的政治论点是:和平符合每个国家的利益,任何违背和平的国家不仅背叛了自己的利益,也因此背叛了所有人的利益。这一预设将道德置于政治之上:战争不仅是非理性的,还是恶的。

基于这样一种存在着全人类普遍和谐状态的预设,理想主义还认为,在某些制度条件下,国家间能建立起一种和平系统。国际关系研究的目的就是去发现这些条件,并帮助设计所需要的机构,从而在国际政治中完成一场和平的革命。威尔逊总统就是这种理想主义政治逻辑的生动体现。对他而言,民主就是和平,独裁就等于战争。通过在全球复刻在民主社会中阻止了暴力的政治机构,便能消除独裁,实现世界和平。国际联盟、常设国际法庭等机构便是基于这些意识形态基础。

卡尔对此表示反对:

> 我们今天在国际政治中所遇到的……不啻在过去一个半世纪主导政治经济思想的道德概念的完全破产。就国际层面而言,从正确的推理中导出道德是不可能的了。因为我们不再相信,每个国家追求全世界的最大善,便是在追求自己国民的最大善……现代国际政治危机的内在含义,是基于"利益和谐"概念的乌托邦结构的整体崩塌。(同上:58)

现实主义称"利益和谐"原则为乌托邦主义,因为他们认为其政治原则是抽象的。卡尔认为,利益和谐原则是特权集团想出来证成、维持其主导地位的精巧的道德机制。相似地,国际道德理论总是由国际社会中的主导国家构建的。国际秩序、团结总是那些强大到能将秩序强加于人的国家的口头禅。乌托邦式假定从不是绝对、普世的,而是在某一特殊时刻,基于对国家利益的某一种特定解读的政治原则。1919年的《凡尔赛和约》便是明证。该和约的政治目的不是世界和平或各国福祉——尽管,自然地,它们每次都被拿来兜售这一目的——而是第一次世界大战所有战胜国对另一个大国的消灭。

换句话说,和平、和谐在原则上都没有错,但在政治上,它们必须要有权威的支撑。根据现实主义人类学,原则是无法发号施令的:人们自愿向别人屈服,不是因为别人对,而是因为别人更强大。在这个[44]意义上,政治永远是权力政治。卡尔在涉及——或被认为涉及——一个国家与其他国家的力量关系时运用"政治"一词,"一旦冲突解决,这就不再是'政治'性的了,仅是日常行政而已"(同上:97)。国际关系中权力的最终手段便是战争:

> 国家的每个行动,就其权力层面而言,都是指向战争的。并不是作为理想武器的战争,而是作为可以运用的最后武器的战争。(同上:102)

战争是国际政治的极端,表现正如革命是国内政治的极端表现。

卡尔的政治概念——在暴力环境中的国家间持续的冲突关系——是十足的施米特式政治理论。尽管没有卡尔读过施米特的证据,但他肯定效仿了《政治的概念》(1996)。

乌托邦主义的规范性秩序崩塌之后,国际秩序处于走向另一场世界大战的边缘。据卡尔的观点,在当时要求更多的民族自决已为时过晚——这正是威尔逊在其十四点原则中所做的。19世纪欧洲那些使民族主义上升、主权国家制度化成为可能的条件已一去不返。在20世纪,民族国家作为国际机构可接受的最终单位,其地位在两个方面受到了挑战。一方面,它很难应对国际主义提出的道德挑战:普遍的风气是,不应关注国家的权利和福祉,而应关注人的权利和幸福。而另一方面,国家的权力被现代科技的发展所削弱:我们不再需要以国家为单位来讨论政治或经济组织了(Carr 1945:38)。

因此,民族国家很可能会被其他东西所替代,而战后(或后乌托邦)国际秩序的政治力量也会被重新分割(Carr 2001:207-220)。国家主权这样的概念逐渐变得模糊,甚至变得有误导性,因为国际力量在慢慢远离旧秩序中的规范性协定。然而,国际秩序中的一些层面却是不变的。卡尔的一个预设便是,政治的集团属性具有持续的意义:战后秩序的国际力量仍然是被集团而非个人所拥有。集团间的敌意也将会继续存在:

> 某种形式的团体肯定会继续成为政治力量的所有者,不论它采取的是什么形式……想象一个假设性的世界,其中的人们不再为了斗争而组成团体,并因此将斗争传递到一个更广、更全面的领域,这样做毫无益处。(同上:213)

用施米特的话来讲,卡尔是一个政治多元主义者(political pluriversalist)。对他们而言,世界政治是一个被分裂为多个政治实体的整体。①

[45]卡尔的第二个预设是,政治单位将仍然保有其独特的领土形式。权力从来没有完全地和领土占有分离过,而"现代的军事、经济科技似乎将权力与领土不可分割地结合在了一起",因为"现代人很难想象一个世界,其中政治权力不是以领土,而是以宗族、信念或阶级为基础组织起来"(同上:211)。然而,领土的范围有着向更大的政治经济单位整合的趋势——卡尔便代表了这种趋势。这一趋势从19世纪后半叶开始,与工业革命、资本主义的发展以及"权力的科技工具"紧密相连(同上)。在其《民族主义与后民族主义》(*Nationalism and After*, 1945)中,卡尔大胆地预测了之后国际秩序的政治单位。就1945年后政治协定的不断变化而言,他的预测不可谓不精确。一方面,独立的主权国家失去了他们在欧洲和世界所享有的国际力量;另一方面,在可预见的未来,任何一个世界性力量都不可能掌握对全人类的绝对控制。卡尔的预测便是这两个极端间的折中。战后国际秩序的政治力量很可能将以大洲为单位来划分:

> 如果这些预测成真,那么我们必须适应几个巨型的多国单位的出现,它们将是权力的集中点。在文化上,这些单位最准确的标签便是文明。它们将是独特的英国、美国、俄国和中国文明,其中没有一个会被原先意义上的国家边界所局限。在经济上,由德国地缘政治学家们所创的"大空间"一词似乎最为恰当。苏联是一个重要的大空间。美洲大陆是美国潜在的大空间。但这个词似乎不能十分恰当地形容英联邦国家或英镑区,因为这是经济概念,而

---

① 根据施米特(1996:53),"政治实体预设了一个敌人的真实存在,因此与另一个政治实体是共同存在的。只要有一个国家存在,那么世界上就一定有其他国家。一个囊括全球和全人类的世界国家是不可能存在的。政治世界不是统一的,而是统一下的多元"。

非地理意义上的大洲。在军事上,之前十分有用的"辐射区域"(zone of influence)一词已经名誉扫地,也无法体现大空间所需要的高度战略整合。对此,美国创造出了"半球防御"概念,来覆盖门罗主义所界定的影响区。(Carr 1945:52)

卡尔所指的"德国地缘政治学家们"只有一个,那就是施米特。卡尔没有直接引用过施米特,但两位都引用了瑙曼(Friedrich Naumann)的《中欧》(*Mitteleuropa*,1915)。然而,是施米特在门罗主义法律先例的基础上构建了大空间理论。卡尔是否在写作《二十年危机》与《民族主义与后民族主义》之间读了施米特,我们并不完全清楚。但他肯定读过关于施米特的作品:就在二战爆发之前,《泰晤士报》将施米特报道成希勒特外交政策的主谋(见 Bendersky 1983:257 – 258)。尽管卡尔在 1939 年还是威尔士大学的教授,但他已经常为《泰晤士报》撰写社论,并在两年后成为助理编辑。至此,卡尔的大空间政治很少受到学界的注意,尽管——或是恰恰因为——它与被学界除名的施米特有着联系。

虽然卡尔将大空间作为经济概念来引用,但他的理论有着非常清晰的地缘政治维度。正如施米特一样,卡尔理论的预设是,国家拥有政治主体性的欧洲公法时代已经不可挽回地逝去了。二者也同样将门罗主义视为新国际秩序的先声:在新秩序中,大国与小国的力量差异非常显著。不仅如此,两位也都承认美国和苏联在其大空间内的权力,并希望欧洲能成为两者之间的一个潜在力量。

卡尔与施米特的分歧在于欧洲大空间帝国的问题。对施米特而言,希特勒阐明了欧洲门罗主义的政治含义,担起了在中东欧保护德国少数族群的责任。① 卡尔的国际秩序中也需要一个欧洲大空间,来中和自由主义与布尔什维主义的伪普遍主义,但这个大空间是由大英帝

---

① 对施米特(1991:46,47),这种保护并不会损害德国影响区内的其他国家和民族。

二 地缘政治与大空间政治：从施米特到卡尔和伯纳姆 63

国来领导的。英国本身并不是一个大国，并已开始成为一个二流国家，因此，英国将会面临一个可怕的困境，"它要么向美国的政策，要么向苏联的政策屈服"（Carr 1945:71）。

卡尔宣称，英国如果想摆脱这一命运，就必须开始彻底转变其外交政策。英国的注意力必须从废墟中的帝国，即英联邦，转向废墟中的欧洲：

> 即使西欧能够重焕活力，从她一度辉煌现却苦苦挣扎的传统束缚中逃脱出来，她仍然需要一个领导者和权力的集中点。在由多国所组成的"半球"文明和大空间时代，这是必须的。（Carr 1945:73）

罗马，法国，以及最近的德国，都曾占据欧洲文明的领导权，但也都滥用了其权力而荣光不再。卡尔写道：二战后出现了前所未有的状况，

> 最有能力影响欧洲命运的两大欧洲力量——俄罗斯和英国——处于欧洲的最东边和最西边。它们的力量也不仅仅局限于欧洲，甚至都不在首要意义上属于欧洲。（1945:73）

欧洲大陆国家向这两个力量之一（或两者）不断靠拢似乎是不可改变的命运。在战后早期，卡尔已经能见到苏联在东欧国家宣誓"半球式"政治主体性的迹象。"一个必然的结果"[47]便是"在英国和西欧国家间，以适合西方传统的方式，建立更多、更紧密的联系"（同上：73-74）。对卡尔而言，"适合西方传统的"并不来自美国，在英帝国的引导下，统一欧洲的会是"一种寻找新道路的欲望，其原则既不同于苏联式国家主导的意识形态，也不同于美国式无限竞争的意识形态"（同上：74）。

正如所有权力一样，新国际秩序下的权力也会走向滥用。现在的危险是，大空间力量会发展成新的帝国主义。那就仅仅是把民族主义放大化了，而完全没有解决国际关系中原有的问题。尽管如此，卡尔仍然心存希望：

> 一个不是基于排他性的民族或语言,而是拥有普适性的共同理念和追求的政治体,自然比仅仅基于民族热诚的政治单位要决定性地前进了一大步。(同上:66)

卡尔论证道,正如在终结了基督教共同体的战争之后出现了宗教宽容,民族宽容也理应随着终结了欧洲公法的两次世界大战而显现。

卡尔对于英帝国治下西欧的愿想自然是不成熟的。当丘吉尔在1946年发表著名的"铁幕言说"时,冷战的帷幕已缓缓拉开,其到来只是时间问题。在冷战中,英国并不拥有在自己半球的帝国。英国在1947年接受马歇尔计划的援助,在1948年允许美国空军在英国拥有基地,此时卡尔不得不承认,英国只能站在美国的旁边,或是其后边。英国国际政策的主要目标,就只是防止两个大国间再次爆发战争(见 Haslam 1999:150-153)。

伯纳姆:争夺世界

当施米特和卡尔发表他们关于大空间政治的作品时,伯纳姆(1905—1987)还在纽约大学华盛顿广场学院教书。他那时还是流亡的共产主义领袖托洛茨基(Leon Trotsky)的首席顾问,也是社会主义工人党第四国际美国支部的主要发言人。但是,托洛茨基对斯大林某些政策的赞同——最重要的是斯大林与希特勒的协议,以及苏联在1939年进攻芬兰——连同对马克思主义意识形态不断上升的疑虑,让伯纳姆切断了与他的联系,并在1940年退党。① 接下来的一年,伯纳姆发表了他的第一本也可能是最著名的作品,《管理革命》(The Managerial Revolution,1941)。在书中,他预测资本家与工人间普遍斗争的胜利者将不是社会主义,而是他所称的"管理主义"(managerialism)——一种有着自己统治阶级和政治机构的新型社会,它将同时统治资本家与

---

① 关于伯纳姆的优秀传记,见 Kelly(2002)。

无产阶级(Burnham 1941:7-11)。

尽管他已经在政治上放弃马克思主义,但马克思式的历史决定论[48]仍然非常清晰地浮现在《管理革命》中。伯纳姆论道,在资本主义后期,管理者的作用变得更独特,更复杂,也对整个生产过程更为关键。那些进行管理的人自己就组成了一个阶级——这个阶级十分强大,实际上控制了由资产阶级(在名义上)掌握的资本。管理家们会通过限制资本主义的私产经济、议会制政府以及个人主义价值观,来与其"无政府主义式混乱"斗争。实际上,伯纳姆认为斯大林俄国和法西斯德国这样的极权主义国家就是管理主义的体现:主权的核心不再位于民选的政治机构,而是在管理阶级精英组成的行政官僚中。

> 就其结构、运行和人事模式而言,行政机构、董事会,或委员会似乎是管理主义社会中主权在地化的典型机构,正如议会是资本主义社会中的典型机构一样。(1941:129)

伯纳姆并不相信在管理主义社会中,全世界的管理者们会联合起来,从而形成一个世界性的管理主义国家,像马克思所预测的无产阶级一样。相反,伯纳姆预测,民族国家对主权的掌控力会逐渐减小,国际社会将出现三个争霸的联合性"超级大国"。在《管理革命》中,他预测日本、德国、美国可能会成为三个超级大国的核心。当时,伯纳姆还没有看到苏联成为明日超级大国的迹象,而是预测它将自我分裂,西半部分走向欧洲,而东半部分走向亚洲。然而,在《争夺世界》(1947)中,伯纳姆已认为"俄罗斯"是美国称霸世界的主要对手。

伯纳姆对洲际性力量出现的预测有着全球性的影响。世界上小国的人民愈发无法抵挡世界大国的力量,必须在几个明日大国中选边站。根据伯纳姆,在可预测的未来,仍然会有许多国家和民族,但这只是形式上的:

> 我们还可以为了宣传而礼貌地维持独立的假象;但我们正在谈论的不是主权的名号,而是主权的实在。(Burnham 1941:154)

联合国安理会常任理事国席位的存在确认了一个事实:小国不再是世界政治中值得严肃考虑的独立因素。

伯纳姆现在开始强烈地攻击苏联。他认为其错误之一便是政治普遍主义及其想要团结世界人民的欲望。伯纳姆反对道:

> 也许存在着一个兄弟情义、共同人性的理念。在这个意义上,世界是潜在同一的。而通过特定技术和经济生产方式的直接或间接的影响,世界至少在一定意义上是实在同一的。但在政治上,以及最为深刻地在文化上,世界是多元的。(Burnham 1947:31)

[49]拥有"共同人性"或"世界共同体"这样的理念本身并没有错,但伯纳姆警告道,不要想着将这些理论转化为现实。历史已经一遍遍地证明,这只会带来混乱和暴力。在施米特的意义上,伯纳姆也是一位政治多元主义者。伯纳姆也一样认同施米特对人类境况的消极看法。据其悲观的人类学,①人们"在行动时不是理性的,而主要是非理性的,他们心中不仅有爱,还有自私。人类不是善的,而是善与恶的奇怪结合体"(同上:25)。

伯纳姆与施米特的分歧在于美国在新国际秩序中的地位。施米特担忧的是,门罗主义从一个防御性的孤立性原则转变成了全球干涉的进攻工具。而伯纳姆则认为,这恰恰是必须要做的。在美国加入第二次世界大战——即"第一场塑造管理主义社会的战争"——与盟军一起对抗德、日两大超级国家时,发展的轨迹就已基本定型(Burnham 1941:218)。从那时起,为了成为管理主义超级大国的世界性斗争便开始了。伯纳姆论证道,这场斗争必然不会终结,因为没有一个超级国家有能力(或甚至是有意愿)来绝对性地征服其他中心区域,从而统治世

---

① 根据施米特(1996:58),所有真正的政治理论都预设了人性本恶,人的自然倾向会表现为"腐败,脆弱,懦弱,愚蠢;或残忍,纵欲,好动,非理性,等等"。

界。但这并不能阻止斗争的发生,而对美国而言,这场斗争中最好的防御就是进攻:

> 美国以美洲大陆为根基,必须对抗基于其他两个中心的超级国家,来争取最大的世界权力。对它而言,这甚至都不是一个选择,因为在即将到来的世界体系中,想要生存,就必须扩张。躲回其48个州所组成的国家躯壳将是非常迅速的政治自杀。(同上218–219)

德国和日本败了,但苏联取代了它们的位置,与美国争夺世界。东方和西方文明必然介入争夺世界主导权的战斗中,而这场斗争的胜者只能有一方,或者双方都是输家。

伯纳姆为何认为这场斗争是必然的? 正如已经提到的,他显然认为世界在政治上是分裂的,他也急于将人类划分成不同的文化,甚至不同的种族类型。但如果美国作为一个国家想要生存并繁荣,它就不能允许有共产主义俄国这样的敌人存在:俄国有相当大的潜力和野心来摧毁美国。尽管世界政治不是统一而是多元的,但在世界性运动与核武器存在的时代,追求力量平衡实在过于危险。这是带着报复心的多元主义。

核武器是《管理革命》之后出现的另一个决定性因素[50]。伯纳姆称,核战威胁是超级国家用以统治世界的方式——他在《管理革命》中忽视了这一点(Burnham 1947:59)。基于国家平等的法学神话,以联合国为机构出现的世界政府,在确保相互摧毁的原子时代并不能解决政治问题。一个"美国拥有更大政治力量"与核武器垄断的"世界帝国"是唯一的解决方法(同上:60)。美帝国的疆域延伸到它具有决定性力量的任何地方:不是决定任何或几乎任何事物,而是决定"政治生存所依靠的关键事物"(同上:189)。用施米特的术语讲:在美国有能力且有意愿以政治主体行动的地方。

为了运用帝国主义式的政治主体性,美国必须放弃旧国际秩序的准则与机制。首先,一个真正的超级大国不能尊重国际法中的国家平等原则,或在国际社会中寻求权力平衡,而必须"准备争夺世界政治的领导权"(同上:184)。因此,不干涉他国内政的原则——"已经不过是口头说说而已"(Burnham 1947)——必须完全放弃。美国还必须维持它在世界上任何地方进行迅速、强力、足够的干预的能力。不仅如此,美国还必须进行全球范围内的政治宣传,将这作为其帝国政策,宣传的内容与目标必须"使全世界公众理解并信服"(同上)。然而,最重要的是,美国必须有区分敌友的能力,并且使人无比清晰地认识到,成为其朋友有利可得,而成为其敌人则必然受损。只有当人们知道美国有能力也有意愿使用武力时,这一区分才能有实际效果:

> 武力也许不会被使用,或者很少被使用。但它作为最终的前提条件必须存在,否则这整套政治三段论逻辑便是不完整的。(同上:186)

伯纳姆提议,走向"美世界帝国"的第一个战略步骤是与英国及其覆盖区结成"帝国联邦"(同上:197)。他认为,英美两国的命运紧密相连:要么共同生存,要么在与共产主义的对抗中一同灭亡。仅仅将跨大西洋联盟正式化毫无用处,而两国完全的政治结合将会成为"迅速改变整个世界政治的催化剂"(同上:196)。在联邦的第一阶段,英国因为与美国在物质力量上的差异,必须处于弱方。伯纳姆认为这是让英国成为英美的最大政治障碍。

第二步,伯纳姆要求英美监督欧洲的政治整合,以此为西方空间提供大陆性支持。他认为战后政治分裂、[51]经济萧条的欧洲已无法自己构成独立的超级国家,进入世界舞台。其潜力留待西方,或者——伯纳姆担心——留给共产主义挖掘,"允许西欧继续分裂意味着允许共产主义对西欧的征服"(同上:199)。在成为大英帝国和西欧的"接收者"之后,美国必须采取措施来保护其半球性的"基地":从西半球开始逐渐拓展其政治主体性的区域。伯纳姆甚至提议,美国在这方面应该注意纳粹在欧洲的外交政策,其目标应为"在区域内的所有国家、殖民地中,消灭除美国外的所有实际独立主权,因此创造一个就政治主权而言单一而相互联系的领土"(Burnham 1941:219)。

尽管在战后的国际秩序中,建立美利坚世界帝国是对美国而言唯一的出路,伯纳姆也接受,这样一种会被指责为"帝国主义"甚至"法西斯主义"的外交政策,最后无疑会成为一种负担。因此,他提议在一开始就给它起一个更利他主义的名字:

> 给我所规划的最高政策起一个名字是很有帮助的。这不是"帝国主义式的",也不是"美国式的",至少不是这些词通常所传达的意思。美国被分配到了部分的领导权,这并不是出于任何民族主义式的偏见,而是出于现存世界力量关系的本质与其内在的可能性。因为这一政策是对共产主义在全球实行极权主义计划的唯一答案,因为这是在这多事之秋保存我们能享有的自由的唯一机会,因为这是通向自由的世界社会的唯一道路,我将称其为"民主世界秩序"(democratic world order)政策。(Burnham 1947:226-227)

提出这一政策后,伯纳姆并没有像为美国秩序辩护一样为世界民主辩护。除了陈述明显的事实——比起极权主义他更偏向民主,或是除了共产主义以外的任何东西——之外,他对民主和平的事业所谈甚少。

现在,苏联已被击败。伯纳姆在这一过程中发挥了很大作用:他不仅就冷战时期美国政治事务的话题写了许多畅销书,还做过美国政府的情报官员,也是今日美国最著名的保守主义刊物之一——《国家评论》(*The National Review*)的创始编辑。著名的保守主义思想史家纳什(George H. Nash)认为,就为美国冷战胜利构建理论框架而言,伯纳姆的贡献比其他任何人都大(Nash 1976:91)。1983 年,在他去世前四年,里根总统授予伯纳姆美国最高的公民荣誉之一的"总统自由勋章",[52]以表彰他"对美国国家和安全利益以及世界和平做出的卓越贡献"。①

---

① 引自 en. wikipedia. org/wiki/Presidential_Medal_of_Freedom。

讨 论

本质上，施米特1936年后关于国际法和地缘政治的思想，乃是对他在1927年就初次阐明的政治概念的完善。但这些思想也构建起了一个更大的概念装置，将他的政治概念扩充为一种地缘政治的历史哲学，其最终的成果便是1950年出版的《大地的法》(Der Nomos der Erde, Schmitt 1997)。

施米特并不是个例。两场世界大战间的德国充斥着民族主义与复仇主义，①各种伪地缘政治科学的奇葩竞相开放，叫嚣着挑战欧洲——如果不是挑战世界的话。在这种思想环境下，施米特属于那些思想上最融贯、最有体系性，也最不民族主义(Volkisch)的思想家。尽管这些内容很有趣，但它们本身并不使施米特的大空间理论具有重要性。使其重要的，是它与事实的相符。施米特很可能是第一位准确道出门罗总统第七次国会演说含义的国际法与国际关系理论家，他说，该演说意味着在十年之前的维也纳会议时就已经开始了威斯特伐利亚体系的解体。世界不再能被从法律上分割为独立、自主的国家——如果世界真的这么构成过的话——而是几个强大的超级国家在其影响区内统治着其附属国家。

对两次世界大战期间的普通德国人而言，这个解体过程也许不甚明显，但今天的我们对此肯定一清二楚。美国和伊拉克所享有的主权显然是天壤之别。两国在形式上都有独立、自主国家的法律地位，但相同之处也仅止于此。尽管你可以把今天的伊拉克称为一个国家——如果这有用的话——但它显然不是伊拉克领土范围内的政治主体。

施米特希望德国在中欧实现的目标，正是卡尔希望英国在西欧实现的目标：负起成为超级国家的责任，让它强大到能在新的国际秩序中立足。两者实现这一目标的手段当然不同，甚至在很多时候相互冲突，

---

① 复仇主义(Revanchism，取自法语 revanche，复仇)的定义为"以报复，特别是收复失去领土为目的的政策"(Compact Oxford English Dictionary)。

但两者的目的却无法在概念上相互区分。施米特和卡尔都看到了在新的大空间的 nomos［法］中欧洲所具有的潜力；他们也都看到,为了完全实现其潜力,欧洲需要一个政治主体,一个愿意也能够以欧洲之名做出权威决定的帝国(Reich)。二战后数十年的经济与政治融合也没有使欧盟成为一个帝国,目前也没有任何迹象表明什么人会让欧盟在短期内成为欧洲的政治主体。只要欧盟成员国仍然认为自己是"联邦主义者"(federalists)或"政府间［53］主义者"(intergovernmentalists),关于欧洲未来的讨论就只是纯粹的理论问题。这是在试图用过去时代的概念来理解今日的政治问题。

事实上,伯纳姆预料到了卡尔最深的恐惧——战后英国也许会完全忽略建立西欧大空间的机会。通过在 1947 年提议英美两国间建立不平等的结合,伯纳姆放宽了今日"英美特殊关系"的政治条件。伯纳姆也预料到了施米特的噩梦:用政治多元主义交换美国的国家利益,以"民主"表达美国对世界秩序采取的政策。据施米特,每个大空间的界定不仅是领土上的,也是意识形态上的,且这一界定必然以某个具体的敌人为指向。在冷战时期,美国的意识形态思想是在受共产主义独裁威胁的世界中保持民主秩序。事实上,民主的政治概念并不隐含任何普遍或具体的社会与国际秩序①形式。但对伯纳姆而言,这并不是一个问题。毕竟,是美国在以民主之名作战,而不是民主以美国之名作战。这种三段论式的政治逻辑让美国战胜了苏联,也将继续在今日引导美国的反恐战争。

致　　谢

感谢拉普兰德大学(University of Lapland)的研究生政治讨论会,笔者写作本章时在会上收到了许多有价值的评论与批评。

---

①　我想这点是可以争辩的。根据迈克尔·道尔(Michael Doyle 1986:1156)的看法,二十年来自由民主国家间未发生过战争,这为自由民主制已在国际体系中建立起"独立的和平"提供了数据支持。

参考文献

Bendersky, J. W. (1983) *Carl Schmitt: theorist for the Reich*, New Brunswick, NJ: Princeton University Press.
Burnham, J. (1941) *The Managerial Revolution, or What Is Happening in the World Now*, New York: Penguin Books.
—— (1947) *The Struggle for the World*, London: Jonathan Cape.
Carr, E. H. (1945) *Nationalism and After*, London: Macmillan.
—— (2001) *The Twenty Years' Crisis 1919–1939: an introduction to the study of International Relations*, Basingstoke: Palgrave.
Doyle, M. (1986) 'Liberalism and world politics', *American Political Science Review*, 80: 1151–1163.
Fox, W. T. R. (1944) *The Super-Powers: the United States, Britain, and the Soviet Union – their responsibility for peace*, New York: Harcourt, Brace.
Francis, S. T. (1984) *Power and History: the political thought of James Burnham*, Lanham, MD: University Press of America.
Freund, J. (1995) 'Schmitt's political thought', *Telos*, 102: 11–42.
Gottfried, P. E. (1990) *Carl Schmitt: politics and theory*, New York: Greenwood Press.
Gruchmann, L. (1962) *Nationalsozialistische Großraumordnung: Die Konstruktion einer 'Deutscher Monroe-Doktrin'*, Stuttgart: Deutsche Verlags-Anstalt.
Gyorgy, A. (1943) 'The application of German geopolitics: geo-sciences', *American Political Science Review*, 37: 677–686.
Haslam, J. (1999) *The Vices of Integrity: E. H. Carr, 1892–1982*, London: Verso.
Hoffmann, S. (1977) 'An American social science: international relations', *Dædalus*, 106: 41–60.
Kelly, D. (2002) *James Burnham and the Struggle for the World: a life*, Wilmington, DE: ISI Books.
Kelsen, H. (1967) *Pure Theory of Law*, trans. M. Knight, Berkeley: University of California Press.
Murphy, D. T. (1997) *The Heroic Earth: geopolitical thought in Weimar Germany, 1918–1933*, Kent, OH: Kent State University Press.
Nash, G. H. (1976) *The Conservative Intellectual Movement in America since 1945*, New York: Basic Books.
Naumann, F. (1915) *Mitteleuropa*, Berlin: Reimer; trans. C. M. Meredith (1917) *Central Europe*, New York: Knopf.
Peterson, G. (1945) 'II. Political inequality at the Congress of Vienna', *Political Science Quarterly*, 60: 532–554.
Scheuerman, W. E. (1999) *Carl Schmitt: the end of law*, Lanham, MD: Rowman & Littlefield.
Schmitt, C. (1988a [1925]) 'Die Rheinlande als Objekt internationaler Politik', in *Positionen und Begriffe: im Kampf mit Weimar–Genf–Versailles 1923–1939*, Berlin: Duncker & Humblot.
—— (1988b [1928]) 'Völkerrechtliche Probleme in Rheingebiet', in *Positionen und*

Begriffe: im Kampf mit Weimar-Genf-Versailles 1923-1939, Berlin: Duncker & Humblot.

—— (1988c [1939]) 'Neutralität und Neutralisierung' in *Positionen und Begriffe: im Kampf mit Weimar-Genf-Versailles 1923-1939*, Berlin: Duncker & Humblot.

—— (1988d [1939]) 'Großraum gegen Universalismus' in *Positionen und Begriffe: im Kampf mit Weimar-Genf-Versailles 1923-1939*, Berlin: Duncker & Humblot.

—— (1991 [1939]) *Völkerrechtliche Großraumordnung mit Interventionsverbot für raumfremde Mächte*, 4th edn, Berlin: Duncker & Humblot.

—— (1995 [1940]) 'Raum und Großraum im Völkerrecht' in *Staat, Großraum, Nomos: Arbeiten aus den Jahren 1916-1969*, Berlin: Duncker & Humblot.

—— (1996 [1932]) *The Concept of the Political*, Chicago: University of Chicago Press.

—— (1997 [1950]) *Der Nomos der Erde im Völkerrecht des jus publicum Europaeum*, 4th edn, Berlin: Duncker & Humblot; trans. G. L. Ulmen (2003) *The Nomos of the Earth in the International Law of the Jus Publicum Europaeum*, New York: Telos Press.

Schwab, G. (1989) *The Challenge of the Exception: an introduction to the political ideas of Carl Schmitt between 1921 and 1936*, 2nd edn, New York: Greenwood Press.

Toal, G. (1996) *Critical Geopolitics: the politics of writing global space*, London: Routledge.

Ulmen, G. (1987) 'American imperialism and international law: Carl Schmitt on the US in world affairs', *Telos*, 72: 43–71.

—— (1996) 'Toward a new world order: introduction to Carl Schmitt's "The land appropriation of a new world"', *Telos*, 109: 3–28.

Vasquez, J. A. (1983) *The Power of Power Politics: a critique*, London: Pinter.

Wilson, P. (1998) 'The myth of the "first great debate"', *Review of International Studies*, 24: 1–16.

三 从人性化战争到人道主义干涉

——施米特对正义战争传统的批判*

布朗 撰

韩若愚 译 郭小雨 校

引 论

［56］"人道主义干涉"是一个颇为不幸的新词。它指的是一个或一些联合起来的国家以保护其他国家人民利益为借口而干涉这些国家的内政，例如，预防、阻止种族屠杀或其他对人权的严重践踏。这个词语是不幸的，因为"人道主义的"这个形容词本身就会引发各种各样的问题，这些问题将在稍后得到处理。不仅如此，它还将我们的注意力引向干涉者的动机，并以此作为定义行动的核心品质。其结果是，除非进行干涉的国家内心纯洁，否则这种干涉就不能恰当地称为人道主义的。根据假定（ex hypothesi），国家行动几乎总是出于各种各样的理由，有些是利他的，而大部分是利己的。这种对人道主义干涉的纯洁预设导出的一般结论是，人道主义干涉从来就没有发生过，这种动机总是掩盖了一些黑暗的企图。我认为这种思考方式是错误的。对大屠杀或其他压

---

* 感谢 Douglas Bullock 与 William Hooker 对本章草稿的评论，也感谢 2004 年 9 月在海牙参与第五届全欧国际关系大会的施米特专家组的学者。当然，他们都不对本章内容负责。

迫的受害者而言,拯救者的动机并不特别重要。举个例子,如果法国和美国政府采取有效措施,终结1994年的卢旺达大屠杀,那些幸存者不大可能去担心拯救者的行动动机。在这种极端情况下,重要的是结果,而非意图。确实,在卢旺达的例子上,恰恰是因为美国在卢旺达没有实质的物质利益,而其干涉只能由利他主义所驱使,所以美国才没有采取任何行动。①

尽管如此,在1990年之后确实有一些对他国进行武力干预,并终结、阻止或预防了大规模人权践踏的例子。在这些时候,干涉者的动机确实是想达成这一目的的,或至少不与其相违。由于本章篇幅的局限,我无法详细讨论这些例子的细节,但我只想说明这样的情况是存在的。我认为以下情况皆属此类:1991年在伊拉克北部,1994/1995年在波斯尼亚,1999年在科索沃与东帝汶,[57]以及2001年在塞拉利昂的干涉,虽然最后一例的具体情况有所不同。本章试图理出理解这些行为的方式。我已经指出,"人道主义干涉"这个词有一些问题,但我仍然想保留这一术语,只是应去掉其不大现实的利他主义内涵。有时候,"人道主义战争"一词也会被用以指涉一种在性质上与先前任何军事力量都不同的军事行动。这看似有理,但此种性质上的不同究竟意味着什么?什么样的原则能够用以评判这种武力背后的道德?

一种对此原则的溯源当然是正义战争传统(Just War tradition)。这一传统由于沃尔泽(Michael Walzer)极有影响力的著作《正义与非正义的战争》(*Just and Unjust Wars*)在过去三十年间得以复兴(Walzer 1977,亦参 Walzer 2004; Johnson 1981; Elshtain 1991)。"正义战争"的概念出于中世纪基督教自然法,特别是阿奎那的作品,尽管一些基本的范畴可以追溯到奥古斯丁。其中心概念是,和平是常态,但在某些情况

---

① 法国的情况略有不同:他们在卢旺达有广泛的利益。但令人尴尬的是,这些利益意味着他们应该支持大屠杀的加害者,而非其受害者。

下,当和平被打破时,我们就需要暴力来纠正这一不义。这些概念在本质上并非神学的(尽管将和平作为常态的预设可能如此),但无论如何,阿奎那并不像是沃尔泽会使用的思想资源。沃尔泽的根基是犹太思想与社会主义,其成就是以世俗化的术语重塑正义战争的神学概念。他认为,我们能用现代、世俗和法律式的术语来理解诸如"正当理由"(just cause)、"最后手段"(last resort)、"相称原则"(proportionality)、"正当权威"(right authority)、"保护问题"(the protection questions)等概念。以这种方式重塑后,为了评判任何一种军事行动的道德性,我们会问一系列的问题:是否存在一种正义理由——自卫是其通常含义,但也包括阻止大规模的人权践踏?武力是否是最后的手段(也可能是第一手段——这一概念是指逻辑上的最后,而非时间上的)?武力程度是否与攻击程度相称?有没有尽可能地采取措施来保护无辜者?使用武力的一方有没有这么做的权威?

这些都是非常复杂的问题,其答案必然是微妙且灰色的。在沃尔泽那里,这些问题的目的是划出一块在现实主义者与和平主义者之间的位置。现实主义者不认为使用武力有任何问题,但他们相信国家利益才是决定性因素。和平主义者致力于社会正义,但同时也认为暴力永远不是正确选项。作为越南战争的坚定反对者,沃尔泽对现实主义者的非道德一面毫无同情,但作为以色列生存权的捍卫者,他也认为以色列在1967年巴以战争中的暴力行为在道德上无可指摘。我们需要的是能区分不同形式的武力的范畴,而不是在道德上将所有的武力使用都视为一致。这一中间位置的本性,决定了我们不可能对正义战争的核心问题给出一个非黑即白的明确答案。

正义战争思维本身就有着许多区分细微的战争概念,[58]从表面上看,它足能引导我们对人道主义干涉的思索。确实,包括笔者在内的许多人都做过这样的尝试(Brown 2000/2002)。可以预想,现实主义与和平主义都不认为正义战争理论提倡的各种概念区分有可取之处。但更令人疑惑的是,不属于这两派的其他思想家也对正义战争理论表示反对。布斯(Ken Booth)一直都是一位反现实主义者,但其思想的激进性也使他在任何常规意义上都不能称为和平主义者。他就1999年科索沃战争而作的《正义战争十大缺陷》,揭示了他所代表的阵营对这一传统的敌意(Booth 2000)。他所列举的十大缺陷中包括了两种不同的批评,且理应得到两种不同的回应。第一种批评在本质上是针对具体情况的:他认为正义战争思维会助长糟糕的战略选择,使人自视正确,自我欺骗,并忽视人类的安全。对这一批评的回应是,这些东西当然在任何情况下都是不好的,但这些错误也并非专属于正义战争理论家,而可能是——也确实是——现实主义者与和平主义者(也是任何人)都会犯的错误。

布斯的第二类批评则更为中肯。正义战争被用来为冲突升级辩护,并致力于摧毁对手,将问题军事化、将战争合法化,这些观点都包含着更为具体、非一般性的指控,而这些批判与正义战争的思考框架紧密相连,不应仅归因于正义战争思想家个人所犯的错误。正义战争思考确实会将某种暴力合法化,并认为一些问题应该被军事化;在一场一方自认为持有正义理由的冲突中,认为暴力的升级与摧毁有其自身的动力机制并非只是为了自我正当化。这里有实质性的问题——我们尽可以认同布斯对科索沃战争的批判,但我们也可以同时保有正义战争的概念:确实有正义战争存在,虽然科索沃战争不属于其中。

美国喜剧演员杨曼(Henny Youngman)对"你太太如何"这个问题给过一个略带性别歧视的回答——"跟什么比呢?"[①]这对社会科学家而言都是一个好问题,且在这里特别合适。至少对我而言,这类批判的问题并不在于缺乏说服力,而在于它们难以放入一个更大的框架中。什么是正义战争之外的其他选项?与什么相比,它会将战争合法化,并

---

① 感谢 Bill Galston 在另一场合向我提及了这个问题。

促使暴力升级？等等。布斯作为国际关系理论中一个激进派的代表，既不是和平主义者，也肯定不是现实主义者。他对正义战争理论的批判可纳入什么样的思想框架？

施米特的思想也许能有些帮助——并不是因为布斯是隐秘的施米特主义者，而是因为施米特做出了与布斯等激进派相似的正义战争理论批判，但走得更远：施米特提供了一个能理解这些批评的完整语境。不仅如此，虽然施米特确与经典现实主义有些联系，他对正义战争的批判却远比现实主义深刻：现实主义对正义战争理论的激烈批判在根本上是基于实际层面的论证。审慎（prudence）是最重要的[59]德性，而这一德性会被正义战争所鼓励的思考方式败坏。施米特对正义战争概念的批判远为根本。他将其定位于一种特定的国际秩序叙事中，这一秩序颠覆了根植于中世纪的欧洲公法，而这种秩序的叙事在20世纪通常与英美思想相连。施米特提供了一个对正义战争理论更为有力的批判——但他也间接地提供了捍卫这一概念的理由。

施米特与欧洲公法

在《大地的法》中，施米特给出了现代欧洲领土国家以及作为这种制度根基的空间差异如何出现的叙事。这一故事不同于21世纪的普遍看法（Schmitt 2003）。许多现代作家，如托多罗夫（Todorov）的《美国的征服》（The Conquest of America, 1987），都不同意欧洲内部和欧洲外部的国际关系间有着清晰的区分，也对"差异"这一被认为支撑了欧洲种族主义和帝国主义的概念持有异议。而施米特则认为，这一区分是文艺复兴人文主义的一项成就。萨拉曼卡学派（the Salamanca School）天主教自然法理论家通常因其捍卫人类平等、主张优待美国"印第安人"而受人敬仰，但施米特却视他们为反动派，认为他们试图维系一个过时的、神学的世界秩序。施米特的论证大体上基于他对正义战争概念的批判:他在根本上认为这是一个证成总体战争的神学概念。正义战争理论家或许曾试图限制暴力在人类事务中的作用,中世纪的天主教也曾想依其影响力来禁止某些武器或实施休战,但这些努力总会被正义战争的基本逻辑所颠覆。施米特称,正义战争将冲突的一方判定为"正义",就不可避免地将另一方指认为"不义"。与之相伴的,便是不惜一切代价,包括使用禁止武器、将冲突推向极端,也要打败不义者。

在表面上,这种论证十分熟悉:正义战争会激化冲突,催生自我正当化,将战争合法化——这就是布斯及其他人对正义战争思考的当代批判,虽然视角不同。但是,这其中有一个重要的区别:施米特并没有回避杨曼问题。他十分清楚正义战争之外的规范性概念框架,对正义战争的批判也应该基于这一替代性框架。《大地的法》的绝大部分内容就是在捍卫这一概念框架的替代品,悲叹它被海洋性的盎格鲁-撒克逊人消除了合法性,而这些人对世界秩序的想法恢复了正义战争的中世纪风格和极端主义。

这个替代性框架从欧洲领土性主权国家的发展中生发出来,涉及一场对欧洲大陆的空间支配。[60]这场支配破坏了天主教教廷与帝国的法权。政治秩序不再致力于维持上帝在此世的秩序并抵挡敌基督者的统治,而是基于国家理性(Reason of State)的考虑。① 欧洲的君主们在欧洲之内(这个限定是关键性的)创造了一个相互承认各自权利

---

① 我意识到,施米特解释中的一派思路会将他看做一个实质上的神学家。上帝在此世的秩序位于他思想的核心。在这里,一个中心概念是从《帖撒罗尼迦书》2:1-8中(有争议地)生发出的"抵挡者"(katechon)概念。他的职责是阻止世界末日(Apocalypse)与敌基督者的到来。尽管在希腊原文中,ho katechon 这个词似乎是指一个人,但施米特对此作了更为宽泛的解释。值得注意的是,在这一语境中,就施米特的逻辑而言,尽管现代国家体系并不会将自己理解为"抵挡者",但通过防止世界统一(这是末日的前提),现代国家实际上履行了这一职责。感谢 Will Hooker 提出这一点。

与利益的世俗法律秩序,即欧洲公法。在这一界限之外,在欧洲以外的世界,欧洲国家进行着大规模的土地占有,既不尊重当地人的权利,也不尊重其他欧洲国家的权利。但在欧洲之内,一个完全不同的妥协性协议是可能的。欧洲之外那些令人发指的暴行在欧洲之内不会发生,或至少不应该发生。①

在欧洲之内,君主间的战争是有限制的——它被理性化、人性化了。战争不再是宗教性的惩罚,而是国家的行动。在中世纪秩序中,敌人必须被视为不义的(否则自己一方就是不义者——这显然不可能),而新的人道主义战争则可以承认对方为 justus hostis[合法的敌人]:与己方在本质上相同,并不应被完全消灭——这总是保持克制的一个良好基础。对施米特而言,这是那个时代最大的成就,并且是主权国家最终的证成理由——甚至是其荣耀。

> 一个基于消除内战、限制战争(战争被转换成了欧洲国家间的决斗)的国际法律秩序,实际上合法化了一个相对理性的空间。主权平等使欧洲国家在战争中成为法律意义上的合伙人,因此防止了意在彻底毁灭的军事手段。(Schmitt 2003:142)

这种对战争的新思考模式也使中立的法律状态成为可能。由于战争的证成方式不再是基于善恶观念的神学判断,第三方才有可能在与自己利益无关时选择袖手旁观。同样,好战君主的普通臣民也不需要在情感上干涉冲突。战争成了主权者及其军队与公职人员的事务。牵

---

① 1623 年的"安汶岛屠杀"(Amboyna Massacre)或许是这一点最为著名的例证。那时,荷兰与英国的东印度公司正在争夺东印度的香料贸易。1619 年,尼德兰联合省与英国已有贸易协定,但双方对夺取物的划分都不满意。为报复英国攻击雅加达荷兰贸易点,摩鹿加群岛安汶岛上的荷兰人向英国贸易点发动了攻击。十位在第一次攻击中幸存下来的英国人,以及他们的九位日本助理,都在随后被折磨至死。

连全局式的、善恶间的战争变得不再必要。①

施米特清楚地将如此建立的秩序称为欧洲国际关系的黄金时代。这在20世纪被美国摧毁,英国对此也给予了不情不愿、含混不清的帮助:在这两大海洋国家中,英国对欧洲公法的贡献毋庸置疑,而美国则与此毫无瓜葛。

美国与国际法

[61]一种对施米特的粗浅阅读——如果聚焦于其副标题——会认为,欧洲公法与国际法(*Völkerrecht*)是同义词。但对施米特而言,这是两个完全不同甚至相反的概念。施米特对国际法概念的反对基于两个相互联系的理由。首先,国际法缺乏欧洲公法中最为中心的空间维度;它声称提供了一套国际秩序的普世性叙述,模糊了欧洲与非欧洲世界间的关键性区分。但更为重要的第二点是,国际法作为一个进步、自由的方案,与自由主义一样破坏了政治的概念,并掩盖了其背后的特殊利益。这一点需要一些说明。

施米特的政治概念是基于对自由主义的反对而发展出来的。对他而言,自由主义声称颠覆了政治的关键特点:敌友区分(Schmitt 1985,1996)。他论证道,自由主义试图将政治道德化、法律化,把政治过程化约为一套具有道德权威的规则。这是企图让政治脱离政治。这一事业注定失败——在任何政治结构中,最为关键的都是在"例外时刻"做出

---

① 在英法之间,更为准确地说,是在乔治二世与路易十五之间的七年战争中,英国小说家斯特恩心不在焉地在其《伤感旅行》(*A Sentimental Journey*)中记录了他乘坐多佛与加莱间常规邮轮的企图——他把战争完全给抛到了脑后。幸运的是,他成功地搭上了一位从伦敦返回巴黎的法国贵族,并成了他的随从,所以一切顺利。即使在有民族情绪参与的拿破仑战争中,仍然有挂着休战旗的常规邮船往来于英吉利海峡两岸。在有安全通行证的情况下,英国科学家仍然会参加在法国的会议,法国科学家也会参加英国会议。

决定的能力,在这种时刻,规则本身已经没有效力可言——并且,这一事业也是极为有害的,因为它试图为某些特定的政治利益披上道德的外衣,假装一个实际上出于敌友区分的政治决定是道德判定的结果,因此反对这一决定便会陷入道德堕落的深渊。

显而易见,这一立场支持了对进步主义国际法的某种解读。确实,这一立场至少部分地与经典现实主义对国际法的批判相吻合。卡尔便是一例,他认为这种乌托邦式的道德化战略是有产者欺骗无产者的手段(Carr 2001)。同样,施米特会将这种国际法的概念与美国相联系,其原因显而易见。但值得注意,施米特与卡尔及其他现实主义者不同的是,威尔逊式的自由派国际主义并不是他批判的中心,而仅仅是早期美国政策的延续。关键的时间点不是1919年,而是1823年的门罗主义宣言:它标志了一种新型帝国统治的出现。门罗主义声称是在警告欧洲国家不要在美洲攫取新的领土,实则在西半球的其他地方宣誓了美国力量。这是一种新型的帝国,美国并不实际上进行统治,而是以霸权主导一切。美国经常干涉其他美洲小国的内政,有时还会动用军事力量,但总是借着进步主义价值观或以当地人民利益为名。这种形式的统治比传统帝国更为有效,因为它没有通常的行政损耗,但同时也更为虚伪,因为它否认自己的本质,假装自己是在为了他人的利益而动用权力。[62]门罗主义揭示了美国是一个异乎寻常的力量——在欧洲公法所传达的空间意义上,它不是"欧洲的",但它同时也不是非欧洲的。正是这种异常性(其他海洋性英语国家也都分有这种异常性),在美国成为一个真正的大国,在门罗主义中所体现的统治形式有被普遍化的可能之后,摧毁了旧的秩序。这种摧毁是外部力量(比如布尔什维克的俄国)所无法达成的,尽管俄罗斯或许能在物理意义上摧毁旧欧洲。

《国际联盟条约》(它明确地支持门罗主义)代表了这种霸权向全球的扩张。美国并没有加入国际联盟,但美国的经济力量支撑着战后的和平协定。最终,在第二次世界大战中,美国的军事力量彻底摧毁了欧洲公法,并代之以"国际法"和自由国际主义。同时,美国也开始引入人道主义干涉的概念,来支撑新秩序所建立的自由主义与普遍主义立场。在施米特的叙事中,这一秩序通过两场世界大战才得以建立,而现代战争的野蛮也是由于旧的欧洲秩序中对战争的限制遭到了破坏。就结果而言,正义战争的概念得以重生,尽管它丢掉了自己的神学基础。欧洲公法中的人性化战争,以及对"正当敌人"的承认,都被更古老的概念所取代——敌人是邪恶的,必须被消灭。事实上,在施米特的术语中,敌人不再是"敌人"(enemy),而是"仇敌"(foe),他可以、也理应遭到彻底歼灭。

施米特与现代左派

显而易见,施米特的国际思想对人道主义干涉和正义战争传统的激进批判者有着很强的吸引力。他对自由主义和进步主义的反对,与后马克思主义、后现代作家都十分合拍,也与保守主义(以及反动主义)意气相投,而他对英语国家伪善性的批判则会吸引更为现代主义的、乔姆斯基式的思想家。他叙说了美国罩在人道主义外衣下对拉丁美洲实施的帝国主义行径,为之后对"人道主义干涉"的批判提供了范本;他对美国经济霸权所代表的新权力形式的敏感性也同样令人赞叹。不仅如此,他还提供了能容纳这些批判的完整框架。布斯等其他激进派对正义战争思维偶然性的批判不令人满意之处正在于其片面性——他们的论点确实能引人共鸣,但我们很难在一个关于世界的整体图景中来理解那些论点。施米特就提供了这样一个图景;他能告诉我们人道主义干涉的观念从何而来,能展示一个并不出于西方枪炮下的对"人文主义"的替代性解释,也能给我们一个声称比正义战争传统更为人性化的战争概念。他能够回答杨曼的问题:"与什么相比",正义战争思考是有缺陷的? 简而言之,他提供了对近期复兴的正义战争思维最全面、[63]思想上最具实质性的批判。任何希望继续在正义战争传统中思考的人,都必须面对这一批判。

本章所剩下的大部分内容都是为了解决这个问题,但在此之前,我们需要检验施米特批判中的一两个特征,特别是施米特的政治倾向和他对历史的选择性使用。就前者而言,现在提及施米特的纳粹倾向成了一件不太妥当的事,就像提及海德格尔与纳粹更为短暂的勾连一样。但我们仍然要说,施米特对世界的准纳粹式看法,在评判其国际思想时并非不重要(Scheuerman 1999)。尽管施米特在 1936 年被纳粹党开除,但他在 1940 年代早期写作《大地的法》时仍保留了早期对纳粹效忠的迹象。他的一系列断言,如两次世界大战的野蛮行径应归罪于英美自由国际主义,威尔逊主义应为第二次世界大战负责,都应该在这一视角下来评估。确实,现实主义对 1930 年代国际关系的普遍分析是,自由国际主义加速了第二次世界大战的爆发,因为它混淆了西方公众对国际秩序本质的看法,并阻碍了人们对希特勒所造成威胁的本质做出正确的判断。不过,将自由国际主义认定为战争的负责方则是另一回事。

我们也可以认为,施米特的观点更为悲观,即自由国际主义真正的失败之处,在于它没能提供一个欧洲公法之外的秩序基础。但从施米特的角度去看,1939—1945 年的德国是在打一场针对英美帝国主义的防御性战争,而战争中的恐怖行为,如对城市的饱和轰炸,直接来自盎格鲁-撒克逊的十字军东征式思维,它体现为对德国无条件投降的不断索求。在 60 年之后的今天可以看到,这样的战争叙事完全是为己方服务,当时希特勒战争的大量受害者也会如此认为。①

施米特对欧洲国家系统发展历史的选择性叙事也应该受到挑战。这部历史的中心是,主权国家间被限制的、人性化了的战争,要比它们所

---

① 当然,抓住盟军那些符合施米特描述的特定行为,比如区域轰炸,会很容易。但这并不说明全景也是如此——我们必须考虑这样做会不会遗漏些什么东西。在列宁格勒围攻中死亡的平民比在盟军轰炸中死亡的多几倍,但这并不说明后者是可以原谅的。这只是说明,我们需要从其他方面认识这一事实。

取代的宗教战争,或接替它们的现代十字军东征更好。当然,现代欧洲史上确实出现过短暂的时期(特别是在18世纪中叶),其间战争的残酷程度因为被看做正当敌人间的决斗而降低了,虽然总体上战争对平民的残暴程度要比斯特恩(Laurence Sterne)所讲的轶事中体现得高。但不论如何,这样的时间段少之又少。在欧洲公法时代的大多数时候,战争更为文明的特点只有宣战的君主,或许还有一些贵族和高级军官才能感受到。并且,施米特对历史时期的划分是以对他最方便的方式来进行的——因此[64]三十年战争被描述成一场宗教战争,先于战争作为主权国家间决斗的概念。然而,宗教只是这场纠纷中的一个因素,通常还不是最重要的因素。天主教法国与教廷最终站在了名义上"新教"的一边,这一点就能揭示,这场冲突并没有很深的宗教动机。

但是,即使人们希望挑战施米特的历史叙述——这需要更长期的研究——这也并不直抵施米特与之后的正义战争批评者们的核心,即,认为正义战争的实质和必然结果是对敌方的妖魔化和对总体战争的合法化。无论围绕正义战争思维与古典欧洲国家体系中的人性化战争论之间的干系,还是围绕它与今日(至少是1990年代)人道主义干涉论之间的干系,其争论的核心都正在于此。

重思正义战争

布斯与其他现代正义战争的批判者与施米特一样批判正义战争,不过他们是基于临时性或心理性的因素——即他们认为"正义战士"(Just Warriors)的行为是极端化的,在观察了使用正义战争语言的个体之后,他认为这些战士的极端行为是出于其自认为"正义"所带来的优越感。但是,正如前文所述,这种论证并不特别令人信服,因为自我满足和自我正当化并不是正义战争传统所独有的。施米特对此提供了一个更为强有力的批判,将"正义战士"的极端主义归因于正义战争概念的神学渊源。中世纪的基督教世界秩序——基督教共和国(respublica

Christiana),相信自己会受到敌基督者的攻击。因此,基督教共和国中帝国的职责便是抵挡敌基督者,而正义战争只不过是随着这一职责出现的附属概念而已。然而,随着历史的步伐,正义战争的概念逐渐从这一语境中剥离出来。这时,正义者升级冲突、移除限制的逻辑便浮现出来。在中世纪后期,正义战争思维成了极端主义的标配,且这一趋势在它以人道主义干涉为形式的现代复兴中更为明显。

所以,情况是,一系列在某个语境中可以理解的概念被应用到了另一个语境中;我们不再于防止敌基督者到来的语境中理解军事力量——但我们试图从正义战争传统中导出一套能应用于任何情况的武力使用概念。对任何一个行动者,我们都会问:武力是否被用于纠正不义;是否是最后手段;是否与冒犯程度相符;成功的前景如何;是否由正当的权威行使;是否尽可能采取措施保护无辜者。如果我们认为每个问题的答案都是肯定的,那么我们的行动就是正义的——这意味我们可以合法地使用任何极端措施。简而言之,从施米特的角度看,正义战争被转化成了[65]一个从根本上来说是自由主义的概念:欧洲公法所特有的使用武力的政治基础,被一套用以证成武力的合规则主义和道德主义叙事取代了。

我认为这套论证是强有力的,它为任何想继续使用正义战争概念来思考国际关系的人(包括笔者)界定了所应解决的问题。这让我们必须重新定义正义战争概念,使它既不反映一种失去了的中世纪基督教秩序,也不落入当代的自由主义式道德论证的套路。这看似是一项艰巨的任务,但我认为它实际上并不如想象得那么困难,因为施米特架起问题的方式恰恰排除或贬低了另一条论证逻辑,该逻辑既不是基督教共同体的产物,也不是当代自由主义的产物,它通常被称为"新亚里士多德主义"(neo-Aristotelian)。它赞成由图尔明(Stephen Toulmin)所总结的亚里士多德式律令:"明智的道德判断总会考虑具体事件的具体条件。"(1990:32)与施米特一样,新亚里士多德主义也批判对普世性法律和(或)道德规则的追求,也同样地将这一倾向与自由主义的道德理论,特别是康德主义和功利主义相连。但不同于施米特,图尔明至少将这种倾向的源头追溯到了比19、20世纪英美思想更早的时期——事实上,追溯到了施米特认为欧洲公法最初建立起来的17世纪早期。

图尔明认为,正是在那时,文艺复兴人文主义的洞见与古典世界一同被抛到了一边。在笛卡尔与霍布斯以及其他小人物的影响下,形式逻辑取代了修辞学,普遍原则与抽象公理开始超越于具体事务与多样性之上,理论家的任务成了建立恒久的规则(或"法则"),而不是探索临时性的应用问题。此时,道德论证变得"以理论为中心",而非"醉心于实际"(1990:34)。道德推理是遵循已被证明的规则,而不是做实际判断。但道德同时也因此变得贫瘠,不再侧重于培养那些做出道德判断的官能。威廉斯(Bernard Williams)坚称,这些官能是古老的、前现代的或古典道德哲学所专有的(1985/1993)。图尔明与威廉斯当然都非个例。近来人们重新燃起了对古希腊道德理论,特别是其"德性"概念的兴趣:这些"德性"都是人类可以为成为更好的道德行动者而培养的灵魂品质(Anscombe 1958;Nussbaum 1993;Crisp 1996;Statman 1997)。

新亚里士多德思想从一个新的角度看待正义战争理论。如果我们回到本章开头所列举的那些问题,我们会发现它们实际上并非只有是与否两个答案。其实,它们需要我们做出不同种类的政治与道德判断。对一个具体行动而言,是否存在"正义的事业"这个问题恰恰需要我们做出[66]施米特通常提及的"政治"判断;但关于"正当权威"的问题则需要结合政治、法律与伦理判断。① 暴力是否是"最后手段"必须被视为外交战略判断,相称性问题与成功前景问题也同样如此。"无辜者"是一个道德范畴,但是否要采取措施来保护无辜者则需要一种不同的、

---

① 最初,"正当权威"概念是为了排除"私人"战争——"正当权威"就特指君主;在现代,它有时是指某种形式的国际合法性——或许是联合国安委会决议——但这是一种需要辩护的解释,而不能将其作为预设前提。

更为复杂的判断。简言之，这些问题不是形式化、清单式的标准,只要我们打了勾,行动就被正义化了——施米特正确地批判了这种观念。这些标准也不是神学家、伦理学家或法学家能单独解释的。这些问题中的大多数需要政治家、外交家、战略家的判断,而律师和论理学家只能偶尔给予帮助。①

以这种方式使用正义战争思维,我们就不是在支持一种会让人坚信自己的神圣性,并因此丧失所有克制力的神学观点,也不是在允许法学和道德逻辑吞没施米特认为最重要的政治判断。这种正义战争思考的根本,实际上是一种被视为理所当然的道德立场:在其他条件相同的情况下,暴力总是不可欲的,因此诉诸暴力时总是需要特别的证成。这一定是一种神学立场吗? 它当然可以是,但我认为这并无必要性——有许多世俗理由使人相信在其他条件等同时暴力是"邪恶的"。这当然是一个道德判断,但它可以从许多不同的政治、伦理立场出发而达到;借用罗尔斯式的术语,在暴力作为人类交往模式的总体不可欲性上,许多合理的综合性理论有着重叠共识。

但施米特并不认同这一共识。他关于欧洲公法的叙事,以及战争作为正义敌人间可加以限制的决斗概念,都基于武力不需要向任何外部或内部权威证成这一观念。这是施米特所支持的作为正义战争替代物的"人性化战争"的一大根本特点。尽管他没有明说,但他其实提供了一个恶魔的交易:承认暴力就是人类存在的一部分——忘掉暴力需要得到特别证明的企图——接受这个交易,这个世界的暴力就会更加可控,对人类的福祉也就不那么危险(Luttwak 1999)。

我们应该接受这个交易吗? 或者,更为准确地说,我们能够接受这个交易吗——筹码是否仍摆在桌上? 我认为对两个问题的答案都是否

---

① 当然,向媒体夸夸其谈的大主教们在这里没有任何合法义务,除非有人坚持要向他们发问。没有任何理由认为,在武力使用的战略后果这一问题上,神学家与神职人员的意见会比其他任何公民的更为重要。

定的。放弃对暴力的控制,或不再试图将暴力在人类事务中的位置最小化,都是纯粹的投降主义。无论如何,正如施米特自己所承认的,欧洲公法的世界已经一去不复返了。欧洲的旧世界已经被新的普遍主义破坏了——他为此感到遗憾,但我们也应该遗憾吗?威廉二世与[67]希特勒不断试图为德国确立统治亚欧大陆的帝国地位,这些企图已经被盎格鲁-撒克逊与布尔什维克(以不同方式)所体现的普遍主义原则击败。《大地的法》有着挽歌的意味,这从施米特的角度是可以理解的,但21世纪的思想家有何理由分享这一立场,实际上并没有清楚的答案。

结　论

我们不可能赞同施米特的规范性立场,但他论证的清晰性却令人仰慕,他对17世纪与20世纪世界秩序变化的认识也富有洞见。我们不需要认同施米特对欧洲公法的怀旧之情,也能欣赏他对其特征的精准刻画。施米特对欧洲国家体系的叙事要比英国学派(Butterfield and Wight 1966;Bull 1988)通常提供的国际社会图景更有说服力,也比现代新现实主义理论家(Waltz 1979;Baldwin 1993)所阐发的更加含混、非历史性的世界更为准确。《大地的法》应该是所有国际关系理论家的必读书目。

我们虽然可以欣赏施米特,却无法支持其立场。在他提供的世界图景中,我们必须接受现代欧洲国家体系下的"人性化战争"不仅在实际上,也在理论上要比它之前的"正义战争",或之后的"人道主义战争"更为先进。我们可以在经验层面去争论这些人性化战争是否比其他两种形式更不残暴,但若有人认为任何试图控制暴力在人类事务中的地位的尝试都必然是徒劳和适得其反,那么我们必须拒斥一切这类观点。

归根结底,施米特对正义战争概念的批判立足于不稳固的经验基础和不可欲的规范性立场,但它仍然是迄今对正义战争批判中最为有力的理论之一。施米特的批判并不基于偶然的事件,比如正义战士们如何行动,而是基于其理论根本。他将我们带向了问题的核心,并揭示了为何中世纪基督教的,以及现代的、自由主义的、法学/道德式的正义战争叙事都不可接受。但如果我们坚信,限制暴力在人类事务中的作用是值得追求的,那施米特的批判就应激励我们去重新划定相关范畴,并尽力提供一个能够解释在何种情况下暴力可被证成的叙事。

参考文献

Anscombe, G. E. M. (1958) 'Modern moral philosophy', *Philosophy*, 33: 1–9.
Baldwin, D. A. (ed.) (1993) *Neorealism and Neoliberalism: the contemporary debate*, New York: Columbia University Press.
Booth, K. (2000) 'Ten flaws of just wars', in K. Booth (ed.) 'The Kosovo Tragedy', special issue of *The International Journal of Human Rights*, 4: 315–324.
Brown, C. (2000) 'A qualified defence of the use of force for "humanitarian" reasons', in K. Booth (ed.) 'The Kosovo Tragedy', special issue of *The International Journal of Human Rights*, 4: 283–288.
—— (2002) *Sovereignty, Rights and Justice: international political theory today*, Cambridge: Polity Press.
Bull, H. (1977) *The Anarchical Society*, London: Macmillan.
Butterfield, H. and Wight, M. (eds) (1966) *Diplomatic Investigations*, London: George Allen and Unwin.
Carr, E. H. (2001) *The Twenty Years Crisis*, ed. Michael Cox, London: Palgrave.
Crisp, R. (ed.) (1996) *How Should One Live? Essays on the virtues*, Oxford: Oxford University Press.
Elshtain, J. B. (ed.) (1991) *Just War Theory*, Oxford: Blackwell.
Johnson, J. T. (1981) *Just War Tradition and the Restrain of War*, Princeton, NJ: Princeton University Press.
Luttwak, E. (1999) 'Give war a chance', *Foreign Affairs*, 78: 36–45.
Nussbaum, M. (1993) 'Non-relative virtues: an Aristotelian approach', in N. Nussbaum and A. Sen (eds) *The Quality of Life*, Oxford: Oxford University Press.
Scheuerman, W. E. (1999) *Carl Schmitt: the end of law*, Lanham, MD: Rowman and Littlefield.
Schmitt, C. (1985) *The Crisis of Parliamentary Democracy*, trans. E. Kennedy, Cambridge, MA: MIT Press.
—— (1996) *The Concept of the Political*, trans. George Schwab, Chicago: University of Chicago Press.

—— (2003) *The Nomos of the Earth in the International Law of the Jus Publicum Europaeum*, trans. G. L. Ulmen, New York: Telos Press.

Statman, D. (ed.) (1997) *Virtue Ethics: a critical reader*, Edinburgh: Edinburgh University Press.

Todorov, T. (1987) *The Conquest of America*, New York: Harper Torchbooks.

Toulmin, S. (1990) *Cosmopolis: the hidden agenda of modernity*, Chicago: University of Chicago Press.

Waltz, K. (1979) *Theory of International Politics*, Reading, MA: Addison-Wesley.

Walzer, M. (1977) *Just and Unjust Wars*, New York: Basic Books.

—— (2004) *Arguing about War*, New Haven, CT: Yale University Press.

Williams, B. (1985) *Ethics and the Limits of Philosophy*, Cambridge: Cambridge University Press.

—— (1993) *Morality*, Cambridge: Cambridge University Press.

第二单元

后"9·11"时代中的秩序危机

四　全球恐怖主义与永久例外状态

——施米特思想在当下的意义

拜诺伊斯特　撰

韩若愚　译　郭小雨　校

从游击队员到"全球"恐怖分子

[73]1990年代末，戈尔巴乔夫(Gorbachev)的顾问阿巴托夫(Arbatov)对美国人说："我们正在给你们最致命的一击：我们将剥夺你们的敌人。"这一言论含义深远。"邪恶帝国"苏联的消失会危及美国在其盟友间称霸的意识形态合法性。这意味着，从那时起，美国需要另一个敌人，一个不论真实还是想象的威胁，以便使美国继续对其盟友(它们已或多或少地变成了附庸)实行霸权。在"9·11"袭击两年后，通过构思"全球恐怖主义"这一概念，美国找到了他们的新敌人。①

---

① 特别见 Assheuer(2001:54); Hacke(2002:29-32); Stjernfelt(2002); Rogeiro(2003); Thiele (2004); Rasch (2004); Lausten (2004); Stirk (2004); Merlo (2005)。William Rasch 试图用 Luhman 与 Lyotard 的术语翻译施米特关于冲突的观点，见 Rasch(2000)。德里达提出了用施米特来理解当今国际形式的新方式：见 Derrida 2004。Georges Corm 评论道："'9·11'之后的一系列事件，美国塑造出的战争环境，以及深入每个人内心的、认为必须对恐怖主义这一怪物发动总体战争的想法"只是证实了施米特"极具穿透力的观点。"(Corm 2005:194) *The New Centennial Review* 的一期特刊整本都在讨论施米特的游击队理论(Michaelsen and Johnson 2004)，Alfred Clement Goodson、Rodolphe Gasche、Gil Anidjar、Alberto Moreiras、Sigrid Weigel、Eva Horn、Miguel E. Vatter 和 Werner Hamacher 都贡献了文章。

这个新敌人解释了为什么近来许多作家都回到施米特的作品,以检视现今的世界形势。其中大多数人都提到美国领导的战争行动,以及华盛顿在与伊斯兰及全球恐怖主义斗争中采取的措施。同理,我们也将比较"全球恐怖分子"与施米特在其名著《游击队理论》(2004c[1963])①中塑造的游击队形象。

在施米特的著作中,游击队的形象十分关键,因为它完美地揭示出,国家与政治并不必然具有相同含义,反而有可能完全断裂。显然,游击队在打政治战争,但同时,因为它的打击对象常常就是国家,所以它的政治就自然在国家的范围之外。换句话说,游击队行动显示,战争不仅在国家间发生,国家也不是唯一的政治敌人。

施米特清楚地将游击队的形象,如19世纪早期反对拿破仑对普鲁士与西班牙的占领的游击者,与现代的革命斗士(revolutionary fighter)②区分开来。当然,两者都是非常规战士,在国家的合法性(legality)之外活动,也都认为自己代表了一种与国家相反的正当性(legitimacy)。两者都特立独行,将自己描述为"反抗斗士",并通常被否认其反抗权的公共权威污名化:[74]他们不仅仅是"不合法"(illegal),而且是"不正当"(illegitimate)的战斗者。两者(这也是最让施米特感兴趣的一点)都敏锐地察觉到敌人与朋友间的区分,他们甚至不需要一个指定的敌人(正像恐怖分子的敌人从来都没有被任何法律或公共权威指认过)也能进行战斗。不仅如此,游击队员和恐怖分子都在行动中抹除了平民与军队、战斗人员与非战斗人员间的传统界限。最初,平民应该不参与任何战争,这也是他们理应得到保护的原因。但游击队却不一定是军人。事实上,他们很少由军人组成,而是决定拿起武器的平

---

① 施米特的作品融合了1962年3月在西班牙举行的两次会议上的文本。就在这之前的几个月,柏林墙建成。几位评论家认为,施米特在那时聚焦冷战并不是偶然的。

② 施米特引用了一位普鲁士将军的话,根据该将军的说法,拿破仑在1806年对普鲁士的战争就是一场游击战:见 Laclau(2005)。

民,因此也通常将其他平民当成他们敌人的盟友。

但是,游击队与革命斗士有着深刻的区别。除了突出其非常规性,以及其高强度的政治性之外,施米特还认为游击队在实际战斗中更为灵活、机动。然而,更重要的是,他认为游击队有着"属地"(tellurisch)的特征,也就是说,他们一般把目标局限于自己的领土之内。不论他们是想结束外国占领,还是想推翻他们认定的非法政权,游击队的行动都与一个特定的领土相关。因此,游击队从属于大地的逻辑。

而另一方面,革命斗士或革命活动家(施米特将其溯源至列宁)却相当不同。他们认同"某种意识形态的绝对攻击性",或声称自己体现了一种"抽象正义"的理念。革命斗士很可能在最开始是典型的游击者,但随后发现自己

> 被拽进了一个不可抵抗的、技术－工业进步的力场。有了机动化的帮助,他发现自己的机动性变得如此强大,以至于有被从其环境中连根拔起的危险……因此,机动化会导致游击队失去其大地特性。(Schmitt 2004c:24-25)

失去这一大地特征也是因为,革命斗士在本质上并不与某个领土相连:整个地球都是他斗争的场所。这一界限的缺失也在另一个方面与我们息息相关:"革命斗士"并不为自己的斗争方法设限。因为坚信自己正在打一场完全"正义"的战争,因此他在意识形态和道德意义上都变得极端化。他不停地指认敌人为罪犯,自己也因此被冠上罪犯之名。在革命斗士中,敌意是绝对性的。施米特说,对列宁而言,

> 目标仍然是在世界上的所有国家发动共产主义革命。任何有利于这一目的的,便是好的、正确的……对列宁,只有[75]革命战争才是真正的战争,因为它基于绝对的敌意……随着派系(party)的绝对化,游击队也成为一种绝对的东西,它也被拔高为绝对敌意的承担者。(同上:46-47,77)

施米特继续道：

> 当双方以整体冲突进行战争时……游击队仍然是边缘性的，他无法摆脱战争的框架，也无法改变政治现象的整体框架。但当一方认为敌人是真正的罪犯，或者在一场阶级敌人间的内战中，当首要目标是完全消灭作为敌人的国家政府时，罪犯化敌人所具有的爆炸性革命效率将游击队员变成了真正的战斗英雄。他冒着自己也被当成罪犯的风险，对罪犯实施死刑。这便是有着正义理由的战争，它不承认正当的敌人。（同上：31）

今天的恐怖分子显然是革命斗士的后裔，或者说，是他们最为新近的化身。

施米特不认为技术与工业进步会让游击队的形象过时。相反，他十分清晰地断言，这些进步会为游击队添加一个新的维度：

> 如果产出了游击队的那类人适应了新的科技－工业环境，使用这些新手段，并成了一种新型战士——能不断适应环境的、工业时代的游击队呢？……谁能阻止这种不可预见的、新型敌意的产生……以及随之而来的新型游击队呢？（同上：67,78）

施米特先知式地宣称，"全球游击队"（Kosmopartisan）的时代到来了。

今天，恐怖主义显然已非新事。然而，新颖的是，它占据了（或被放在了）国际舞台的中央。在这里，我们惊讶地发现，一方面，对恐怖主义的谴责无所不在，但另一方面，这一概念的含义却笼罩在迷雾中，对它有各种不同的解释。当然，一个主要问题是恐怖主义行为的正当性：恐怖分子自己不断肯定而其对手强烈否定的正当性。事实上，经典游击队的问题也会引起［76］与合法性－正当性相关的问题。因为游击队是非法的，他们只能声称拥有高于当局实定法的正当性。这显示了合法性（legality）与正当性（legitimacy）并不是一致的，不能相互混淆。这又是一个典型的施米特式主题（Schmitt 2004b［1932］）。

四 全球恐怖主义与永久例外状态

不可否认,在不久前的过去,一些"恐怖主义"的正当性得到了承认。先是在第二次世界大战中,抵抗军成员都被德国占领军认为是"恐怖分子"。后来,在去殖民化时代,许多恐怖主义团体都自认为是"自由斗士",他们希望能通过武装起义从殖民者手中取得独立。1945年后,无数武装的少数派、解放运动和游击队都自认为是抵抗组织,对抗着将他们打为"颠覆"团体或"恐怖分子"的国家系统。在他们的斗争结束并取得国际承认时回头看,之前其所用的手段似乎也变得正当了。这使得某些观点变得具有说服力,即在某些情况下,恐怖主义可以是正当的。当然,我们常说,在社会与政治需求有其他表达渠道的国家或情形中,恐怖主义必然是不正当的。但是,对什么是"善的"和"恶的"恐怖主义,人们仍然意见纷纭。在一定意义上,对恐怖主义道德(或不道德)性质的评价完全取决于宣传政策和主观意见。

由于一些国家的诞生和独立部分地诉诸恐怖主义,"反抗斗士"和"恐怖分子"间的界限就更加模糊不清了。因此,长期斗争的恐怖分子常常会被赋予权力,摇身一变,成了国家的发言人和代表。比如,贝京(Menahem Begin)和米沙尔(Itzhak Shamir)便是前恐怖分子,他们因在以色列立国前向阿拉伯平民和英国军队发动炸弹袭击而著名。但几年后,他们就坐上了以色列的最高职位。

今天,在一些人看来是"反抗斗士"的人,也常常会被另一些人视作"恐怖分子"。这两个词语的使用并不稳定,甚至可以互换。在支持伊斯兰运动以平衡阿拉伯世俗民族主义的影响时,美国毫不犹豫地支持了一些恐怖分子。在冷战时,美国支持了在尼加拉瓜、安哥拉和阿富汗的恐怖分子;在第一次海湾战争后,美国也支持了伊拉克的反对团体,后者制造了无数次汽车炸弹袭击(Cockburn 1996);在苏联入侵阿富汗时,塔利班是"自由斗士",而当他们对之前的盟友使用相同手段时,他们就变成了"恐怖分子";在北约轰炸塞尔维亚时,科索沃解放军(KLA/UCK)是"反抗斗士",而当他们瞄准美国与北约的盟友马其顿时,就变成了恐怖分子。这些例子只是一小部分而已。

[77] 由于国家恐怖主义的存在,恐怖主义在合法性－正当性这组概念中遇到的问题变得更为复杂:它可以被看作是一种"合法"的恐怖主义。事实上,对恐怖主义的最新定义并没有排除这类国家恐怖主义,并且,它的受害者也远远多于"次国家"层面的非法暴力(Chaliand 1997:10)。如果将恐怖主义定义为,对最大多数的无辜人群造成最大程度的伤害,以故意、随机杀害无辜者的方式来向民众心中散播恐惧,或迫使他们的领导人屈服的话,那么,在二战中对德国和日本平民的恐怖轰炸也理应列入其中。在这些时候,非战斗人员都被故意、随机地杀害了。

　　另一个重要的、时常被讨论的问题是,今天的"超级恐怖主义"(hyper-terrorism)和"全球恐怖主义"与先前的"传统恐怖主义"相比,是否仅仅在强度上有所增加,还是代表了一种全新暴力形式的出现。现在,我们就来考察这种"新型"恐怖主义的一些特点。

新恐怖主义

　　正如我们先前谈到的"革命斗士",今日全球恐怖主义的一个规定性特征就是它对暴力的使用。然而,仅仅说恐怖主义一定是暴力的并不足以定义它。更为具体地,它必然是一种没有界限的暴力。全球恐怖分子参与的是一场至死方休的战斗。恐怖分子是第一批抹除了战斗方与中立方、平民与军队、战斗与非战斗人员、正当与非正当目标间的界限的人群。在这个意义上,恐怖主义是一种总体战争形式。但这种无限制的行动会产生某种"镜像效应":人们会轻易地认为,在打击恐怖主义的时候,所有行为也都是正当的。拿破仑早在1813年就说过:"在有游击队的地方,我们自己也必须像游击队那样行动。"因为恐怖主义被作为绝对敌人看待,我们很容易秉承不惜一切代价来将其终结的看法——特别是当我们认为传统(或民主)手段在这种威胁前不再管用时。我们会倾向于打着效率的旗号,用恐怖分子的方式对抗恐怖分子。

　　另一个重要的特征是,新型恐怖主义有更强的去领土化特征。后现代意味着领土逻辑的终结。因此,被施米特赋予"大地"特性的游击队也变得完全去领土化了。维希留(Paul Virilio)甚至称之为"地理的终结"——这也许太过了,因为地缘政治的基本原则仍然存在(Virilio 2000:9)。但是,在今天,恐怖主义行动的首要形式是网络(network)。比如说,"基地"组织就不是一个[78]典型"组织",它没有一系列区域化的等级系统,而只是一个松散而交错的网络集合。这些恐怖主义网络变得尤为重要,因为后现代本身就是一个网络时代:交错的网络已经取代了组织性的等级制度。并且,这些网络是分散的:他们的成员分布在全球各个国家,这进一步加剧了其非领土性。① 包括布什总统(George W. Bush)②在内的许多人经常将"9·11"事件与1941年的珍珠港事件相类比。在上述意义上,这是完全错误的。珍珠港袭击的发动方是一个在地图上标明的国家——日本,但"9·11"事件的袭击者则是一系列跨国网络。

相似地,反恐战争也没有任何领土界限,因为敌人并不确认在(即使确认,也是很不经常地)一块特定的领土上。美国可以指责阿富汗窝藏基地组织并对其开战,但事实上,基地组织只是部分或暂时地在阿富汗而已。这场由美国发动的"全球"反恐战争处于以下两者之间:一方是以网络组织起来的无根、去领土化的游击队,另一方是不以征服领土为目的的世界强权,它想要建立一套它认为对其国家安全不可或缺的国际新秩序。这一新秩序会导向开放的全球市场、确定能够获取的能源资源、受管控的规则与边疆地区、受控制的通讯等等。在这些情况下,刻画游击队行动的不再是大地逻辑,而是"海洋"逻辑:去领土化与全球化。海洋逻辑促成了新型恐怖主义的出现,也为它开展各类行动打开了新的可能性。③ 正

---

① 另外,如果新的游击队越来越丧失"大地"属性,那是因为古老的领土控制形式已经过时。现在,殖民思想或控制市场远比征服、兼并领土要来得有用。

② 据 Bob Woodward,小布什总统在他的私人日记中将"9·11"袭击形容为"21世纪的珍珠港事件"(2004:24)。

③ 关于恐怖主义与全球化的联系,以及全球化所带来的,依赖全球中心、以网络方式("运转核心")运作的国家和其他国家间的差距,见 Barnett(2004)。

如施米特所定义的,美国是海洋权力的典范,全球化也遵守着海洋的逻辑。我们可以说,反恐战争也完全遵循着海洋逻辑。

完全去领土化的恐怖主义的出现有另一个后果:它混淆了军队和警察的职责。现在,这两者可以完全互换。在二战中,为了打击抵抗势力,德国占领军必须执行通常由警察负责的任务,比如调查、逮捕、审问犯人等等。同时,与他们相配合的警察也被军事化了。在1945年后的反殖民战争中,常规军队也会使用警察的手段,因为他们必须去识别不穿军服的敌人。对恐怖主义的全球战争也在警察的职责范围之内。我们要记得,警察对敌人的看法和"传统"军人不一样。就定义而言,警察并不满足于打击犯罪行为,他们必须试图消灭犯罪行为。

警察也不会与罪犯签订"和平条约"。在这个意义上,警察的行为,至少他们打击罪犯和违法者时,丝毫不带政治性。然而,这里有一个清晰的"道德"维度:犯罪行为不仅在社会层面上,在道德层面上也是可鄙的。[79]反恐战争的警察特征显露了这一点。正如库尔萨特(Rik Coolsaet)所写,它隐秘地道出了"这个19世纪以来人们一直想传播的信息:恐怖主义不是正当的政治行动。它属于犯罪的领域"(2004:113)。但这到底意味着什么?恐怖主义是战争的一种新型政治形式,还是一种新型的犯罪行为(见 Daase 2002;Falk 1986;Klitsche de la Grange 2001)?归根结底,恐怖主义是和平时的战争,这就意味着我们越来越无法区分"战争"与"和平"的概念。这本身就意义重大,因为在这个全球反恐的时代,警察与军队的职责已经如此混淆,以至于国内与国际事务的区分也被摧毁了。①

---

① 从2000年起,内部安全与军事战略系统的混合被美国视为面对恐怖主义威胁的最佳方式,见 Pumphrey(2000)。2002年9月,一项名为《美国国家安全战略》("The National Security Strategy of the United States of America")的报告观察到,"今日,国内与外交事务的界限正在消失"(2002:31)。反恐专家正在不断加强与犯罪学家的合作,见 Raufer(2005)。就国际警察(Globo-Cop)的概念,见 Dal Lago(2003)。

对那些正在打击恐怖主义的人而言,事情是很清楚的。在公共话语中,恐怖分子被描述为罪犯,不留任何余地。这并不是一个新现象。在法国大革命期间,旺代叛乱的起义者被官方定性为"盗匪"(brigands)。1901年9月,美国总统麦金莱(William McKinley)被一位无政府主义者刺杀,他的继任者罗斯福(Theodore Roosevelt)遂将无政府主义者斥为"反人类的罪犯"。"恐怖分子就是罪犯"这一等式虽然被恐怖主义行为的暴力、盲目和不可预测性所支持,但它在过去也被用于打击反殖民斗争中的抵抗军和"自由斗士"。这一等式使他们被认定为普通法下的犯人,也让他们在被捕时无法享受政治犯的地位。顺着这条语义分析的线索,曼诺尼(Pierre Mannoni)说,形容恐怖分子的词语通常有"罪犯""刺客""强盗",他被贬为暴力的不良分子、秩序与社会和平的破坏者,或"蛮人""野人""嗜血的疯子",有着精神失常的倾向,或仍处在未开化、暴力的自然状态(2004:41)。换言之,恐怖分子常被指责为罪犯或疯子。

这种指责将恐怖分子转化为一种与他袭击的人没有任何共同之处的存在。因此,恐怖分子成了他者(the Other),一个hostis humani generis[真正的人类公敌]:"他者的形象是照着那些'永远不可能和我们一样'的人构建的。"(Ragazzi 2004)这一点不断地被政客和媒体所确认:不论恐怖主义声称捍卫了何种道义,它们都是"不可理解的"。在美国,恐怖主义或许更加不可理喻,因为美国人坚信自己创造了可能的最好社会——甚至是唯一可接受的社会。他们会认为拒绝这种社会模型不可想象。美国是"自由的土地",是社会组织形态的终极样本,是被神意"选中"的国家——这样的理念如此流行,自然会使人相信恐怖分子病态、反常又疯癫。在2001年9月,怎么会有"正常"人不相信美国的"善"呢?仅仅是恐怖分子"憎恨美国和它所代表的一切"[1]这一事实,就足以让他们成为社会的异类——既然美国自认为"善",那么恐怖分子就只能是"恶"的化身。恐怖主义[80]同时被打上了非理性和罪

---

[1] *The National Security Strategy of the United States of America*(2002:14).

恶的耻辱标签。它没有任何逻辑可言，并在根本上被刻画为缺乏正当政治目标。这种对恐怖分子疯狂、罪恶（或两者皆具）的刻画自然会引起公众的共鸣。人们通常将恐怖分子看做不正当且不可理解的（"他们为什么要这么做？""他们想要什么？"）。这些反应都很好理解。但问题是，使用这种词语能否帮助我们分析恐怖主义的本质，并指出其原因。

将恐怖分子单纯地视作罪犯自有道理：谋杀与正当性之间绝不可能和解。但是，这种逻辑需要面对一个事实：在所有战争中，谋杀都是正当的，即使涉及平民的伤亡。比如恐怖性轰炸或"连带伤害"中的遇难者。因此，恐怖主义修辞会试图将自己的行为描绘为正当的。事实上，我们已经看到，恐怖分子首先认为自己在打一场战争；其次，他们认为自身的行为是正当的，因为他们的暴力不过是另一种"合法"暴力的结果。也就是说，他们所面对的不正义状况反而合法化了他们的暴力，这种暴力也因此是对这种不可接受的状况做出的完全可接受的反应。

作为对这种修辞（它通常被认定为似是而非）的回应，打击恐怖主义的人会立马将他们定性为纯粹的罪犯，并且只会非常不情愿地承认，恐怖分子可能也有政治目的。但他们通常会强调，恐怖分子的行动方式剥夺了他们作为政治参战方的身份，因而证明了他们只是罪犯而已。但是，否定恐怖分子的政治特性并不能只由群众意见的情绪性反应来解释。对打击恐怖主义的公共权威而言，这一否认会转化为一种明显的政治态度，而那些情绪性反应只是这一态度的工具而已。"抹杀恐怖主义行为内在的政治信息是有意为之"，肯普（Percy Kemp）写道：

> 否认真相是构建新的时代风气（ethos）的必要条件。以色列当局拒绝承认恐怖主义具有明确的政治意义（因此也拒绝所有谈判），其根源在于以色列对夺取巴勒斯坦这一现实的官方否认。在美国，这一拒绝的根源则是，官方不承认几代美国政府与伊斯兰主义团体保持的不道德关系，也不承认在冷战结束时与这些麻烦的盟友的决裂。（2004：21－22）

但同时,大多数人都不否认,恐怖分子正在与美国开战,美国也必须向恐怖分子开战。然而,诉诸"战争"这一术语的理由是含混的。传统战争能以和平条约终结,但在这里显然不可能。这种战争模型是总体战争、道德(正义)战争和警察战争的模型。在这种战争中,仅仅击败[81]敌人是不够的,必须消灭敌人。施米特写道:"神学家会将敌人定义为必须被消灭的东西。"(Schmitt 1950:89)"正义战争"的支持者会使用这一论证,反恐战争的参与者也是如此。这种观点允许他们合理化这样一种现实:他们不仅想要打击,更是为了消灭恐怖主义。因此,我们看到,这类战争在本质上不同于传统战争,它具有警察执法的特性,是一场绝对战争。

与恐怖主义对峙时,公共权威通常会重复"不与恐怖分子谈判"的立场,即使在事实上他们经常与恐怖分子谈判。尽管这种谈判总是偷偷摸摸,比如秘密支付赎金以解救人质。全球恐怖分子看起来也藐视谈判,而更愿意制造最大程度的伤害。但是,恐怖分子的真正目的永远不是那些具体的目标,而是希望通过恐怖行为达成的东西,比如政府态度的改变或政策的修改。如果我们承认这一点,那么我们就必须承认,双方确实进行某种"谈判"。恐怖分子希望通过恐怖袭击得到某些东西:法国停止对阿尔及利亚政权的支持,美国改变其中东政策,俄罗斯从车臣撤军,等等。因此,声明"我们不与恐怖分子谈判"是在拒绝对这些要求作出让步。当然,当局拒绝让步的理由是恐怖分子使用的手段——他们伤及"无辜",把公民绑做"人质",这些是不可接受的。但同样明显的是,即使这些诉求是以"合理"的方式提出来的,当局也不会作出让步。故此,深知这点的恐怖分子会选择最极端的手段——他们或许可以借此达成其他手段无法达到的目的。但同时,当局也正是基于他们使用这些手段的事实而否定了他们的要求。

施米特区分了传统的游击队和"绝对游击队"(absolute partisan):后者因受到革命理念的挑动而打破所有规则。但施米特做出这个区分并不是为了将绝对游击队视作罪犯。相反,他在这一形象中看到了显著的政治性。他说道:

> 我们必须牢记游击队中强烈的政治性。恰恰是这能将他与普通的罪犯和小偷区分开来——后者的动机是单纯的个人私欲。(Schmitt 2004c:19)

即使看似除了具体目标外没有任何目的,恐怖主义行动仍是有待解读的政治信息。对恐怖分子而言,恐怖永远具有"转化为政治资本"的潜质(Kemp 2004)。恐怖分子当然是一个hostis[敌人],一个在施米特意义上的政治敌人,但恰恰是这一严格的政治维度被"警察"式的修辞抹除了。这并不是说,恐怖分子的行动不是犯罪。但这些是政治犯罪,是不在具体语境中、不理解其原因就无法辨认的犯罪。换言之,政治犯罪首先是"政治性"的,[82]因而它无法与触犯普通法的犯罪等同,尽管这并不意味着应该对它从轻处理。

并且,恐怖主义并不是"非理性"的。施米特的作品能很好地帮助我们理解这一点。恐怖主义并不比市场经济的逻辑更加非理性(或更理性)。市场经济逻辑的根基是宗教性的,因为它将世界划分为"信徒"(相信全能的"隐形的手"与经济管控的"自发力量")和"不信者"。还需要说明的是,将伊斯兰恐怖主义说成"虚无主义者"是错误的,因为虚无主义可能是伊斯兰主义最痛恨的东西。穆斯林们恰恰在指责西方屈服于虚无主义,创造了一个只有物质价值才有重要性的世界。将恐怖主义刻画为一系列非理性、纯粹病态、犯罪性的行为是极不属实的。恐怖主义有政治目标,并且使用着极富逻辑的战略。但在媒体的道德谴责和愤怒中,这些目标和逻辑被淹没了。曼诺尼写道,"即使是盲目的、受害群体无法辨认的袭击",

> 也有蓄意的、准确的意图。所有东西都经过计算,以达到一个具体的效果,因为恐怖袭击就是牵强、模糊、临时的反义词:所有东西都是精心安排的,人员、地点、方法,特别是袭击的政治后果,以及随之而来的媒体反应。(2004:8)

在冷战期间,苏联是美国的"对称性"敌人。而美国与全球恐怖主义的对抗则是非对称性的。据曼诺尼,在传统战争中,

> 空间延展与战争强度、持续频率是正相关的。而恐怖主义则恰恰相反,它的空间延展性很弱,但强度却十分剧烈,且频率很不规律。(同上:29)

在不久前的冷战中,我们的目标是力量("威慑")平衡。但今天,关键的概念却是非对称性(而不是不对称性,因为"不对称性"只能指双方在数量上的不平等)。

"反恐战争"在本质上就是一场非对称战争:恰恰是因为恐怖分子不能使用传统的作战方式,他们才诉诸恐怖主义。这种非对称性在传统游击队时代就已经存在,它曾让拿破仑怒不可遏。随着全球恐怖主义的到来,这种非对称性在所有层面都普及开来。首先,行动者是非对称的:一方是庞大的国家结构,另一方则是流动性的跨国网络。双方的目标也是非对称的:恐怖分子[83]知道他们会在哪里、以什么方式展开袭击,而他们的敌人则不知道(或只是马马虎虎地知道)如何应对。更重要的是,双方的手段也是非对称的:在2001年9月11日,仅仅几分钟之内,在几十个拿着匕首和小刀的狂热分子面前,所有的战舰、原子弹、F16战机和巡航导弹都变得毫无用处(见 Verstrynge 2005)。

然而,最重要的非对称性体现在心理秩序中:一道鸿沟,它将认为有许多事比死亡更糟糕的人们与这样的世界分开——在这一世界中,人们把个体生命当作一种卓越的事实,并认为生命具有任何事物无法超越的善。西方人民生活在一个"去魅"(entzauberte)的世界。对绝大多数人而言,没有什么东西能够凌驾于生命。然而,纵观整个历史,这种情感是例外,而非寻常。肯普正确地指出:

> 人本主义的选择是在文艺复兴时才做出的:将人,而非神,放在宇宙的中心,以对死亡的恐惧来代替对地狱的恐惧。(2004:19)

在今日的世界,恐怖分子愿意以死来压倒他人的生,因为他们并不恐惧死亡;而对于那些视生命比其他任何东西都更为宝贵的人而言,这种行为则是完全无法理解的,两者间有着剧烈的不对称性。恰恰是这种不对称性让受害者们斥恐怖主义为"荒唐的虚无主义":世俗化西方世界的理性使人无法理解另一种逻辑背后的动机——西方曾对此无比熟悉——在这种逻辑中,有许多(或善或恶的)值得牺牲生命的事业。从"理性"的角度出发,拒绝将此世生活神圣化,缺乏对死亡的恐惧,都只能是一种"狂热主义",也是一种罪犯性的疯癫。那些思考着彼岸的人与那些担忧着养老金的人之间,不可能有共同点。对恐怖分子而言,死亡最终是一种嘉奖。面对将求死欲作为最终武器的恐怖主义,西方必然束手无策。

但恐怖主义的不对称性也体现在另一个意义上:它能通过杀死相对较少的人,来对公共意见造成重大影响——比起每年都在发生的传统战争,恐怖主义的受害人数要少得多。在这个意义上,它和空难很像:少见,却极具报道价值,因为它造成了数十、上百人的瞬间死亡。尽管车祸的总死亡人数远远超过空难,但我们从来不会像谈论空难那样谈论车祸。同样,恐怖主义的受害者人数远比不上种族战争或(比如在卢旺达发生的)大屠杀,但它会激起更大的反应,因为它更加引人注目。这一特点也与恐怖主义的目标紧密相连——它真正的影响是在心理层面。

全球恐怖主义的目标

全球恐怖主义的第一个目的,是动摇人的思想结构和行为习惯。曼诺尼[84]在提起今日恐怖主义的时候准确地写道,他们的行为"不像在那个历史性革命的年代,是为了'把人们从冷漠中唤醒',而是通过剥夺敌人的防御和行动能力,将这种冷漠普遍化"(2004:10)。鲍斯特(Jordan Paust)在1970年代观察到,恐怖袭击的目标是"利用受害者的恐惧、悲愤,迫使其主要目标采取一种特定行动,或使其按照恐怖分子的意愿修改政策"(1977:21)。这一定义很好地展示了恐怖分子的

"主要目标"从来都不是直接目标,而是他们希望通过一系列连锁反应来达到的东西(在这个意义上,恐怖主义行为可与绑架相比)。早在二战时就有对日本和德国平民进行的恐怖轰炸,其目标则是这些受害者之上的日本和德国政府。全球恐怖主义也是一样,其行动是为了追求间接而非直接效果。袭击只是控制公众舆论或向政府及其政策施压的手段。恐怖主义的目的是动摇意志,缴械公意。恐怖分子并不想摧毁世贸中心的双子塔,而是想通过这一建筑倒塌的景象来创伤美国人民。这是与游击队的一个重要区别:后者总是追求对直接目标的直接效果,因此,主要效果就是所追求的目标。

今天,这一目标主要是通过媒体网络来达到的。大型恐怖袭击的惊人景象与媒体制造的效果有着强烈的联系。恐怖主义在想象中给人的印象与它的实际效果一样惊人。它所制造的震惊,以及引起的情绪动荡、本能反应,都赋予恐怖主义以巨大的影响力:"9·11事件"就是一个完美的例子。因此,恐怖主义的发展与全球媒体的扩张紧密相连:在任何地点零时差地获得新闻有效地加大了恐怖主义的效果。一次袭击造成的震惊并不取决于其内在规模,而取决于人们对它的言说:如果人们都不谈论它,那么它便好似从来没有发生过一样。恐怖主义和媒体之间有着一种执拗、有机的联系(Alexander and Latter 1990;Mannoni 1992)。我们可以将恐怖主义理解成一种四人卡牌游戏,一种恐怖分子、受害者、"主要目标"(当局)和媒体这四个角色无法分离的杀人游戏。

在全球恐怖主义中,对危险的恐惧远比危险本身要重要。恐怖分子是强大而"隐形"的敌人,他们能做到任何事,同时他们被看作是无所不在的。这一特点对恐怖分子特别有利,因为它放大了恐惧。恐怖主义没有规则,缺乏界限,因此摧毁了所有可借以理解它的坐标点,因为它的逻辑与现在的主流理性完全不同。它的"隐形"与不可预测性加剧了从其威胁中产生的恐惧,同时也引向了各种非理性、[85]阴谋论的猜测。在一个社会中,当(无处不在的)危机取代了(可指认的、地域性的)危险,普遍猜测的幽灵就产生了。这会证成各种对公民自由的管控与限制，因为人们愿意牺牲自由来保障安全。

我们之前说过，恐怖主义是和平时的战争。或许，这是伪装成和平的战争。它同时也是一场"全球"战争和总体战争。"9·11"之后，白宫给予反恐战争的代号是"无限正义"。就其定义而言，"无限正义"是没有界限的。布什总统向国会演说时称，这场战争不会结束，"直到每一个国际性恐怖组织都被找到、制止、击败"。他同时还宣称，"我们要在伊拉克取得完全胜利：我们会完全胜利"，这显然意味着，只要不是完全胜利，便是彻底失败。他完全可以说，这场未宣战的战争是一场没有尽头的战争。维希留写道，"我们与恐怖主义的战争是没有尽头（end），也没有目的（end）的"，这意味着这场战争既不可能被终结，也没有明确的目标（1999：5）。对两边而言，情况都是如此，因为恐怖分子不可能希望能征服其敌人，而后者也不可能希望完全消灭恐怖主义。正如施米特所预测的，全球恐怖主义还有很多时日。

从"紧急状态"到永久例外状态

在恐怖主义面前，原先的"遏制"原则已经失效了。在本质上，反恐战争是进攻性的，但也是预防性的。它赋予战斗方跨越所有界限以达到目的的无限权力，同时也准许它重申其世界霸权。但反恐战争也使用了大量的"紧急性"概念，并以例外状态的形式体现出来。例外状态是"艰难的时刻"，与"必要状态"（state of necessity）很像。历史学家蒙森（Mommsen 1870）曾将后者比作合理防卫。在例外状态中，国家发现自己突然面临着巨大、致命的危险，如果不使用通常被视作不正当的手段，国家就无法面对这一威胁。紧急状态或例外状态的定义是，稀有事件或不可预测的情况突然出现，且因为其威胁性，国家需要立即采取特别措施来加以回应，比如限制自由、军事管制、戒严等等。只有在这种情况下，上述措施才是正当的。

"紧急状态"（Ernstfall）或"例外状态"（Ausnahmezustand）的概念在施

米特的政治与宪法理论中扮演着核心角色,且与施米特对自由主义的批判息息相关(见 Schmitt 1985,第一章)。对施米特而言,例外是不可预测的,因此认为我们可以提前决定用什么方法来应对它是徒劳的。受新康德形式主义或凯尔森式实证主义启发而成的自由主义[86]无法理解例外时刻的本质,也无法在其理论架构内面对例外时刻,因为它坚持一种严格的形式、程序式的法律概念,声称先定的法律或准则可以应用于任何情况。

施米特还补充道,在悬置法律规范时,例外状态能帮助我们理解、认识政治的本质,因为它揭示了主权者的领域:在紧急、例外状态时做出决定的具体能力。在它使决定在其"绝对纯粹性"中显现(Entscheidung)的那一刻,例外状态同时揭露了谁为主权者、主权何在。在这种情况下,我们可以看到,政治主权者并不自动与国家吻合。"主权者是决定例外者",施米特写道(2004a:13)。这个著名的公式有两种理解方式:第一,主权者是在例外状态下做决定的人,第二,主权者也是决定例外状态本身的人,他决定何时正常状态和规则都不再适用。例外与决定之间有着紧密的联系,施米特将它们认定为所有政治社会的"首要起因"。对施米特而言,政治行动最纯粹的表达就是在例外(紧急)状态中,或者对例外(紧急)状态所做的决定:在例外时刻对法律规范的悬置是政治主权的终极表达。他强调,主权与其说是制定法律的权力,不如说是中止法律的权力。但这并不是为任性专横辩护。一方面,施米特强调,在例外状态下做决定时,主权者并不会因彼时状况而变得随心所欲。恰恰相反,主权者必须以对当时情况负责的方式行动。另一方面,他也强调,例外状态也规定了规则本身,因为我们无法在不理解规则界限的情况下理解规则。换言之,决定规范不再适用的人,也同样在确定规范。

例外状态的另一个重要性在于,它揭示了法律原初的非规范性。在例外状态中被悬置的不是法律或权利(Recht),而只是法(Gesetz)中的规范性因素。通过这一悬置,例外状态揭开了法的"生存性"(existential)特性。例外是本质性的,不是因为它罕见,而是因为它不可预测。像无法被先定的一般性规则所确认的敌人一般——因为敌意只有在具体的时空内才可界定——例外也无法被提前确定。通过把法(Recht)与其非法学源头(即主权决定)相连,施米特向所有宪政理性主义,特别是法治(Rechtsstaat)、实证主义理论发起了攻击。根据这些理论,主权者在任何情况下都必须接受法治。例外时刻(Ausnahmezustand)的出现则说明,[87]让主权者无条件服从法治是不可能的,因为规范无法预见例外。在这个意义上,宪制永远是不完整的。它最多能做的,就是预测一个自己不再适用的情况。

然而,施米特也强调,根据其定义,例外是不常见的,即它永远不可能成为一个永久状态。例外之于规则规范,正如战争之于和平一般。在古罗马独裁制中,主权者对规范的搁置只能是暂时的。它能开启一个新的法律循环。在施米特论及独裁的作品中(Schmitt 1921),他明言,某些可以由例外状态证成的独裁能够搁置规范,但却无法改变法律秩序和国家本质。这就意味着,它除了力图恢复先存的法律秩序外没有任何合法性。因此,独裁者也仍然是在宪政内的独裁者:法律秩序的搁置并不意味着法律秩序的废止。① 在例外时刻,如果国家搁置了法治,那仅是因为国家想保存它。因此,决定例外也意味着决定规范仍然适用的具体状况。

例外状态的理论显示了施米特思想的高度具体性:他对形式、抽象理论的挑战出于他对具体语境的关注。要知道,在施米特发展其理论时,德国正经历着1917—1919年的多事之秋。施米特对1919年《魏玛共和国宪法》著名的第48条款着墨甚多。这一条款在宪法意义上规定了紧急状态。它与法国《第五共和国宪法》的第16条相似,赋予了总统在例外时刻极大的权力,包括召集武装力量控制严重的国内混乱。在魏玛共和国期间,这一条款的使用超过250次。

例外状态的概念当然不仅德国(或法国)才有。一项关于1978年

---

① 马基雅维里也有同样的观点(在他引用辛辛纳图斯的例子时)。在现代,Rossiter 的著作也持同样观点(1948)。

的研究表明,当时至少有 30 个国家处于紧急状态。① 美国宪法也预计到,"在叛乱、外敌入侵时,为公共安全可以要求"暂停人身保护令(Art. I, 9, cl. 2)——但它将这一权力赋予国会,而非总统。在南北战争期间,林肯总统决定暂停人身保护令——这一决定并未遵从国会。在珍珠港袭击事件后,作为预防措施,罗斯福总统拘留了所有日裔美国人。在冷战期间,与苏联的对抗也使美国以"国家安全"的名义采取了一些例外措施。自从 1947 年的《国家安全法案》之后,"国家安全"概念就占据了美国外交的中心。就冷战对宪法的影响而言,已有许多研究(见 Yergin 1977)。我们也记得,这些事件如何在麦卡锡时代[88]影响了美国国内政治。美国公民的权利被系统性地重新解释,那些被怀疑是共产主义同情者的人也受到监控。从 1950 到 1970 年,国会通过了 470 多项法案来加强行政权力,以面对例外状况。而在苏联解体后,这些法案没有任何一项被废除。

因此,"9·11"后美国政府采取的措施并非没有先例。然而,这些措施也有自己的特点,使它们与施米特式"模型"相距甚远。但在为了面对全球恐怖主义的威胁而开始一场没有终点的战争时,美国当局似乎有将这些例外措施机制化的倾向。例外状态不再是一个例外,而具有了永久性。

对一些作者而言,即使在"9·11"前,恐怖主义的发展也已经可以证成例外状态(Scheuerman 1999; Gross 2001)。在"9·11"之后,一切都加速了。袭击之后,布什总统立刻宣布了紧急状态,美国国会也通过了一项决议,授权总统

> 对那些他认定曾计划、授权、实施、帮助过"9·11"恐怖袭击,或窝藏这类组织人员的国家、组织、人员动用所有必要和适当的武力,以预

---

① Ferejohn 与 Pasquino(2004)毫不犹豫地称,搁置法律的宪法可能性是"非绝对主义西方法律传统"的一个特点。亦参 Negretto and Rivera(2000),及 Ackerman(2004)。

防这类国家、组织、人员在今后对美国实施任何国际恐怖主义袭击。①

一个月之后,2001年10月24日,《美国爱国者法案》(《使用适当手段来阻止或避免恐怖主义以团结并强大美国的法律》)在众议院以绝对多数通过。它授权联邦调查局(FBI)对有恐怖分子嫌疑的个人进行秘密调查,在他们的电脑上使用间谍软件,并无限期地记录其上网足迹。该法案也授权司法部长逮捕、扣押任何有危害美国国家安全嫌疑的人。② 2001年11月13日,布什总统签署了一项法令———一项"军事命令",让一个特别军事法庭来审判所有被认定为恐怖分子的人,并无限期地关押嫌疑人。

这些不同的例外法案都批准对嫌疑人进行逮捕和无限期关押。它们也使美国可以合法地遣返嫌疑人,不经正当程序对其单独监禁,无授权就搜查其住所。它们创造了一个没有法律的地域,限制了一类人群的司法地位。FBI和国家安全局(NSA)在对美国和外国的通讯监控上被授予无限自由,脱离了任何司法管制。在"9·11"的后续风波中,超过[89] 1200名外国人仅仅以"嫌疑"之名被捕。四个月后,其中的900人仍在被监禁中。他们未经法官审判,无法找到律师,也没有遭到任何具体指控。11月13日的"军事命令"认为它们的信源应该保密,被指控者也无法对自己的被捕、监禁提出上诉,他们的辩护权也应被"严重限制"。

这一系列措施最为惊人的结果,便是将数百人(来自超过40个不同国家)关押在古巴关塔那摩的一处美军基地。这些被关押者从未被指

---

① *War Powers Resolutions*, proclamation no. 7463(14 September 2001)。

② 2003年11月,美国国会通过一项《爱国者法案》的修正案("Patriot II"),允许联邦机构未经司法同意向网络运营商索取信息。同时,2003年的《增强国内安全法案》("Domestic Security Enhancement Act")允许当局剥夺受恐怖主义指控者的公民身份,在承认公民权这一问题上给予当局自主裁量权。这些措施在2005年被更新。更详细的信息见 Scheppele(2004):他明言自己对这些措施的语境的考察是基于"施米特关于例外状态本质的作品"。

控,也未被告知他们被捕的理由,无法得到律师帮助,也不能享受《日内瓦公约》下的战犯待遇。① 对这些从阿富汗、伊拉克或其他地方抓来的囚犯,美国创造了"非法敌方战斗人员"(Illegal Enemy Combatant)这一特殊定位,他们被剥夺了所有法律性的实质和价值。这些在关塔那摩未经审判就被关押的囚犯既不是普通法下的罪犯,也不是政治犯,更重要的是,他们亦不是战犯。其中一些人遭受着虐待与暴行。在这种情况下,还有一些人被秘密转移到人权不受重视的盟国,经受着系统性的虐待(Grey 2005)。2005年5月25日国际特赦组织(Amnesty International)发布的年度报告毫不犹豫地称关塔那摩基地为"我们时代的古拉格"。②

以打击恐怖主义这一公共、迫近的威胁之名,美国限制了许多项公民自由。在"9·11"之后,恐惧的蔓延导致了对公民自由的新一轮攻击。现在最为常见的指责是"威胁""国家安全"。这两个概念都与紧急或例外相连,但同时又十分含糊,促进了在政治或司法性意义上使用它们,并将它们用来限制政治自由。不仅如此,"国家安全"的范围正在逐步扩大,从其原初的军事意涵,扩展到包括社会和国际生活的所有领域。

---

① 海牙与日内瓦公约都规定,永远不能将平民作为目标,并且囚犯必须受到良好对待。对受恐怖主义指控的嫌疑犯,这些规定都被Alberto Gonzales正式"作废"——他是美国当时的司法部长,并且还是白宫的一员。
② 见国际特赦组织年度报告(2005:Foreword)。关于关塔那摩监狱,见Bribosia and Weyembergh (2003),Saar and Novak (2005)。Johns(2005)吊诡地认为,这类监狱应被归于正常状况,而非例外状况,并提出了一种对施米特的非正统解释。2003年11月,美国最高法院决定对关塔那摩监狱外国拘留者的合法性问题做出裁决。2004年6月28日,最高法院决定,关塔那摩基地属于美国司法管辖区,其被拘者有权在美国法庭就自己的拘留提出争议。2006年3月,美国当局被迫公开关塔那摩拘留者的姓名。2006年6月29日,那一届最高法院在其任职的最后一天决定,为了审判关塔那摩拘留者而建立的军事委员会缺乏"进行审判的权力,因为其结构和流程违反了UCMJ(军事审判统一法典)和1949年签署的四项日内瓦公约"(2006:4)。

反恐战争也重启了那个老问题:在例外时刻,民主国家能否使用平时不可接受的手段来对抗恐怖分子？这些手段中的第一种便是刑讯。① 阿布格莱布监狱中的虐待行为体现了桑塔格(Susan Sontag)所称的"无耻文化"(culture of the shamelessness);随后,由柏曼(Paul Berman)《恐怖与自由主义》(*Terror and Liberalism*,2003)和叶礼庭(Michael Ignatieff)《更小的恶》(*The Lesser Evil*,2004)的出版而引起的争论也十分发人深省。哈佛大学卡尔人权中心主任叶礼庭解释说,恐怖主义使那些先前为自由民主制特点(宽容、多元主义、尊重自由等等)骄傲的人感到了其脆弱性。他在发现"人权并不是一个由无法分割的绝对单位组成的系统"后,[90]强调民主当然需要保护个人权利,但也需要保证集体性存在。这两个任务并不能轻易调和(Ignatieff 2004)。

舍佩尔(Kim Lane Scheppele)认为,布什政府在例外状态中采取的特别措施不只限于国家层面,还扩展到了国际层面。舍佩尔也发现,最为重要的是,这些措施并没有停止扩增。在传统的如施米特所定义的例外时刻中,为面对紧急状况而采取的措施通常都是短暂的,是为了逐渐回到正常状态。而"9·11"之后的措施却恰恰相反,系统性的例外措施不断地得到巩固。舍佩尔写道:

> 离"9·11"越远,滥用却越来越严重。由于得到国会与法院的积极支持,宪法例外正变得越发重要。(2004:3)

许多观察者的发现都支持这一结论。首先,官方对恐怖主义的定义极为宽泛,因为它考虑的不仅仅是行为本身,还有意图。② 这一不确定性使人们轻易将某些行动判定为非法,将疑虑普遍化,让预防性的拘捕正

---

① 今天,我们有足够多的信息和证词得知,在伊拉克战争和反恐战争期间,严刑被经常性地使用,见 Levinson(2004:5-9)。

② 见 Masset(2005)。就《爱国者法案》对美国公民的影响,见 Steinmetz(2003);Williams(2003);Norris(2004);Hamm(2005);Harvey and Volat(2006)。

当化。第二,因为其目标是嫌疑人,所以反恐法案必然适用于所有人群,并最终对整个司法系统产生颠覆性影响。在美国公共话语中极流行的"善恶之争"也有转移注意力的作用。它掩盖了社会不安全的事实,将美国的内部矛盾投射出去。"内部安全"的话语加强了"国家安全"的话语,并将后者带入公民社会领域。对"安全"(通常在广泛的意义上而论)的坚持总会在公共辩论中消除它所带来的所有问题,因此导致一种新的"去政治化"。公民对安全的期许让攻击自由成为可能:对安全的渴望胜过了对自由的渴望。只要我们仍生活在一个无形的威胁无处不在的世界,安全就一定会胜过自由。在这一逻辑下,反恐战争加强了美国国际霸权的权威,因为美国最有能力保障"全球安全"。

最后,恐怖主义重建了国家的合法性,并给予国家一个新的职责。在全球化的影响与世界性挑战面前,国家似乎越来越无力。在1930年代,施米特就清楚地看到,作为政治首要形式的国家正在衰落。但我们现在可以推测,国家是否能因其提供全球安全和打击恐怖主义的能力重塑合法性。我们必须在这一语境下理解近来美国和其他国家采取的例外措施。一方面,它们当然会有[91]国际层面的影响,因为反恐需要跨国警察合作及情报共享。但另一方面,这也不可否认地更新了日益过时的国家结构,国家精英们发现"反恐战争是他们使权力永久化的绝佳时机……他们可以通过法案向敌人施加限制,但也可以同时借此控制自己的公民社会"(Kemp 2004:22)。换言之,国家不能以提供安全之外的方式建立合法性,因此便会利用公民们不可抑制的安全欲来限制其自由。正如鲍德里亚(Jean Baudrillard)所说,恐怖主义的真正胜利是让整个西方陷入恐惧的环境,不可自拔地沉迷于安全。这本身就是一个披着面纱的永久恐怖(2001)。

毫不惊讶,施米特的名字频繁出现在这些评论和批评中。莫诺德(Jean‐Claude Monod)称,"'9·11'袭击或许证实了施米特所预见的,对敌人的(字面意义上的)神学理解与'机动化游击队'形象之间的关联"(2004:55)。不论如何反对施米特的观点,莫诺德承认,这位德国

法学家的批判在今天

尤为相关,特别是当白宫宣布开展先发制人式的战争,僭越所有国际法规则,以开展一场"为和平的战争"时。这些声明都是以神学术语来表达的:"圣战"、抵抗"邪恶轴心"。(同上:56)

我们也可以用例外状态理论来使政治-法律"常规"看起来不过是一种延续性的例外。施米特就批判道,法律和自由主义秩序不过是一种被压制的无序,一种被掩盖了的抑制性暴力。阿甘本(Giorgio Agamben)、内格里(Antonio Negri)、巴利巴尔(Etienne Balibar)都极为强调这一点(Monod 2005:80-88)。这会引向作为永久性常规的例外(the exception as a permanent norm)这一概念。对阿甘本而言,这些例外程序已经悄然代替了民主程序和法治,成为政府行为的基础(Agamben 2005)。现在的例外状态只是显露了先前隐藏着的趋势。这一点已被阿尔都塞(Louis Althusser)和福柯(Michel Foucault)研究过。

当例外状态被普遍化、永久化时,它就失去了例外的属性。哈斯内(Pierre Hassner)写道:"暴政与其他政府不同的是,它寻求将例外状态永久化,而不是逐渐回归正常与法治。"(2003:200)美国采取的例外措施回应了施米特的模式。同时,它却与施米特支持的另一个观点相矛盾,即"自由"政权因其本性无法面对例外状态。但美国的措施会导向对例外状态的永久化——一个没有例外的例外——[92]这一点却与施米特的思想完全相反。不过,施米特的作品能帮助我们理解是什么造就了这一永久例外状态:一种由神学和"道德"触发的敌人概念。由此得出的结论是,"自由"政权完全可以采取例外措施,但他们会出于对敌人的某一特定理解而将这一例外转化为永久性的常态。在这里,阿甘本援引了本杰明(Walter Benjamin)的远见:"从现在起,我们事实上生活在一个例外状态之中,我们已无法将它与规范区分开来。"(Agamben 2005:59)库尔兹(Robert Kurz)也同样写道:"在过去处于例外的领域,在今天则完全是正常或永久状态。"(2005:79)

参考文献

Ackerman, B. (2004) 'The emergency constitution', *Yale Law Journal*, 113: 1029–1076.
Agamben, G. (2005) *State of Exception*, trans. K. Attell, Chicago: Chicago University Press; (2003) *Stato di eccezione*, Turin: Bollati Boringhieri.
Alexander, Y. and Latter, R. (eds) (1990) *Terrorism and the Media: dilemmas for government, journalists and the public*, Washington, DC: Brassey's.
Amnesty International (2005) *Report 2005: the state of the world's human rights*, London: Amnesty International.
Assheuer, T. (2001) 'Geistige Wiederbewaffnung: Nach den Terroranschlägen erlebt der Staatsrechtler Carl Schmitt eine Renaissance', *Die Zeit* (Hamburg), 15 November, p. 54.
Barnett, T. P. M. (2004) *The Pentagon's New Map: war and peace in the twenty-first century*, New York: Putnam.
Baudrillard, J. (2001) *L'esprit du terrorisme*, Paris: Galilée; trans. Chris Turner (2002) *The Spirit of Terrorism and Requiem for the Twin Towers*, London: Verso.
Beck, U. (1992) *Risk Society: towards a new modernity*, trans. Mark Ritter, London: Sage; (1986) *Risikogesellschaft: Auf dem Weg in eine andere Moderne*, Frankfurt a. M.: Suhrkamp.
Berman, P. (2003) *Terror and Liberalism*, New York: W. W. Norton.
Bribosia, E. and Weyembergh, A. (2003) *Lutte contre le terrorisme et droits fondamentaux*, Brussels: Bruylant.
Chaliand, G. (1997) 'La mesure du terrorisme', *Stratégique* (Paris), 2–3: 3–4.
Cockburn, P. (1996) 'Clinton backed Baghdad bombers', *The Independent* (London), 26 March.
Coolsaet, R. (2004) *Le mythe Al-Qaida: Le terrorisme, symptôme d'une société malade*, Bierges: Mols.
Corm, G. (2005) *Orient–Occident: La fracture imaginaire*, 2nd edn, Paris: Découverte.
Daase, C. (2002) 'Terrorismus und Krieg: Zukunftsszenarien politischer Gewalt nach dem 11. September 2001', in R. Voigt (ed.), *Krieg – Instrument der Politik? Bewaffnete Konflikte im Übergang vom 20. zum 21. Jahrhundert*, Baden-Baden: Nomos.
Dal Lago, A. (2003) *Polizia globale: Guerra e conflitti dopo l'11 settembre*, Verona: Ombre corta.
Derrida, J. (2004) 'Qu'est-ce que le terrorisme?: interview with Giovanna Borradori', *Le Monde Diplomatique* (Paris), February, p. 16.
Falk, R. (1986) 'Thinking about terrorism', *The Nation*, 28 June.
Ferejohn, J. and Pasquino, P. (2004) 'The law of the exception: a typology of emergency powers', *International Journal of Constitutional Law*, 2, 2: 210–239.
Grey, S. (2005) 'Les Etats-Unis inventent la délocalisation de la torture', *Le Monde Diplomatique* (Paris), April, pp. 1, 10–11.
Gross, O. (2001) 'On terrorism and other criminals: states of emergency and the criminal legal system', in E. Lederman (ed.), *Directions in Criminal Liability: Inquiries in the Theory of Criminal Law*, Tel-Aviv: Israel Bar Association.
Hacke, J. (2002) 'Mit Carl Schmitt in den Krieg – mit Carl Schmitt gegen den Krieg', *Ästhetik und Kommunikation* (Berlin), 33, 118: 29–32.

Hamm, B. (ed.) (2005) *Devastating Society: the neo-conservative assault on democracy and justice*, London: Pluto Press.
Harvey, R. and Volat, H. (2006) *De l'exception à la règle: USA Patriot Act*, Paris: Lignes-Manifestes.
Hassner, P. (2003) *La terreur et l'empire*, Paris: Seuil.
Ignatieff, M. (2004) *The Lesser Evil: politics and ethics in an age of terror*, Princeton, NJ: Princeton University Press.
Johns, F. (2005) 'Guantánamo bay and the annihilation of the exception', *European Journal of International Law*, 16, 4: 613–635.
Kemp, P. (2004) 'Terroristes, ou anges vengeurs', *Esprit* (Paris), May: 17–24.
Klitsche de la Grange, T. (2001) 'Osservazioni sul terrorismo post-moderno', *Behemoth* (Rome), 30.
Kurz, R. (2005) *Avis aux naufragés: Chroniques du capitalisme mondialisé en crise*, Paris: Lignes-Manifestes.
Laclau, E. (2005) 'On "real" and "absolute" enemies', *CR: The New Centennial Review*, 5, 1: 1–12.
Lausten, C. B. (2004) 'Fjender til døden: en schmittiansk analyse af 11. September og tiden efter', *Grus* (Copenhagen), 71: 128–146.
Levinson, S. (2004) 'Torture in Iraq and the rule of law in America', *Daedalus*, 133, 3: 5–9.
Mannoni, P. (1992) *Un laboratoire de la peur: terrorisme et medias*, Marseille: Hommes et perspectives.
—— (2004) *Les logiques du terrorisme*, Paris: Editions In Press.
Masset, A. (2005) 'Terrorisme et libertés publiques', in Q. Michel (ed.), *Terrorisme – Terrorism: Regards croisés – Cross Analysis*, Pieterlen: Peter Lang.
Merlo, F. (2005) 'Se questa è una guerra – Sulla "teoria del partigiano" di Carl Schmitt', *La Repubblica* (Roma), 21 July.
Michaelsen, S. and Johnson, D. E. (eds) (2004) *CR: The New Centennial Review*, 4, 3, special issue on *Theory of the Partisan*.
Mommsen, T. (1870) *The History of Rome*, trans. W. P. Dickson, vols 1–4, New York: C. Scribner.
Monod, J. C. (2004) 'La déstabilisation humanitaire du droit international et le retour de la "guerre juste": une lecture critique du "Nomos de la Terre"', *Les Etudes Philosophiques* (Paris), 1: 39–56.
—— (2005) 'La radicalité constituante (Negri, Balibar, Agamben) ou peut-on lire Schmitt de droite à gauche?', *Mouvements* (Paris), 37: 80–88.
Negretto, G. L. and Rivera, J. A. A. (2000) 'Liberalism and emergency powers in Latin America: reflections on Carl Schmitt and the theory of constitutional dictatorship', *Cardozo Law Review*, 5–6: 1797–1824.
Norris, A. (2004) '"Us" and "them"', *Metaphilosophy*, 35, 3: 249–272.
Paust, Jordan (1977) 'A definitional focus', in Y. Alexander and S. Maxwell Finger (eds), *Terrorism: interdisciplinary perspectives*, New York: John Jay Press.
Pumphrey, C. W. (ed.) (2000) *Transnational Threats: blending law enforcement and military strategies*, Carlisle, PA: US Army War College.
Ragazzi, F. (2004) '"The national security strategy of the USA" ou la rencontre improbable de Grotius, Carl Schmitt et Philip K. Dick', *Cultures et conflits* (Paris), 56: 141–156.
Rasch, W. (2000) 'Conflict as a vocation: Carl Schmitt and the possibility of politics', *Theory, Culture and Society*, 17, 6: 1–32.

—— (2004) 'Carl Schmitt and the new world order', *South Atlantic Quarterly*, 104, 2: 177–184.
Raufer, X. (2005) 'Géopolitique et criminologie: Une féconde alliance face aux dangers du monde', *Défense nationale et sécurité collective* (Paris), 5 (May): 167–176.
Rogeiro, N. (2003) *O inimigo público: Carl Schmitt, Bin Laden e o terrorismo pós-moderno*, Rio de Janeiro: Gradiva.
Rossiter, C. L. (1948) *Constitutional Dictatorship: crisis government in the modern democracies*, Princeton, NJ: Princeton University Press.
Saar, E. and Novak, V. (2005) *Inside the Wire: a military intelligence soldier's eyewitness account of life at Guantánamo*, London: Penguin Press.
Scheppele, K. L. (2004) 'Law in a time of emergency: states of exception and the temptations of 9/11', *Journal of Constitutional Law*, 6: 1–75.
Scheuerman, W. E. (1999) 'Globalization and exceptional powers: the erosion of liberal democracy', *Radical Philosophy*, 93: 17–21.
Schmitt, C. (1921) *Die Diktatur: Von den Anfängen des modernen Souveränitätsgedankens bis zum proletarischen Klassenkampf*, Munich and Leipzig: Duncker & Humblot; (1994) Berlin: Duncker & Humblot.
—— (1950) *Ex Captivitate Salus*, Cologne: Greven; (2002) Berlin: Duncker & Humblot.
—— (1985) *Political Theology: four chapters on the concept of sovereignty*, trans. George Schwab, Cambridge, MA: MIT Press; (1922) *Politische Theologie: Vier Kapitel zur Lehre von der Souveränität*, Munich and Leipzig: Duncker & Humblot; (2004a) Berlin: Duncker & Humblot.
—— (2004b) *Legality and Legitimacy*, trans. Jeffrey Seitzer, Durham, NC: Duke University Press; (1932) *Legalität und Legitimität*, Munich and Leipzig: Duncker & Humblot.
—— (2004c) 'Theory of the partisan: intermediate commentary on the concept of the political', *Telos*, 127: 11–78; (1963) *Theorie des Partisanen: Zwischenbemerkung zum Begriff des Politischen*, Berlin: Duncker & Humblot.
Steinmetz, G. (2003) 'The state of emergency and the revival of modern American imperialism: toward an authoritarian post-Fordism', *Public Culture*, 15, 2: 323–346.
Stirk, P. (2004) 'Carl Schmitt, the law of occupation, and the Iraq war', *Constellations*, 11, 4: 527–536; reprinted in P. Stirk (2005) *Carl Schmitt, Crown Jurist of the Third Reich. On Preemptive War, Military Occupation, and World Empire*, Lewiston, NY: Edwin Mellen Press.
Stjernfelt, F. (2002) 'Suverænitetens paradokser: Schmitt og terrorisme', *Weekendavisen*, (Copenhagen), 10 May.
Supreme Court of the United States (2006) *Hamdan v. Rumsfeld, Secretary of Defense, et al.* Docket No. 05-184. Argued 28 March – Decided 29 June. www.supremecourtus.gov/opinions/05pdf/05-184.pdf (accessed 4 July 2006).
Thiele, U. (2004) 'Der Pate: Carl Schmitt und die Sicherheitsstrategie der USA', *Blätter für deutsche und internationale Politik*, 49: 992–1000.
Verstrynge, J. (2005) *La guerra periférica y el islam revolucionario: Orígenes, reglas y ética de la guerra asimétrica*, Madrid: El Viejo Topo.
(2002) *The National Security Strategy of the United States of America*, Washington, DC: The White House.
Williams, M. C. (2003) 'Words, images, enemies: securitization and international politics', *International Studies Quarterly*, 47, 4: 511–531.
Woodward, Bob (2004) *Plan of Attack*, New York: Simon & Schuster.
Virilio, P. (1999) 'Télésurveillance globale', *Le Monde Diplomatique*, August, pp. 4–5.
—— (2000) *The Information Bomb*, London: Verso.
Yergin, D. (1977) *Shattered Peace: the origins of the Cold War and the national security state*, Boston: Houghton Mifflin.

五 游击战、恐怖主义与新的大地法*

乌尔曼 撰
韩若愚 译 郭小雨 校

[97]没有对战争法则的共识，就不可能产生新的大地法。施米特十分理解这一点，因此他的著作《大地的法》中有名为"战争意义的转变"的章节，并以"与现代毁灭性手段结合的战争"一章收束全书。施米特《游击队理论》的结尾也与此保持一致，他写道：

> 游击队的理论引向政治的概念这一问题，也引向何为真正的敌人、何为新的大地法这一问题。（Schmitt 1963b；2004a：78，2004b：68）①

这两本书应被并置起来，在《政治的概念》（1963a）一书的视角下加以理解。这不仅仅是由于现今的政治形势，还因为施米特对国家和国际两个层面的政治思考是一贯的。他成熟的政治思想总是地缘政治

---

* 就这一章核心论点的语境，请见我关于施米特更为详细的导读（2003：9 –34）。

① 尽管在特刊中没有标明（Schmitt 2004a），但这是我的翻译。不过，就在发表之前，编辑对我翻译的一些段落产生了不同意见，并对译文进行了改动，因此我隐去了我的名字。从最后一句话的混乱（2004a：78）中就能看出问题，也正因为如此，那里和这里的引文不一致。现在刊行的翻译并不可靠。我修改后的译本马上将由 Telos Press 出版。同时，英语读者也可以参考施米特（2004b）中的译文。

式的。

如施米特所言,他的游击队理论不仅仅是其政治概念的又一个推论(关于这些推论,见 Schmitt 1963a:97 – 124),而是对一个具体、重要的政治现象的思考,这一现象在 20 世纪后半期带来了新的"战争与敌对理论"(Schmitt 1963b;亦参 2004b:5)。同样地,在 20 世纪末和 21 世纪初,恐怖主义理论也带来了新的战争与敌意理论。但时至今日,我们对游击队和恐怖主义理论都知之甚少,对 19 世纪末欧洲中心时代国际法崩溃后战争与敌对含义的转变则几乎没有任何了解,更不用说"'9·11'事件"后的事情了。施米特的游击队理论一开始就提出一个问题,即游击队和恐怖分子间的区别。在逻辑上,这个问题应在恐怖主义理论中达到顶点,并自然地导向政治的概念问题,再导向绝对敌人,即仇敌(foe)问题(Ulmen 1987;Schwab 1987),以及 21 世纪的新大地法问题。

从 1990 年代起,世界上的一百多起血腥冲突中,只有不到十起由被承认的国家发动。事实上,绝大多数冲突都是更小的亚国家团体或组织向这些国家发起的内部挑战。很明显,新的形势[98]需要新的概念、新的理解——比如新的政治现实主义和新的政治理论,而其原因在不久之前还未被人预见。① 施米特常常警告我们,将一个时代或情势中的概念转换到另一个时代是危险的,这会导致政治混乱。今天,这一混乱体现在联合国、美国、欧洲、欧美间的分歧,以及亚洲和其他地方出现的无数纷争中。现在,我们对战争法则这一概念已没有任何共识。事实上,战争本身的含义已经发生根本性转变,战争的概念和行动的法则都需要重新考虑

---

① 在施米特(2003)的引言中,我写道:"全球化和新的大型政治实体呼唤新的政治现实主义,以及新的政治理论,来解释调节'国际'关系的新型法律。"我特意将"国际"一词放进了引号里,因为我希望超越民族国家。我的关注点是施米特在大空间理论中已经预见的大型政治实体。但"9·11 事件"促使我对政治形势进行重思:见 Ulmen (2001)。

(Crefeld 1991,1999)。①

当然,游击战自有历史记载便存在。罗马军团试图控制帝国时,他们在巴勒斯坦、大不列颠这些与罗马迥然相异的地方都遇到过游击队。在美国独立战争中,华盛顿能在"粮草战争"中战胜人数多得多的英国军队,也是因为在新泽西展开了游击战,尽管华盛顿本人很厌恶这一概念(见 Fischer 2004:346ff)。到 1780 年,被称为"沼泽之狐"的马里恩(Francis Marion)已经见过足够多的战争,这使他意识到大陆军忽略了一个十分有利的领域——游击战。他得到了组织团队的准许,但最开始他的团队只有 20 名装备落后且包括未成年人的男性。但很快,他在南卡罗莱纳的游击行动就让英军,特别是康沃利斯(Cornwallis)的部队付出了代价。但是,第一场大规模的游击战发生在 1808 到 1813 年的西班牙,因此施米特从那里开始阐述他的游击队理论。

在美国内战(1861－1865)中,南方邦联的游击战士其实就是恐怖分子。但军人、游击队员、恐怖分子间的基本区分在概念上和政治上都是明确的。

施米特坚持了对游击队的"经典"定义,即指涉具体的历史人物与情势。施米特说,在概念上,他的研究视野从拿破仑时代的西班牙游击队跨到 1960 年代装备精良的游击队员,从恩佩西那多(Empecinado)到胡志明,再到卡斯特罗(Fidel Castro)与萨兰(Raul Salan)。因为避免了宽泛的定义,施米特能够确定游击队的几个具体特点。首先,游击队是非常规战士,这意味着他们的实际敌人是穿着制服的常规军人。但游击队强烈的政治属性将其与普通盗贼或罪犯区分开来。尽管有这一区分,武装游击队仍然要依靠一个常规组织的配合;他无法生存在政治上的无人地带。除了[99]非常规性外,游击队的另一个特点是其不断增

---

① Crefeld(1991)的进路是正确的,但他走得还不够远,尽管他关于战争转变的作品被称为"自克劳塞维茨之后对武装冲突最为激进的重新诠释"。

长的战斗机动性。因此,他有着属地特征(telluric),即基本的防御姿态。这意味着他的敌意在空间上是有限的。施米特清楚地意识到,

> 但是,机动的游击队则失去了其大地属性,成为世界政治中某个中心权力机构可移动、可交换的工具。这一机构在或明或暗的战争中使用它,也可以根据形势要求将其停用。(Schmitt 1963b;亦参 2004b:14)

这种机动性的游击队已经表明,历史情势发生了变化。施米特恰巧观察到,"就当代游击队而言,常规－非常、合法－非法的二元对立已经变得模糊、可相互替换了"(Schmitt 1963b;2004b:11)。但是,直至今日,游击队仍然是非常规的,其敌人也只能通过游击战的方式打击他们。

施米特观察到,从二战到现在,尽管游击队出现了各种富有特点的交互、混合,它基本上仍然只有两种形式:防御性的,即原生家园的防卫者;以及在全球范围内带有攻击性的革命分子。这两者间的对立仍然存在,因为他们在根本上基于两种不同的战争与敌对形式。尽管在现代战争的实践中,不同的游击战形式混杂,但它们的根本预设仍然如此不同,以至于"挑战了敌友对立的标准"(Schmitt 1963b;2004b;21)。1949 年的《日内瓦公约》已经预示了以国家为基础的传统欧洲国际法的瓦解,即使这套统一准则只考虑了欧洲的经验。不仅如此,"传统"立场间的区分已经如此模糊,这让一种新的战争成为可能:

> 它有意摧毁这些明确的界定。于是,许多分离的、程式化的妥协性规则就像一座跨越深渊的窄桥,下面隐藏着一系列关于战争、敌人、游击队的概念演变。(Schmitt 1963b;2004b:23)

1945 年后,全球范围的冲突行为都体现出明显的游击队特点。

当然,这一新形势的起点,是欧洲的反纳粹抵抗运动,以及欧亚国际共产主义的革命运动。一般而言,欧洲的运动坚持了地域防御性游击战,而亚洲的运动则属于革命进攻型。二战后,后者成为主导。即使

对克劳塞维茨（Clausewitz）来说，游击战也是高度政治性的，这意味着它具有革命属性。在施米特眼中，"极权主义"的不是国家，甚至不是"全能国家"（total state），而是革命性政党：这是唯一真正的"极权主义"组织。列宁从克劳塞维茨那学到的，不仅有战争是以其他方式延续的政治这一条真理，还有在革命时期区分敌友最重要这一教诲。施米特说，列宁将哲学与游击队结合在一起，产生的效果不亚于对[100]整个欧洲中心主义世界的摧毁：拿破仑曾希望拯救这一世界，而维也纳会议则希望恢复它。对列宁而言，游击战与内战的方法是一致的。

一般而言，内战是两个或多个体量相似的政府，为争夺相同人民和领土主权而展开的军事斗争。革命则是一个变化（这种变化不一定是一种暴力），通过它，在同一个国家中，一个合法性体系终结，而另一个构成（Edwards 1942:523–525）。内战是横向的，而革命则是纵向的。相比起外部战争，内战是以完全征服为目标的战争——为了消灭敌方政府。至少在现代，外部战争通常只为了一些具体而有限的目标。正如施米特观察到的，"在内战中，敌人不再和我们有任何共同概念，每一个概念都是对敌方阵营的侵犯"（Schmitt 1991:36）。确实：

> 内战是可怕的。这是兄弟间的战争，因为它在一个包括敌方的共同政治单位和法律秩序内展开，因为战斗的双方都在同时绝对性地或承认或否认这一共同单位。双方都认为对方是绝对、无条件的错误方。双方都以法律的名义拒绝承认对方的权利。内战在根本上服从敌方的司法权。因此，内战与法律有一种局部意义上的特殊辩证关系。它不能是除了自认为正义的正义外的任何东西，因此，它是正义与自我正当化战争的原型。（Schmitt 1950:56–57）

在其他地方，施米特还写道：

> 正义战争，也即在战争中剥夺敌方权利，并以正义一方自诩的

战争,意味着将国家间战争(也就是国际法下的战争)转化为同时是殖民战争与内战。这是必然的、不可抵挡的。战争不再是国家间战争,而是全球范围的内战。(Schmitt 1991:29)

施米特接着澄清这一区分:

> 内战是双方都有正义原因的战争,两边都是"正当敌人"。法律,作为正义战争的形式,使战争中的死亡合法化。但内战或社会战争实际比自杀式犯罪多出什么呢?正式的法律战争能够因其形式,而非正义原因,证成杀人。但这一形式在内战中是缺失的。内战不仅仅是没有形式的战争(相反,它为法律与正义的形式服务),还是最可怖的、对形式的正式毁灭。任何被迫参与内战,[101]被迫在内战中杀人的人,其行为都没有被任何形式上正义的秩序证成。如果他杀人了,那么是他有义务杀人呢,还是出于他敌人的原因而被迫杀人?或者,这便是内战的整体图景(自我毁灭,大写的人[macros anthropos],即国家的自杀),因为个体参与者的自杀必然无法正当化,也无法归咎于其他理由,它只能被情势的具体现实所吸收掉。(Schmitt 1991:31-32)

当然,对施米特而言,对内战的克服是欧洲公法下国家间战争的核心。在战争受到限制的欧洲中心时期,游击战一直是一个边缘现象。但到20世纪20年代初,情况发生了剧烈变化。施米特准确地观察到,国土防卫与国际共产主义革命攻击性的结合物在世界范围内主宰了游击战。因此他认为,游击队理论是理解政治现实的关键。今天,我们或许可以说,恐怖主义理论是理解政治现实的关键。施米特的游击队理论隐含了恐怖主义理论,但我们要做的工作还有很多。①

---

① 当然,我在这里只能指出问题的范围。我会在一本暂名为《21世纪战争转变》的专著中继续这一研究。

正如游击战一样,恐怖主义从历史开始便伴随着人类:历史上的游击队经常使用恐怖主义手段来达到目标。然而,恐怖主义和游击战并不是同义词,我们必须牢记这两者间的区分。恐怖主义是一个独立现象,它与1960年代晚期和1970年代早期的城市游击战一起出现(Beckett 2001:xiv)。和游击战一样,恐怖主义是一个政治概念(Hoffman 1998:14)。恐怖主义使用暴力,或诉诸暴力威胁来达到政治目的。但与游击战不同的是,恐怖主义是一系列有策划、经算计的系统行为。当然,自法国大革命以来,恐怖主义的定义发生了很多变化,但在二战后,这一词语重获其革命内涵:这层内涵在今天经常与恐怖主义相连。和游击队一样,恐怖主义是非常规的;但不同的是,恐怖主义并不依靠一个常规机构的合作;它能,并且也确实存在于政治无人地带。和游击队一样,恐怖分子是非法的,但不同的是,它的非法性同时也是非正当性,这意味着恐怖分子没有任何支持框架。和游击队一样,恐怖分子有着很强的战斗机动性,但他们本质上不是防御性的,而是攻击性的。并且,不像游击队,恐怖分子没有大地属性,这意味着他们的敌意并不受空间限制(Hardman 1942:575-579)。

通常而言,游击队在战斗中有一个真正敌人,不论它自己多么不正规。并且,不论如何,一般敌人总有一部分人性与合法性,但恐怖分子的敌人却是绝对敌人,是必须彻底消灭的。这是游击队到恐怖分子转变中最明显的地方,两者的概念区分也在此处变得明确起来。

现代国际恐怖主义的到来发生在1968年7月22日,3名隶属于解放巴勒斯坦人民阵线(Popular Front for the Liberation of Palestine)的武装恐怖分子,劫持了一架从罗马飞往特拉维夫的以色列航空公司的客机(Hoffman 1998:67)。这是历史上恐怖分子们首次跨越国家展开攻击。他们也开始向其他国家的平民下手,这些无辜的人与恐怖分子的诉求几乎没有任何关系。这样做的目的只是为了引起公众注意,吸引眼球。很明显,科技进步推进了恐怖主义行动手段的剧烈变化,并且恐怖分子必须始终走在反恐科技之前。因此,在根本上,恐怖分子的组织要求就是找到规避或挫败敌方安全措施的方法。但即使如此,恐怖主义的驱动力并不是科技,而是政治意志。

当政治恐怖分子试图以军事术语掩盖自己,并有意识地将自己塑造成善良的(bona fide)战士(如果不是善良的士兵的话)时,最为激进的宗教恐怖分子甚至都不想获得战犯(POWs)待遇。并且,在此我强烈认为,他们也不应该被当成战犯,因为恐怖分子不是士兵。① 这一点对世俗恐怖分子和宗教恐怖分子而言都一样。在正常战争中,即在欧洲国际法时代的战争中,存在着各种规矩与行为准则,它们禁止使用某些武器与战术,且认定以某些人员为目标是非法的。即使在实践中并不总是如此,至少在理论上

> 海牙与日内瓦公约订下的战争规则不仅给予非战斗平民以豁免权,而且明令禁止将平民当做人质,它规定了如何处置战犯,将报复平民和战犯非法化,并承认了中立地带和中立国公民的权利。(Hoffman 1998:34)

那些并不穿着制服,没有军衔,不公开武器,攻击平民,有时还以自杀的方式展开大规模屠杀的人,在任何战争公约中都没有任何地位。国际恐怖主义的一大准则(如果我们想这么称的话)便是拒绝遵守任何战争规则与行为准则。② 粗略回顾一下过去几年间的恐怖主义行

---

① 对事实的承认并不是刑讯的准许证:在阿尔及利亚战争中,允许刑讯是法国的官方政策,见保罗·奥瑟赛萨瑟将军(Paul Aussaresses)的生动描述(2002)。尽管美国、英国军队在伊拉克实施了刑讯(我认为,这些行为已得到适当的惩罚),但这并不是美国和英国的官方政策。但是,将恐怖分子与军人区别对待是有必须的,所以在关塔那摩的监禁是正当的。

② 值得注意的是,海牙和日内瓦公约都发生在欧洲公法崩塌之后。见Rosenne(2001),以及"Geneva Conventions", in thefreedictionary.com。

为,便足以发现那些恐怖分子已违反了[104]所有这类规则。在施米特的术语中,恐怖分子在"法律之外"(Schmitt 1963b;2004b:6)。

这具体意味着什么呢? 在什么法律之外? 很明显,它在总体上指国际法,在具体上指战争法。但在 19 世纪末欧洲体系崩塌之后,这两者都只剩断壁残垣。一战结束后,国际法已所剩无几,而在二战之后,它就只是一个假象了。由于德国被盟军彻底击败,施米特的《大地的法》带着恳求的色彩。但不论如何,施米特关于国际法和战争法现状的分析是不可否认的。同样,他关于战争形式转变的论述也是如此。

> 正义战争,即对敌方的去正当化和对己方的自加正义,意味着战争不再是国家间战争(即国际法下的战争),而同时是殖民战争与内战。这是必然的、不可阻挡的:战争不再是国家间的,而是全球范围内的内战。(Schmitt 1991:29)

他还说,

> 由权力的急速扩张而完成的世界转变,其根源在于,我们原先在物理意义上无法感知的东西变得可见、可听、可感了。因为他们可感,所以就能被占有。我们有了新的所有权概念,其意涵扩大为对功能的占有;原先是"谁的领土,便是谁的财产"(cuius regio, eius economia),现在是"谁的财产,便是谁的领土"(eius economia, cuius regio)。这便是新的大地法:不再有法(Nomos)。(Schmitt 1991:16 July 1948)

对处于冷战开始的施米特,这一点尤为清晰:

> 柏林处于纽约与莫斯科的航线上,在此,西方与东方相遇。但这些线条没有任何方向,也没有任何秩序。我的《大地的法》就是为了展示这一点。(Schmitt 1991:20 August 1948)

在一个没有方向、没有秩序、没有法的世界,任何关于国际法和战争法的言说都是自说自话,且在政治上可疑,不论言说方是联合国、欧盟还是美国。① 而且特别地,之前 nomos[法]中的词语需要在新形势下批判性地加以检验。在今天,"战争"到底意味着什么?像"反恐战争"这样的表达是空洞的。我们如何发起[105]"反恐战争"? 在没有共同规则的情况下,重建世界秩序是否可能? 如果规则是单方面的,那么结果便是双方的互相残杀。很明显,这不是一个政治选项,而是对政治的放弃。在政治上,对国际恐怖主义,特别是宗教恐怖主义,唯一符合逻辑的政策不是通常意义上的"战争",而是施米特所称的"除害行动"(pest control),因为今天的现状已经展现出"全球内战"的特点(Schmitt 2003:28,305)。施米特既不同意"除害行动",也不赞同"全球内战",但他总是直面"具体情形"。基于现状,新建世界秩序唯一的可能性,就是共同面对这一新的仇敌。但是,如果缺乏对战争与敌意转变过程的深刻理解,这种情况就不大可能出现。

参考文献

Al-Quds al-'Arabi (1998) 'Text of World Islamic Front's statement arguing Jihad against Jews and Crusaders', *Al-Quds al-'Arabi*, 23 February.

Aussaresses, P. (2002) *The Battle of the Casbah: terrorism and counter-terrorism in Algeria 1955–1957*, New York: Enigma Books.

Beckett, I. F. W. (2001) *Encyclopedia of Guerrilla Warfare*, New York: Checkmark Books.

Crefeld, M. von (1991) *The Transformation of War*, New York: The Free Press.

—— (1999) *The Rise and Decline of the State*, Cambridge: Cambridge University Press.

Edwards, L. P. (1942) 'Civil war', in *Encyclopedia of the Social Sciences*, Vol. 3, New York: Macmillan Company.

Fischer, D. H. (2004) *Washington's Crossing*, New York: Oxford University Press.

Guevara, C. (1998) *Guerrilla Warfare*, Lincoln: University of Nebraska Press.

Hardman, J. B. S. (1942) 'Terrorism', in E. R. A. Seligman and A. Johnson (eds) *Ency-

---

① 特别关于美国,这一点十分明显,见近来立场完全相反的两本书 Sands (2006),Yoo (2006)。

clopedia of the Social Sciences, Vol. 13, New York: Macmillan Company.
Hoffman, B. (1998) *Inside Terrorism*, New York: Columbia University Press.
Huntington, S. P. (1996) *The Clash of Civilizations and the Remaking of World Order*, New York: Simon & Schuster.
The 9/11 Commission Report (2004) *Final report of the National Commission on Terrorist Attacks upon the United States*, authorized edn, New York and London: W. W. Norton.
Mao Tse-tung (2000) *On Guerrilla Warfare*, trans. and introduced by S. B. Griffith, Urbana and Chicago: University of Illinois Press, 2000.
Rosenne, S. (ed.) (2001) *The Hague Peace Conferences of 1899 and 1907 and International Arbitration: reports and documents*, The Hague: TMC Asser Press.
Sands, P. (2006) *Lawless World: making and breaking global rules*, New York: Penguin.
Schmitt, C. (1950) *Ex Captivitate Salus: Erfahrungen der Zeit 1945/47*, Cologne: Greven Verlag.
—— (1963a) *Der Begriff des Politischen: Text von 1932 mit einem Vorwort und drei Corollarien*, Berlin: Duncker & Humblot; (1996) *The Concept of the Politica*, trans. G. Schwab, Chicago: University of Chicago Press.
—— (1963b) *Theorie des Partisanen: Zwischenbemerkung zum Begriff des Politischen*, Berlin: Duncker & Humblot.
—— (1991) *Glossarium: Aufzeichnungen der Jahre 1947–1951*, ed. E. Freiherr von Medem, Berlin: Duncker & Humblot.
—— (2003) *The* Nomos *of the Earth in the International Law of the* Jus Publicum Europaeum, trans. and annotated by G. L. Ulmen, New York: Telos Press.
—— (2004a) 'Theory of the partisan: intermediate commentary on the concept of the political', *Telos*, 127: 11–78.
—— (2004b) *The Theory of the Partisan: a commentary/remark on the concept of the political*, trans. A. C. Goodson, East Lausing: Michigan State University Press. Available online: www.msupress.msu.edu/journals/cr/.
Schwab, G. (1987) 'Enemy or foe: a conflict of modern politics', *Telos*, 72: 194–201.
Ulmen, G. L. (1987) 'Return of the foe', *Telos*, 72: 187–193.
—— (2001) 'The military significance of September 11', *Telos*, 121: 174–184.
Yoo, J. (2006) *The Powers of War and Peace: The constitution and foreign affairs after 9/11*, Chicago: Chicago University Press.

六 战争、暴力与对政治性的代替

比沙 贝恩克 撰

韩若愚 译 郭小雨 校

[107]近来的学术趋势已将施米特的作品,特别是他对政治的概念的理解,与小布什外交政策中的出格行为相连。比如,特仑亚(Lon Troyer)就认为,施米特的敌友区分启发了小布什总统对国际体系的"两分"理论:

> 用布什的话来说,在国际关系领域,敌友间的划分标准是我们时代的大分裂……不是宗教和文化上的分裂,而是文明与野蛮间的分裂。(Troyer 2003:262)

另一位知识分子,德国历史学家温克勒(Hans August Winkler)也认为,施米特对自由主义的批判已经通过施特劳斯(Leo Strauss)的影响,在华盛顿的新保守主义智库"新美国世纪"(New American Century)计划的著作中得到证实(Winkler 2003:1)。

这两种对施米特的理解都有很大的缺陷。特仑亚虽然理解了敌友区分,但他对小布什政府外交政策特点的观察让他错误地认为,施米特对自由主义及其普遍性话语的激烈批判是在支持这些政策。至于温克勒将施特劳斯仅仅看作施米特思想"导管"的断言,当然是对施特劳斯思想的极大简化。但更重要的是,把"自由主义的大敌"(Lilla 1997)视作"帝国自由主义"(Rhodes 2003:131-154)的一大秘密源头是极为吊诡和讽刺的;后者才构成了小布什政府外交政策的基础。

因此,本篇的任务是双重的:挽救施米特对自由主义的批判,并"解锁"他的政治概念;后者已被自由主义式道德话语替换掉了,这种话语拒绝承认那些使自己失效的状况。在这个语境下,对施米特的使用可贴切地称为 pharmakon:既是毒药,也是解药,自身包含歧义,但也正好能用来梳理自由主义的模糊与矛盾。① 本篇的下一节将讨论施米特对战争正当性的思考,特别关注施米特的思想为何不能被自由主义轻易挪用。这里的目的是提出一种关于战争与暴力的"现实主义"概念,它强调对暴力的制约与限制(einhegen)。

第三与第四节将展现一种国际关系理论与国际法领域自由主义式思考的困难。民主和平论(Democratic Peace Theory,DPT)的批评者们[108]很少注意自由主义方案的第二个部分,即根据自由主义世界观重建国际法。我们将论证,自由主义方案的两个方面——民主和平论与对国际法的自由主义重构——是内在关联、相互强化的。本文的最后一节将总结前几节的发现,并形成对国际关系中自由主义方案的一个批判。

用来限制暴力的敌人

施米特政治理论的核心观点是,所有社会领域都以某种划分为前提,而政治领域则基于敌友间的区分(Schmitt 1996a:26)。这一"好斗的"定义通常被误解为是在支持冲突升级,或为攻击性的、主战派外交政策辩护。② 但对施米特而言,政治领域的核心问题是,如何在缺乏中央权威时使秩序与对暴力的限制(Einhegung)成为可能。

对于现实主义者施米特而言,冲突是人类境况的一个特点,而政治

---

① 关于德里达对 pharmakon 概念的讨论,见 Culler(1982:142-144).
② 比如,哈贝马斯(Jurgen Habermas)对施米特的讨论(Habermas 1997:141ff)。就哈贝马斯对施米特立场的批判性评述,见 Behnke (2005)。

的一项首要任务就是使冲突持久化,而非将其废除。差异性是政治生活的一个本体论状况,因此任何以追求同一性为目标来完全消灭差异性的企图,都将成为一种极端的暴力行为。但为了使冲突持久,它必须变得可持续。必须对冲突的范围和强度加以限制,才能防止冲突恶化成唯一目的是互相毁灭的所有人对所有人的战争。

将施米特误解为暴力和攻击的辩护者,或许是出自与其相反的自由主义世界观:它偏向同一、统一与普遍性。在自由主义世界中,冲突首先是功能失常的表现,它代表了秩序的崩塌;在本体论层面上,秩序永远先于冲突。

但对施米特而言,冲突本身是无限的,正如它所依据的差异性原则一样。那么,在某个节点上,我们必须将差异并入社会性的或多或少是团结的单位之中,使其能够参与政治。而这种团结要求我们在单位内部悬置差异,并将其外化到政治领域之中。

> 冲突作为一种差异结构是可能的。而这样的结构只有在差异是单位之间的差异,即绑在一起之后再形成差异时才是可能的。因此,政治的具体本质由对立单位的具体性质所决定,这使得政治的起源就是政治性的:它本就是一场关于什么才算是合法政治单位的战争。(Rasch 2000:2)

因此,在一定程度上,只有悬置冲突,才能使冲突成为可能。也就是说,社会性集合必须悬置冲突,在内部创造一个[109]相对的秩序与身份认同。在过去300年左右的时间内,政治冲突一直在国家(the state)层面上进行,国家也定义了统一与多元、聚合与冲突、秩序与无秩序的边界。因此,相对于政治性而言,国家是次要的:它只是一个历史性、临时性的,关于在何处悬置和外化差异、在何处开启各个实体间政治领域的决断。①

---

① 但亦参施米特对多元国家的讨论(1999:195-208)。

更为精确地说,国家是基于一个敌友区分的政治性决断。它是政治性的,意思就是说,这个决断决定了无法决断之事(Derrida 1992:24-25)。除了需要作出决断外,这一决断没有任何根基。政治性决断无法诉诸其他领域的逻辑以作为其基础,不论是经济、审美,还是道德领域的。在施米特眼中,政治性决断定义并证成自身。

主权国家成了使同一性可能的条件,它在一个社会集合内,使规范与规则生效。在这个意义上,主权的位置就是做出敌友区分之决断的位置。根据施米特的说法,主权者是在例外状况下对规范与空间做出决断的人(Schmitt 1996b:13)。① 通过德里达所称的"改朝换代"(coup de force),主权将自身设立为权威,并能够决定规范生效的时间与空间界限。在这一空间内,关于(民族)身份与基本规范的共识必须得到执行。换言之,这些关于共同体条件的决定,必须通过意识形态构建(如民族主义或其他符号系统)而去政治化,如此进行社会性与政治性身份的化归。

如施米特强调的,"政治"的概念也隐含了对冲突强度的限制,因为比起朋友与仇敌(foe)的冲突强度,它在规范性上更偏向于朋友与敌人(enemy)这一区分的冲突强度。前一个区分更倾向于总体战争与完全消灭,而后者则基于一定程度的相互尊重与限制(Schmitt 1991:119; Schwab 1987; Ulmen 1987)。不仅如此,对冲突强度的外在限制应理解为对冲突范围进行限制的结果。如福柯(1980a:131)所指,真理

> 是这个世界的东西:它只能是许多不同形式的限制(constraint)的产物……每个社会都有其自身的真理机制(regime of truth),及其真理的"一般"政治性,即这个社会所接受的、使其发挥"真"(true)之功能的话语形式。

真理存在于一种"知识地理学"(geography of knowledge)之中,而

---

① 所有从德语到英语的翻译都出自 Andreas Behnke。

一旦"知识能以区隔、占领、移植、替换、转移等方式进行分析,我们就能把握知识如何作为权力形式来运作,以及其权力效果散布的过程"(Foucault 1980b:69)。在国际体系的语境中,真理是多元的,任何对真理的普遍主义式僭越都与国际体系中知识的无政府状态格格不入。应该与国际政治的激烈竞争相匹配的,是对普遍性、形而上式[110]真理"不可知论"的态度。因此,对国际体系的政治空间最为贴切的描述,便是普遍性多元主义(universal pluralism)。而主权则处于这一吊诡结构的中枢。普遍主义式的断言本身就是政治性的,因为它们将特定的真理宣言投射到它们的领域之外,并消除了这些宣言的界限(Walker 1993:63)。因此,

> 当一个国家以人道的名义攻打其政治敌人时,这并不是一场为了人道的战争,而是某一个特定国家希望篡夺一个普遍概念来攻击其军事对手。在损害其敌人的情况下,它试图将自己与人道等同。同样地,它也可以误用和平、正义、进步、文明,认为这些东西只属于自己,而不属于敌人。(Schmitt 1996a:54)

对人道这一概念的"霸占"显得尤为可憎,因为这否认了另一方作为人的品质,使对方成了被人类抛弃的野兽。对这样的"邪恶"化身,暴力必须以根除为目的,战争也会成为先发制人式的。拉希(William Rasch)详述道:

> 如果人道不仅仅是全部视野,还是那个视野所能做出的区分中正面的一极,那么负面的一极就只能是在视野之外的东西,只能是与这个视野及其正面一极完全对立的东西——也就是说,只能是非人道的。(Rasch 2003:136)①

---

① 如Susan Sontag(2004)指出的,这一非人道化过程已成了美国"反恐战争"的必要部分,其最为显眼的表现是对阿布格莱布和关塔那摩岛囚犯的对待。

那么,针对这个"仇敌"的战争就不会有任何界限,因为它做出了道德上的善恶决断,因此,这会走向"总体战争"(Schmitt 1988:33)。

我们可以将这一对战争的道德概念与施米特自己的战争概念相对比。施米特的战争只能由抵御生存威胁证成,没有任何除此之外的道德或伦理含义:

> 如果不是由于自身的生活方式受到了生存性的威胁,此类对人类生命的物理摧毁是无法被正当化的,正如战争无法被伦理、司法规范正当化一样。如果真的有这里所说的生存意义上的敌人,那么在物理上击退、攻击他们就是正当的,但这也仅仅是在政治上。(Schmitt 1996a:48-49)

换言之,战争不能要求任何道德上的证明,它不能被当做强制推行一种普遍"善"的工具。有三个理由反对将战争道德化。第一,没有任何一种"善"能使杀人正当化。对施米特而言,战争的逻辑本身,也即杀害他人,不能成为除自卫外的任何工具。第二,将战争以这样的方式与道德、德性相连,会消除对战争的核心限制。实施普遍价值(人道[111]主义)的战争会成为总体、无限制的战争。反对"邪恶"的战争不可能承认"他者"的尊严;在仇敌被彻底消灭前,它永远不会停止。第三,对施米特而言,世界是一个"多元宇宙"(pluriverse),而不是一个单一宇宙。没有任何规范能提供一个可普遍接受的战争理由(Schmitt 1996a:53)。

施米特对国际系统的解释聚焦于差异原则,并将其作为他理解政治的基础。需要强调的是,他对差异的概念化理解十分激进,超过自由主义对它的理解。自由主义对差异的理解总是取决于在一个非政治或去政治的认识论中控制差异的能力,并总是受这种能力的影响。但对施米特而言,差异本身就是多元的,或更为精确地说,异质(heterologous)的。差异自身就是不同的,我们不能从任何一个出发点来评价、俯瞰、勾画它。差异延伸到了认识论领域本身,我们无法通过将差异的范畴普遍化来控制差异的效果。世界从不同的视角看就是不同的。

在自由主义的图景中,多元化真理不可接受,因为它否认了勾画、监控、管理全球政治空间的可能性,它质疑任何关于世界的非政治和超验的知识,以及以此为借口的自由主义干涉的正当性。

本质上,施米特对现行美国外交政治、对帝国与自由帝国主义争论的贡献是,他批判性地反思了一种对真理、政治与暴力关系的特定解读,这种关系支撑着自由主义方案。将这个方案的不同层面统一起来的,是一种将真理放置于政治之外、之前的特定理解,它认为暴力要么是对真理的实现或正当化,要么是在抵抗对真理的公然否认。自由主义考虑的是将国际政治的多元宇宙转化成一个单一宇宙。这样做的结果是,差异的效果能被一个"超主权"机构所控制,而这个机构能提供关于世界政治中不同真理机制的真理。

自由主义方案一:民主和平理论

民主和平理论(DPT)的起点,是自由民主国家间从不打仗。其支持者认为,这近乎是国际关系领域的一条经验法则(Lynn‐Jones 1996:ix)。民主和平理论的许多文献与争论都关乎如何解释这一现象。一些学者会诉诸文化与规范性因素,认为"民主政体的决策者遵循着和平解决冲突的规范,这反映了他们的国内经验与价值"(Lynn‐Jones 1996:xviii)。其他民主和平理论的学者则侧重于民主的结构与制度特点,认为权力制衡、权力分散、需要公共讨论等机制限制了战争这一选项。

[112]在民主和平理论不同的主题背后有一个统一性的前提:在认识论上,用"民主"来形容一些国家是毫无问题的。如琼斯(Lynn‐Jones)解释道,关于民主和平论的争论,实际上就是与现实主义者争论:在解释国家行为中,"个体单位层面的特性"(unit‐level characteristics)是否有任何意义(Lynn‐Jones 1996:x)。这些解释中缺失的,是我

们在什么情况下能将"民主"当做个体单位层面的变量这一前提问题。这看起来只是个方法论问题,但实际上它与认识论与哲学层面相关。民主和平论必须将其激进本质隐藏起来,否则它会破坏自身的逻辑。这一"方法论"动作将政治排除在外,并为以道德话语替代政治做好了准备。

或许,将这一动作的政治与哲学后果转化为问题的最佳方式,就是提起这一点:"民主"是一个"在本质上有争议的概念",这一概念无法封闭在一个固定的定义中(Gallie 1955/1956)。

这一概念是无法固定的,因为它本身就是政治斗争的关键部分,虽然它表面上只是在描述或分析这些斗争。因此,在政治话语中对"民主"概念的使用本身就是政治性的,它将民主的某个特定形式置于其他形式之上,赋予其以超越其他选项之上的正当性。因此,民主的自由主义定义并不具有普遍适用性。盖利(Gallie)指出,这一特定定义

> 反映了我们对某个特定的历史性真理的理解……关于民主如何在西方生根发芽。但如果我们将其视为普世性的政治真理,认为它表达了任何真正的民主成就所必需的条件,那么它当然是可质疑的。(同上:182,fn. 3)

将"民主"视为在本质上可争论的概念也会影响我们对民主和平论的评估。首先,我们在逻辑上不可能评判民主到底是什么这一争论。更为具体地,民主成了一个纯粹形式上的概念,正是因为其争议性的本质拒斥任何实质定义。第二,"科学视角"的预设也不过是提供了另一个关于复杂性的结构而已。

> 如果研究者在这些概念争论中有一个立场,并且我们知道了这个立场,那么他就参与到了政治之中。因为,争论如何正确使用这些我们所部分地共享的概念,这本身就是政治的内在部分。(Connolly 1993:39)

换言之,民主和平理论解构了自身。它自认为有一个政治程序之外的、科学、分离、客观的立场,通过这一立场,[113]"民主"的意义可得建立。但其实这本身就是一个政治行动,正如民主和非民主的区分一样。

在一个国家之内,给民主的意义争论下一个暂时性定论是可能的,甚至是必要的。在这里,宪法通常会决定民主的结构,以及某种政治发展是否符合民主。但在国际政治领域,没有任何机构能决定这些概念争论。① 在国际系统中,没有任何在场的"声音"有能力宣定,某种政治机构比其他机构更为民主。如果国际体系有任何"民主性",那么它恰恰存在于不同政治、社会构建间的可争辩性以及实际发生的争辩中。

民主和平面对的任务是艰巨的。它需要从在国际系统中定义了"民主"可能性的争辩中抽出一个"民主"概念,把一个本质上可争辩的概念塑造成一个纯粹描述性、分析性的概念。民主和平论的民主含义只能是固定、稳定的,它必须抛弃这一概念在政治话语中随历史与文化变化的因素。

在民主概念被这一方法论具象化后,它就可以拿来区分各种国家了。更具体地说,不同的国家现在可以依据其民主性划分成三六九等。民主被对象化为一系列价值与规范,它们不仅标志着各个国家是否相同,还标志着国家的好坏。

换言之,民主和平论有自己的特定立场。奥伦(Ido Oren)的研究"'民主'和平的主观性:对德意志帝国看法的历史变换"表明,"民主"(在美国外交话语中)通常基于美国现行的规范性与经验结构(Oren 1996:262-300)。任何关于民主复杂内部结构中特定秩序的争论都被忽视了。因此,"民主"应该被理解为"像我们一样的"或"美国式的"。

---

① 有意思的是,盖利创造了一个"人工例子"来强调本质上有争议概念的内在逻辑。这就像在没有任何裁判的情况下,不同"队伍"在争夺"冠军"。这一定意义上表现了国际系统的无政府结构。

正如作者展示的,这一美国自身与外国他者间的规范性结构,是美国外交关系形成与执行中的重要特点。

因此,民主和平论是对国际政治无政府逻辑的一次积极干涉。温特(Alexander Wendt 1992)简练地说道,"无政府是由国家来定义的",而国家定义的一部分,就是靠指认敌人与朋友。对"民主"的使用与误用是这些过程中不可或缺的一部分,也应是我们进行批判性研究的对象。我们不能不严格地让它们服务于我们的方法论预设。

然而,我们能将民主和平论指认为政治行动这一事实并不能告诉我们,它到底如何介入了国际政治的逻辑,并产生了什么效果。对施米特而言,冲突持续化的条件,是我们创造一个平等主权间相互限制的竞争性结构。再重提一遍,冲突内在于政治,而不是由"病态"的行动者引入到一个本身和谐的系统中来的。而且,在国际体系中存在着真理的经济学(economy of truth)——这或多或少与国际政治的[114]无政府结构同质。真理总是与权力、主权和无政府状态的地缘状况紧密相连,前者很难超出后者的边界。

民主和平论则与所有这些特点背道而驰。对自由主义而言,如此理解的无政府状态是一个必须解决的问题。首先,真理被统一了,因此我们可以一致地定义民主以及与其相连的价值观。施米特式现实主义中对国家间竞争性的尊重,被一个等级秩序所取代了,在这一秩序中,"宽容"定义了仁慈,而"干涉"则定义了敌对(Rawls 1999)。① 因此,自由主义创造了一个国家等级,有些国家先验地就是可疑、危险、有威胁性的——他们是持续战略监控与担忧的对象,如果需要的话,民主国家甚至可以干涉这些国家。

民主和平论制造了一个特殊的国际体系本体论,其中,无政府没有任何实质上的含义。原先,权力、真理、身份散布在一个"异质系统"中,而现在,这个系统被简化为一个对身份二元的、逻辑中心式的定义,

---

① 关于转向介入的批判性分析,见 Bishai(2000)。

其核心区分是民主及其"他者"。民主和平论坚信自身文明标准的普世性,且将差异理解为潜在的危险,于是再次开启了"歧视性战争概念"的可能性(Schmitt 1988)。现在,战争要么是为了一个更大的、普世性的善,要么是一次恶行、一次对秩序的反抗、一次犯罪(同上:42 - 43)。歧视性战争概念的引入最终消解了战争。但是,它没有消解的是国家间的暴力。事实上,这一新的战争法则消除了基于平等国家间相互承认的战争限制,打开了"总体战争"的闸门,因为一个作恶者,一个"流氓国家"是不值得世界共同体去平等尊重的。它必须受到惩罚,其罪恶必须被根除,其领导层必须被移除。战争从工具性走向了正义性,从可正当化的变为了正义的(Schneider 2002:168)。

但自由主义方案想要克服无政府逻辑还有一个困难。传统上,国际法坚持主权国家平等,也不承认存在先验的国家范畴。即使是在国际关系中将"使用或威胁使用武力"视为非法的《联合国宪章》,也只是规定在事后约束一下违反这一禁令的国家。同时,《宪章》还将非干涉视为其根本准则之一。国际法的规范性预设因此拒绝向民主和平论的"事实"低头。

因此,自由主义方案只能诉诸第二个方案:重新定义国际法的基本预设,使其"适应"自由主义的国际政治本体论。

自由主义方案二:对国际法的自由主义重述

[115]"自由民主国家与其他国家间行为,或更为普遍的,自由与非自由国家间的区别,已不能被传统的国际法框架所容纳"(Slaughter 1995:504 - 505)。因此,根据自由主义逻辑,国际法需要革命。国际法原先的理想主义预设,即所有国家主权平等,必须加以调整,以允许自由民主制拥有特殊地位,并使非民主国家处于低等地位。国际法作为一种实践和一门学科,必须克服其"现实缺陷"以及"对自身无效性的怀疑",承认国际政治的"事实"。只有如此,法律才是有效、有意义的,

才能产出可欲的政治结果。换言之,法律现在必须聚焦于规范性,放弃其在国际政治中定义、确立行动者和身份的建构性功能,转向民主和平论的经验事实。

这一转向有许多问题。首先,为何在国际法中"事实"(reality)应该代替"拟制"(fiction)仍不明了。所有的法律、政治系统都基于拟制。但是,这些拟制都是为某个特定目的服务的,因为它们简化了"现实生活"的复杂性,使得形式上的政治程序能够相对流畅地运转。为了拯救一个据称早已失去的"有效性",让法律拟制与事实对抗是虚伪且不必要的。①

第二,为何要让这样一种功能主义进路定义国际法的学科身份也不甚明了。正如克斯肯涅米(Martti Koskenniemi)指出的,

> 关于(有效)法律这一问题的答案,要基于一个法律体系用来定义其内容的有效性标准……忽视这一点会有一定的社会后果,其中之一便是,将行政从限制他的(有效)法律规则中解放出来。(Koskenniemi 2000:31 – 32)

克赛肯涅米关于将法律功能化、工具化对国内政治产生的影响的审察,在国际领域显得更为迫切,因为在国际社会中,法律的机构化更为薄弱。这种理解法律的进路会导致的一个危险是,在国家行为中取消了对暴力的限制。如果规范着国家行为的、关于法律普遍有效性的问题,被如何最有效地实现政治结果这一考虑所替代,那么,政治目的和手段间的关系又变得问题重重。

对于斯劳特(Slaughter)、赖斯曼(Reisman)和福克斯(Fox)等自由主义国际法思想家而言,"民主自由制"定义了一些国家,它们先验地在对国际体系的贡献中,并在国际行为中占据有利地位。因此,我们完全无法回答,在何种程度上,"遵守国际法[116]构成了一个国家守法

---

① 感谢 Pal Wrange 提醒我们注意这一点。

及其作为'自由'国家的身份"这个问题(Koh 1997:2650)。自由民主国家被认定为本质身份就能保证其行为是遵守信条的。因此,在传统国际法中,无差别地加在民主与非民主国家上的、对武力运用的限制就必须受到挑战。民主国家可以更为轻易地使用武力,以更好地控制、遏制非民主国家的行为。至少,国际法的普遍规则应该由民主国家定义、书写,即使这些规则也要适用于非民主国家(Slaughter 1995:515)。

但更为重要的是,所有非民主国家都在本质上比民主国家更为危险。他们首先被"看做是非理性的、不可预测的、有潜在危险性的……非自由国家可能会寻求征服、不宽容、贫化他国等目标"(Owen 2000:354)。在一个"自由国家的世界",非民主政权的残余造成了不稳定与暴力。在其最为极端的形式中,这一逻辑得到的结论是,"如果一个政府的建立原则不是某种形式的自治,那么它就不能被承认为一个独立国家"(Slaughter 1993:236)。拜尔斯(Byers)与查斯特曼(Chesterman)指出,这会"使世界上三分之一的国家不再受《联合国宪章》2(7)条的保护"(Byers and Chesterman 2000:283)。但显然,对自由主义方案而言,这并不是一个问题。事实上,在国际体系中根除冲突与暴力的源头正是他们方案的一部分。为了使民主国家能够肩负起这一责任,传统国际法中对干涉他国的限制,以及对国家主权的保护"是行不通的"(Feinstein and Slaughter 2004:136)。① 由于国际体系中的危险与不安全性是由某些政权的邪恶本质引入的,因此,大规模杀伤性武器的存在本身并不是一个问题,但若武器的使用者是"缺乏内部制衡的统治者",或"像威胁邻国、威胁潜在对手一样威胁自己公民的统治者",或"在国内追求绝对权力,在国

---

① 但见 John M. Owen IV 更为温和的立场(2000)。他认为,主权是联合国"除了和平以外"继续坚持的另一个目标,但对主权的坚守需要与通过干涉来扩散自由与和平这一目标达成平衡。但是从他的表述中,我们仍不清楚主权在国际系统中完成了什么功能或目标,也不清楚为什么联合国应继续"认真对待国家主权"。归根到底,主权是达成更为和平世界的道路上的阻碍,而这一目标只能通过干涉非自由/非民主国家达成。

外支持恐怖主义的个人",危险就出现了(同上:140):

> 通过评估他们的行为是否符合联合国系统中已收录的标准,即法治与人权、协会与组织权利、表达与信仰自由、个人自治与经济权利,我们能够辨认出这些统治者及其政权。(同上:140)

自由主义方案因此在其"他者"之上建立了认识论霸权。自我决断,以及一个社会中的人民自己才能评价其统治者的政治表现这一观念被移除了,取而代之的是一个明显客观化,但也显然是自由主义的视角。为了防止"问题国家"实施其潜在的暴力,自由国家可以行使他们的潜在暴力——

> [117]通过外交压力与外交动议、经济措施、威胁性行为等形式,且通常是这些形式的组合使用。也可以采取新的战略,如制裁个别领导人……或支持致力于民主化其国家的非暴力抵抗运动。(同上:145)

对自由主义国际思想家而言,关键的是,"预防的责任"可以也应该先发制人地使用。侯赛因(Saddam Hussein)没有大规模杀伤性武器的事实,并不能使他免于被采取自由主义行动,因为"他政权的本质"决定了他的危险性,这就是"以20世纪80年代犯下的反人类罪起诉萨达姆"的原因(同上:139)。换言之,这一起诉只是一个权宜之举,其目的不是追求正义,而是消灭某个政权。再一次地,国际法功能主义、纯粹规范性的面相显露了出来。

最后,因为自由国家有了"预防"这一责任,联合国安理会只不过是许多干涉机构中的一个而已。它只是一个权宜选择,而非唯一选择,因为安理会仍然有"无可比拟的正当性"。但是,如果情况紧急,或联合国安理会"瘫痪"了的话,那么正当性更低的执行选项,如地区组织与单边行动,也可以接受(同上:148)。在这种情况下,单边行动可能是"非法但正当的"。再一次,这是将目标置于程序之前,由目的证成手段。至于伊拉克,"即使没有(大规模杀伤性武器的)证据,美国及其盟友的行为也是正当的,如果伊拉克人民欢迎他们的干涉,并且在干涉后马上将伊拉克交还给联合国进行重建的话"(Slaughter 2003:A33)。

先不论将伊拉克"交回"国际机构这一在进行干涉的决定过程中就被回避的选项能否在事后确立干涉的正当性,也不管如何能够清晰地确定"伊拉克人民"的声音,可以明确的是,自由主义的战争成分最终是一场本体论战争,是一场攻打另一种存在的战争,而不是一场对战略敌人的战争。它最为一致的定义仇敌的公式,就是看对方是否坚持那些被宣称是"人民主权"的普遍性定义,而完全不管对方是否造成了任何程度的战略威胁。重要的是一个国家是否基于"人民主权",而不是基于某些"过时的"统治,比如

> 一些原生的暴力专家,他们夺取了政权,并使用政府权威来对抗人民意志,不论是通过赤裸裸的权力、政变,还是通过篡夺选举、系统性地败坏选举程序,以至近乎所有选举人都支持现任者的提供。(Reisman 2000:243)

[118]在现代国际法中,真正有意义的是"人民的主权,而不是某个叫做国家的形而上式抽象物"(同上:252)。但这个论述是有问题的,因为它认为,可以在作为"形而上式抽象物"的国家,与作为主权真正、首要之标志的人民之间做出区分(同上:252)。赖斯曼还做出了一个吊诡的观察,把水搞得更浑:"国际法仍然保护主权,但……这是人民的主权,而不是主权者的主权(原文如此!)"(同上:243)。

至少,这些表述更加混淆了国家、人民、主权之间的关系。首先,在国家的宪制结构缺失的情况下,"人民"在什么程度上能有政治地位,仍然是不清楚的。第二,当主权者不再被承认时,主权会发生什么呢?赖斯曼似乎想说,主权同时是本质(主权者),也是属性(他被"承认"的主权)。最后,"人民"本身的实在性含混不清。赖斯曼在讨论重塑民主的问题时开始承认这个问题,尽管是以非常不引人注目的方式。他

承认，这个过程可能是"混乱、令人不快、昂贵，且易于被滥用"（同上：254）。比如，我们可能会发现对于"谁应该统治缺乏共识"，对"选举的正当性"抱有怀疑，或者发现"有许多团体在争夺权力"。所以"没有人可以保障，外部的单边行动干涉者是在实施人民的意志。在不同程度上，干涉者在塑造人民的意志"（同上：254；着重为本文作者所加）。换言之，这里的人民并不一定是主权者，如果主权意味着能对自身的政治秩序做出自主决定的话。因此，外部干涉事实上再现了从一开始就证成干涉，并引向干涉的逻辑：对选举、对人民自由意志的"篡夺"与"败坏"。用"人民主权"作为外部干涉的法律基础只会引向自我解构，并揭露了这一行为实际上是一个政治行动，或者用德里达的术语，是一次武装政变，创造了它自称只是在代表的东西（Derrida 1992）。

解锁自由主义方案中的政治性

政治意识形态通常应关心如何在世界观多元的情况下寻找秩序，因此，发现一种意识形态在对"他者"进行理论与政治上的驱除是很吊诡的。在国际背景下，这种自由主义的特定表达揭示的恰恰是自由主义自身的界限、它为多样性与差异所设的限制、它"根本同一性"的大纲，以及多样性可以从中"发枝"的"树干"（Connolly 1995：93）。

在自由主义方案重塑国际政治逻辑，克服无政府式后果的努力之下，是两个关于其主体身份以及历史逻辑的中心预设。这两个预设都对自由主义能容忍的多样性设置了严格界限。首先，

> 自由主义意识形态坚持，每个地方的个体在根本上都是[119]相同的，他们最佳的行为方式就是追求自保，以及物质进步……因此所有个体的利益都倾向于和平，并且，战争应该只是为了带来和平。（Owen 2000：344）

不仅如此，"自由国家被认为是理性、可预测、守信的，因为他们被

自己公民的真正利益所统治,这利益与世界上所有个体的真正利益和谐一致"(同上:353-354)。换言之,差异只是一个表象,隐藏了更深的全"人类"的和谐、同一。因此,政治首先应该展示这一和谐。任何阻止这一目标的机制——国际系统的无政府结构、国际法和国际组织——在定义上都是不正当的。正是这一形而上学同一性的预设保障了自由国家可以为"你们——人民"发声(Byers and Chesterman 2000),并悬置他们国人民的自主决定权,因为实际情况不允许他们行使这一权力。同时,这一和谐也为自由主义方案提供了 telos[目的]。福克斯、赖斯曼、斯劳特等自由主义者讲的故事是,我们在不断接近由"自由国家组成的世界"(Slaughter 1995)。国际机构在不断关注各个国家的人权标准与民主情况,甚至准许武力干预来重建民主政权。"历史可能还未终结,但联合国与其他国际组织正在尽全力结束它"(Owen 2000:343)。因为国际系统的民主化不再是国际政治遥不可及的理想,不去实现这一自由主义方案便是不可接受的。

基于这两个相互增强的预设,自由主义方案能够诉说另一套叙事以代替政治性:我们有解放非民主国家被压迫个体的道德义务。它在相互增固的个人主义与普遍主义观念之间悬置了国际(法律)体系。政治性,以及对共同体和暴力加以限制的努力都被替换了。取而代之的是一个没有边界,因此完全空虚的政治主体性,以及一个预设了形而上式正义性的战争概念——因此,这种战争没有任何内在限制。换言之,"干涉成了这一系统中的规范性和中心法律机制"(Schmitt 1988:17)。①

自由主义的第三个预设将这种为其他人发声的僭越举动与民主和平论联系起来。在自由社会内部,民主应该为政治多元的可能性提供条件,但在国际社会的理论背景下,它的表现方式却拒绝将自身多元化。正如之前所论证的,自由民主论基于一个颇成问题的预设。在国

---

① 任何仍然存在的对暴力使用的限制都只是权宜之计,也可能会有适得其反的效果;比如,见 Reisman(2000:249)与 Owen(2000:382-385)。

际领域,民主定义了同一性,而非多元性。在自由主义思想中,民主是同质性的;它无力承担无政府体系的异质状态。

结论:恢复政治性

[120]从施米特的视角来看,这些东西都不足为奇。我们可以试着否认、压抑、替换政治性,但我们永远都无法消解它。问题是,政治性在不同的意识形态中将以何种方式重现。

如乌尔曼(Gary Ulmen)所指出的,对施米特而言,"政治性概念的关键……不是敌意,而是敌友区分本身"(Ulmen 1987:189)。因此,政治性基于国际社会中存在着差异与多样性的现实。我们不应夸大这一点,或过分浪漫化这一现象。同一性与差异性本身都不具有道德或伦理优先性。因此,我们不应将任何道德特权赋予"他者",正如一些"后现代"伦理学家试图做的那样。对施米特这样的现实主义者而言,主要的关切是如何在无法诉诸更高的政治、司法、道德权威的情况下,限制差异性系统中的内生性暴力。世界充满了无法调和的差异,因此暴力是一个系统性状态,永远内在于关于自我与他者、朋友与敌人的决定中,也永远是这些实体间关系中的一个潜在可能性。对施米特而言,敌友区分为冲突设立了一个限制,因为它会与康纳利(William Connolly)所称的"竞争尊重"(Connolly 1994:166-167)相联系。在施米特的术语中,"在传统国际法中,战争的权利、荣誉与尊严来自敌人不是海盗或强盗,而是一个'国家',一个'国际法的主体'"(Schmitt 1988:48-49)。承认主权平等和承认唯一被普遍接受的规范,就是没有普遍性规范,反而对暴力的运用施加了限制,因为这让国家无法将道德、真理作为其正当性资源。再一次地,如果"竞争尊重"在这个语境中显得过于浪漫主义,我们可以换个方式为限制武力运用正名:我们可以审慎地承认,"我们的"观念、价值、原则在其他地方也许并不能解决问题。而且,就自由主义喜爱

的解放"受压迫"的人民而言,

> 处于民主权利核心的,自我决定的权利只属于人民……只有他们——而不是那些同样也未经过人民选举的外国力量——才能决定自己的命运。(Byers and Chesterman 2000:291)

自由主义反对这一点,将暴力视为国际系统中"他者"持续存在的副产品。因此,其目标不是限制他者,而是消灭他者。或者更为准确地说,暴力必须被"疏导",然后消除自身,让正当行使暴力的权利只归自由民主国家所有。当这些国家使用暴力来根除暴力的源头(也即"他者"的存在)时,暴力就变得正当、正义了。非民主政权能渴望的最好待遇就是来自民主国家的宽容——这本身就是一种本体论暴力(Connolly 1994:43)。然而,[121]因为它们的存在阻止了历史实现自身,它们归根到底还是要被根除的。因此,战争有了一种不同的概念。对现实主义而言,这是政治性的延伸,它体现了不可调和的差异只能由武力解决的体系性状态。在缺乏能够决定裁夺正义性的权威时,战争是纯粹的工具,只是为了算账。但对自由主义而言,战争是歧视性的,因为只有当它由"正义"的行动方为了民主、和平而发动时,它才是正当的。而当战争由"他者"发动时,就恶化为纯粹的侵略与犯罪。由于"他者"是国际系统中剩余冲突与暴力的源头,战争最终是为了根除这些"他者",而不是为了在不同实体间达成平衡。只要这个目的没有达成,战争就只是暂停而已。因此,战争与和平的界限变得模糊,因为"他者"的存在构成永久的威胁。和平、外交、治理等和平手段成了战争的延续——因为历史近在眼前的终结,"由自由国家组成的世界"的到来无法提供长久的和平以及对"他者"的承认。

如果现实主义是正确的,那么我们可以期待,世界会继续抵抗这种自由主义末世论。但问题是,这很可能只会让自由主义加大力度,升级暴力。只要战争的目的是消除战争斗争,那么战争消除的就只会是对自身的限制。

参考文献

Behnke, A. (2005) '9/11 und die Grenzen des Politischen', *Zeitschrift für Internationale Beziehungen*, 13: 117–140.
Bishai, L. S. (2000), 'From recognition to intervention', paper presented at the ISA Annual Convention, Los Angeles.
Byers, M. and Chesterman, S. (2000) ' "You, the people": pro-democratic intervention in international law', in G. H. Fox and B. R. Roth (eds) *Democratic Governance and International Law*, Cambridge: Cambridge University Press.
Connolly, W. E. (1993) *The Terms of Political Discourse*, Oxford: Blackwell.
—— (1994) *Identity\Difference: democratic negotiations of political paradox*, Ithaca, NY: Cornell University Press.
—— (1995) *The Ethos of Pluralization*, Minneapolis, MN: University of Minnesota Press.
Culler, J. (1982) *On Deconstruction: theory and criticism after structuralism*, Ithaca, NY: Cornell University Press.
Derrida, J. (1992) 'Force of law: the "mythical foundation of authority" ', in D. Cornell, M. Rosenfeld and D. G. Carlson (eds) *Deconstruction and the Possibility of Justice*, New York: Routledge.
Feinstein, L. and Slaughter, A. (2004) 'A duty to prevent', *Foreign Affairs*, 83: 136–150.
Foucault, M. (1980a) 'Truth and power', in C. Gordon (ed.) *Power/Knowledge: selected interviews and other writings 1972–1977 by Michel Foucault*, New York: Pantheon Books.
—— (1980b) 'Questions on geography', in C. Gordon (ed.) *Power/Knowledge: selected interviews and other writings 1972–1977 by Michel Foucault*, New York: Pantheon Books.
Gallie, W. B. (1955/56) 'Essentially contested concepts', *Proceedings of the Aristotelian Society*, London, New Series, LVI: 167–198.
Habermas, J. (1997) 'Kant's idea of perpetual peace, with the benefit of 200 years' hindsight', in J. Bohman and M. Lutz-Bachmann (eds) *Perpetual Peace: essays on Kant's cosmopolitan ideal*, Cambridge, MA: MIT Press.
Koh, Harold (1997) 'Why do nations obey international law?', *Yale Law Journal*, 106: 2599–2659.
Koskenniemi, M. (2000) 'Carl Schmitt, Hans Morgenthau, and the image of law in international relations', in M. Byers (ed.) *The Role of Law in International Politics: essays in international relations and international law*, Oxford: Oxford University Press.
Lilla, M. (1997) 'The enemy of liberalism', *New York Review of Books*, 44: 38–44.
Lynn-Jones, S. M. (1996) 'Preface', in M. E. Brown, S. M. Lynn-Jones and S. E. Miller (eds) *Debating the Democratic Peace*, Cambridge, MA: MIT Press.
Oren, Ido (1996) 'The subjectivity of the "democratic peace": changing perceptions of imperial Germany', in M. E. Brown, S. M. Lynn-Jones and S. E. Miller (eds) *Debating the Democratic Peace*, Cambridge, MA: MIT Press.
Owen, J. M. (2000) 'International law and the "liberal peace" ', in G. H. Fox and B. R.

Roth (eds) *Democratic Governance and International Law*, Cambridge: Cambridge University Press.
Rasch, W. (2000) 'Conflict as vocation: Carl Schmitt and the possibility of politics', *Theory, Culture and Society*, 17: 1–32.
—— (2003) 'Human rights as geopolitics: Carl Schmitt and the legal form of American supremacy', *Cultural Critique*, 54: 120–147.
Rawls, J. (1999) *The Law of Peoples*, Cambridge, MA: Harvard University Press.
Reisman, W. M. (2000) 'Sovereignty and human rights in contemporary international law', in G. H. Fox and B. R. Roth (eds) *Democratic Governance and International Law*, Cambridge: Cambridge University Press.
Rhodes, E. (2003) 'The imperial logic of Bush's liberal agenda', *Survival*, 45: 131–154.
Schmitt, C. (1988) *Die Wendung zum diskriminierenden Kriegsbegriff*, Berlin: Duncker & Humblot.
—— (1991) 'Hinweise', in C. Schmitt, *Der Begriff des Politischen: Text von 1932 mit einem Vorwort und drei Corrolarien*, Berlin: Duncker & Humblot.
—— (1996a) *The Concept of the Political*, translated and with an introduction by G. Schwab, and with a new foreword by T. B. Strong, Chicago: University of Chicago Press.
—— (1996b) *Politische Theologie: Vier Kapitel zur Lehre von der Souveränität*, Berlin: Duncker & Humblot.
—— (1999) 'Ethic of state and pluralistic state', in C. Mouffe (ed.) *The Challenge of Carl Schmitt*, London: Verso.
Schneider, P. (2002) 'Die falsche Gewissheit', *Der Spiegel*, 35, 26 August: 168–170.
Schwab, G. (1987) 'Enemy or foe: a conflict of modern politics', *Telos*, 72: 194–201.
Slaughter, A. (1993) 'International law and international relations theory: a dual agenda', *The American Journal of International Law*, 87: 226–239.
—— (1995) 'International law in a world of liberal states', *European Journal of International Law*, 6: 503–538.
—— (2003) 'Good reasons for going around the U.N.', *New York Times*, 18 March: A33.
Sontag, S. (2004) 'Regarding the torture of others', *New York Times*. Available online: www.nytimes.com/2004/05/23/magazine/23PRISONS.html (accessed 23 May 2004).
Troyer, L. (2003) 'Counterterrorism, sovereignty, law, subjectivity', *Critical Asian Studies*, 35: 259–276.
Ulmen, G. L. (1987) 'Return of the foe', *Telos*, 72: 187–193.
Walker, R. B. J. (1993) *Inside/Outside: international relations as political theory*, Cambridge: Cambridge University Press.
Wendt, A. (1992) 'Anarchy is what states make of it', *International Organization*, 46: 391–425.
Winkler, H. A. (2003) 'Wenn die Macht Recht spricht', *Die Zeit*. Available online: hermes.zeit.de/pdf/index.php?doc=/2003/26/Essay_Winkler (accessed 25 June 2003).

七 越界？

——施米特论世界主义的"无界普遍主义"与反恐战争*

欧迪瑟乌斯 撰
韩若愚 译 郭小雨 校

定位界限

[124]1955年,海德格尔(Martin Heidegger)为小说家、散文家荣格(Ernst Junger)六十岁生日纪念文集写了一篇文章,题为《关于"界限"》(*Über die Linie*, Heidegger 1998 [1955])。这篇文章以书信的形式,对荣格的《越过界限》(德文也为 *Über die Linie*)做出了回应。荣格在自己的文章中使用了"界限"的隐喻来思考现代社会虚无主义的问题,以及克服虚无主义的可能性(1950;亦参1991)。荣格提出,要克服虚无主义,只能越过那条构成"两个时代的世界间的界限"(Heidegger 1998:294)。他坚持,越过界限能使我们走出"虚无主义的巅峰",推动人性走入"'新的存在转向'的领域"(同上)。荣格思考的问题关乎越过界限,这个"跨越"以及跨越之后的事情。而海德格尔认为,该视角受到误导,我们必须去讨论这一界限、这一区分或者说这一边界本身,试图理解其含义与内涵:"你望过并越过界限;而我仅仅是盯着你所称的界

---

* 本篇是一篇论文的缩减版,原题为:Über die Linie? Carl Schmitt and Martin Heidegger on line(s) of cosmopolitanism and the War on Terror。该文发表于2004年9月9日至11日在海牙举行的第五届全欧国际关系会议上。

限。"(同上)海德格尔希望"先考虑界限的位置,并定位这条界限"(同上)。换言之,海德格尔认为,对世界时代,特别是对现代性的思考,需要的是对界限本身的思索,而不是跨越它的号召。

在荣格与海德格尔就"界限"交换看法的同时,施米特也在他影响深远的《大地的法》中反思第一个空间秩序的起源与消亡。独特的是,这一秩序以"全球"为其范围,施米特也称之为全球的法(Schmitt 2003［1950］)。在国际关系学科中,我们称这一秩序为"威斯特伐利亚体系",一般指由 1648 年《威斯特伐利亚和约》建立的、在无政府环境下"主权"国家间的关系体系。更为宽泛地说,它指以国家为首要主权行动者的国际政治本体论(见 Brown 2002;Teschke 2003)。然而,施米特的叙述要比这一国际关系学科的神话远为充实:［125］他将这一空间,或"规范"(nomic)秩序(Surin 2005:191)的创生追溯到不可复制的、欧洲对新世界的"发现",并以国际法(即欧洲公法,jus publicum Europaeum)的术语对它进行分析。

重要的是,施米特对威斯特伐利亚体系作为一种"大地的法"的分析,不像这种法在国际关系学科中的对应物,而是以一系列的区分和界限为基础。这些界限位于欧洲领土与所谓"自由空间"的非欧洲领土之间。施米特提出,欧洲公法的主要目的之一,就是促进对这一"新世界"(政治上、军事上、经济上)的殖民性土地进行占有。这些界限分割、分配了整个地球。施米特认为,使这成为可能的,是一种"全球划线思考"。这是现代性新兴空间意识中不可或缺的一部分,而威斯特伐利亚体系正处于其中(见 Schmitt 2003:87ff;Odysseos and Petito,本书导言,关于法的概念)。① 《大地的法》一方面承认欧洲内部新兴国家间

---

① 根据施米特,实际上,在不同的历史节点存在过三种不同的界限,并导致了三种不同的空间秩序:分配性的拉亚线(2003:90 - 92,287),竞争性的友好界限(2003:92 - 99,287),以及最终的、全球性的西半球分界线(2003:99 -100,281ff)。最后的西半球分界线并不像前两种那样涉及土地占取,但以一个新的、更为真实和公正的西方取代了旧西方,即欧洲。

的有限战争模式,另一方面认为各国在非欧洲世界中相互争夺权力,进行土地占有。施米特重述了这一秩序如何在欧洲范围内达成对战争的限制,也即,它如何在划定这些界限的基础上,成功地"框住"(bracket)战争,使其理性化,也在一定意义上使其人道化。

同时,《大地的法》也是一首挽歌,哀悼了这一秩序及其国际法在20世纪初期的崩溃。确实,施米特从欧洲公法消亡的视角去讲述、评估其法律和空间秩序的历史。但同时,施米特也关注世界政治中重现的一种新普遍主义,它注定会影响战争行为和对敌意的管控。这种普遍主义意在诋毁所有界限、区分,消除"内部""外部"之别,为的是实现一种世界主义的(cosmopolitan)普遍人道理想。对施米特而言,消除大地的法划在欧洲与非欧洲世界间的界限,标志着欧洲公法所立足之秩序的消亡。在一战后的(因此也是后威斯特伐利亚的)时代,原先的秩序让位给法律实证主义。施米特论证道,之后的"无界普遍主义"不能也不愿设定界限与空间区分。但是,认为不愿、不能设立具体的界限就会在实际上消解界限,并塑造一个无限包容的世界,那就是荒唐的理想主义:"当正式区分不被做出时,排外并不会奇迹般地消失"(Rasch 2005:256)。他提出,正如冲突一般,空间区分也是必然的(Rasch 2000)。相对地,他担心在"无界普遍主义"中,界限与区分成为概念性的,毫不顾及其实际空间影响的,给以国家为基本制度的世界政治和如何对待敌人造成危机(见科伦坡著本书第一章;Odysseos and Petito 2006)。

在《大地的法》,以及如《政治的概念》等更早期的作品中,施米特已经批判过这种充斥着[126]普遍主义的"人道"(humanity)的政治话语。今天的世界主义思考也仍然如此,它试图越过甚至消除自我与他者之间的界限(Schmitt 1996)。然而,施米特论证道,比起欧洲公法时代欧洲与非欧洲国家间的空间界限,人道话语仅仅是划了一条不同的、更加危险的界限。那些政治性地使用"人道"话语的人自命为"人道"的仲裁者,划出一条人与非人、善与恶、"热爱自由"与"憎恨自由"间的界限。这些词语都取自"9·11"恐怖袭击后美国的外交政策。

在本篇中,我将论证,施米特对定位"界限"的坚持,有助于我们政治性地反思近来关于世界主义的断言,后者坚称自己有能力通过普遍、绝对的人道理想,消除"威斯特伐利亚秩序"划定的界限。与海德格尔一样,我主张,真正重要的不是消除界限,而是在宣称跨越它时定位它,并思考界限曾经服务并仍在为之服务的目的。如果消除界限的设想常常引向新的支配形式和更为暴力的战争,界限就值得我们反思。检验这一试着消除界限的世界主义断言,并将它与作为其动机和基础的主导性话语——"人道主义"相连,我们就能解释世界主义与美国及其"意志同盟"在2001年后发动的反恐战争之间的重要关系。

接下去,本篇将简短地讨论施米特认为欧洲公法在战争与敌意问题上取得的成就,并突出它们在基于人道话语的"无界世界主义"到来后的消亡。后者仍然是许多世界主义思考的基础。第三节将提供一个对普遍人道话语的批判,第四节将检验世界主义与反恐战争的关系,拷问这两者是否真的彼此对立,并提出,它们其实在许多方面都是紧密联系的。

被限制的战争,及大地法中的正当敌人

施米特对"威斯特伐利亚"的另类解释突出了这一规范性秩序的成就——从我们21世纪的视角来看,这是十分奇怪的(对此更详细的叙述见:Rasch 2005;Odysseos and Petito,本书导言)。在这里,我将回到其中的两项成就:第一,被限制的战争概念的演化,第二,justus hostis[正当敌人]概念的提出。我认为,这两者都值得我们检验,因为它们提供了对当今世界秩序的诊断。

第一个成就有关之前提到的威斯特伐利亚秩序限制、控制战争的能力:在欧洲与可以占取的"自由空间"之间划定的界限(所谓的"友好线",amity lines)促进了对欧洲土地上战争的限制。友好线划

定了两个被认为是"开放空间"的区域（Schmitt 2003:94-95）：一个[127]是新世界的广大土地，在此，原住民的拥有权是不被承认的；另一个则是刚绘入地图的可以航行的海洋。在这两个"开放空间"中，欧洲国家可以随意、无情地使用暴力，因为这些区域是为他们"竞争性地测试对方力量所设"（同上:99）。换言之，施米特主张，欧洲与世界其他地区间的清晰区分使得国家有方法判定其对手的力量——一般是通过争夺占取新世界的土地，或在欧洲进行有限战争。施米特并不否认，这一空间区分"预设了将无限的暴力放置到世界其他地方"（Rasch 2005:258），也正因为如此，施米特的理解比国际关系学科中通常所讲的故事要有趣得多。尽管这显得有些令人震惊——读者期待的也许是对暴力、战争的道德谴责，但同时又对这种谴责的真诚性表示怀疑。

因此，以这种特别的方式，1914年之前国家间秩序的目的，是通过国际法的空间性，寻求"防止毁灭性战争，即在战争不可避免的情况下对其进行限制"（Schmitt 2003:246）。我们必须区分"限制"战争与废止、消除战争的区别。限制战争并不是要结束战争本身，像经典和现代自由主义想做的那样（Joas 2003）。欧洲公法承认，"任何对战争不加真正的限制就想要消除战争的企图，只会导致新的、或许更糟糕的战争形式，比如回到内战，或其他毁灭性战争的形式"（Schmitt 2003:246）。欧洲公法接受在国际政治秩序中不可避免的战争，并以此为限制战争打下了基础：

> 这种战争的实质，是在一片有限空间内，有规则地在见证下进行力量竞争。这种战争是无序的反面。（同上:187）

接受这种有规则、有限制的战争，也使得国家能够承认对方是平等的敌人。与"正当敌人"概念的发展相连的，是对发动战争的 justa causa［正当理由］概念的消除。这是威斯特伐利亚秩序的第二个成就。"平等且正当敌人"概念的演变，与现代国家作为主导性政治实体的出现和巩固一同进行(相反的叙述见 Teschke 2003),这同时还伴随着教会道德权威的削弱。在这种情况下,战争与任何实质的正义理由脱钩。因为战争可以变更土地所有权,"结果作为评判战争的方式",战争也成了国家间的一种政治关系(Schmitt 2003:100)。敌人只要有国家的形式,就是一个正当敌人,可以对其发动战争。这避免了信念和宗教战争(即基于正义理由的战争),它们在历史上曾将战争带向极端,寻求敌人的彻底毁灭。施米特相信战争是政治生活不可避免的一部分,对他而言,这种对没有实质理由的战争的管控意味着战争的"理性化、人道化、合法化";认为[128]敌人也是正当的、平等的,就意味着可以与敌人议和。我们并不寻求彻底毁灭敌人,但可以在既定规则内与其发生冲突。"正当敌人"概念的发展以及对正义理由的消除暗含了一种关系秩序,一种承认敌人反抗"权"和自卫"权"的战争体系。

施米特将"大地的法"与有限、受控战争的出现联系起来,它寻求平衡,避免霸权,而不是要以正义理由的名义彻底消灭敌人。拉希解释道,威斯特伐利亚体系

> 自我组织(的"工具")是暴力(战争);但是,由于一套互惠机制,一套也是如此产生的、对暴力的自我管控机制(也即国际法,被施米特赞扬的欧洲公法),欧洲国家间的战争行为是有限的、可控的。(2005:257)

反思施米特用另一种威斯特伐利亚体系之成就很重要,不是因为我们要庆祝性地否定其缺点与影响(特别是它对非欧洲国家的殖民行为),而是因为我们今天仍然面对着这一体系解体的后果。我将在接下来的内容中讨论这一点。在反恐战争的背景下,我们可以清晰地看到这些危险后果:国际政治中正义理由、无限战争的重现,以及将敌人再次定为不义的指责。

威斯特伐利亚空间秩序的崩塌

施米特认定,伴随着欧洲公法的是现代性的到来,与之相连的则是欧洲政治与法律中民族国家的崛起与统治。那么,这一秩序的崩塌也意味着现代性的终结,它同样给政治、战争的行为带来了剧烈改变(Schmitt 1996;Zarmanian 2006)。施米特亦思考过在旧秩序的废墟上将产生何新的政治形式(见 Schmitt 2003:354 - 355;Luoma - aho,本书第二章)。在写作《大地的法》时,他相信国际政治仍然陷于"无界普遍主义"中。这一术语在描述今天的国际情势时依然有用,尽管有人声称冷战的结束意味着美国的胜利,并会导向美利坚帝国(Cox 2003,2004;亦参 Reid 2005)。我想在今日世界主义的主题下探索"无界普遍主义",讨论它为了促进普遍人道的政治理想而试图"擦除"威斯特伐利亚界限的后果。

施米特强烈反对[129]继欧洲公法之后的"无界普遍主义"。一战之后的主要公共行动者都不能也不愿划定界限、设立空间区分,而是支持普遍、绝对人道的规范性和制度性理想。① 对施米特而言,"无界普遍主义"时代转变了法的概念,"从一个空间上具体、构成性的秩序和行为导向……变成了仅仅是出于应然的行动法规"(Schmitt 2003:78),也即,成了不愿划定界限的规范主义。因此,它虽然依赖于"人道"的话语实践,却不能将战争人道化,也不能达成(尽管是有限的)和平。

施米特的担心是,首先由国际联盟提出,之后由联合国承担的共同、普遍人道政治理想,无法让世界免除排外行为(尽管《联合国宪章》做了一个不稳定的妥协,既要促进人权,又重申国家主权与非干涉原则)。施米特在《大地的法》中分析道,在每个历史时期都有一种"包容与排他的'辩证'";与此相似,对世界的占取、瓜分能将每个政治时期

---

① 除了西半球之外,它的功能是一条"新的全球界限":见 Schmitt(2003:281 - 294)。

具体化,因此也是政治秩序的基础。我们不应也无法像国际联盟所相信的那样,轻易废除这种排他与分割行为(Rasch 2003:121)。一战之后和我们现今做出这些区分时的不情愿是被误导结果:"每一个人民、帝国、国家、统治者与各种权力形式并存的新时代,都是基于一种新的空间划分、新的土地占有与新的空间秩序"(Schmitt 2003:79)。不愿、不能具体地划出这些界限不会使界限永久消失,反而会导致实质性概念区分的回归,并导向更为可怕的"他者化"与排他性。这也许就是当下反恐战争环境中正在发生的事情。

接下来,我将检验一些与1989年后的国际政治尤为相关的世界主义话语,以及人道话语如何延续之前所提到的包容与排他间的辩证关系。之后,我将思考反恐战争是否以及如何按这样的逻辑运行:在西方世界创造一个被威胁、需要保护的统一体,它排除了那些受原教旨主义影响而反对"自由"的人。"无界普遍主义"所划的新界限是概念性的,它可能现在才找到其空间性表达。可以想见,正如非欧洲地区(以及这些地区的行为方式)"提供了一种保障欧洲内部不同'体系'能够拥有总体统一性和身份的'环境'"(Rasch 2003:121),今天,那些窝藏"全球恐怖主义"的地区也提供了一种"环境",使得"西方"能保持总体统一,因为他们都被对恐怖主义的恐惧和正义的反恐战争所鼓动。在这种情况下,与先前大地的法中的界限一样,自我与他者间的界限也同样排他,也会有同样严重的后果。

世界主义:消除界限?

[130]就历史而言,世界主义的大部分攻击都是针对威斯特伐利亚体系的——该体系强调国家中心主义和主权,这阻止了世界主义法律与世界和平的到来(见 Kant 1991;Linklater 1998)。然而,在柏林墙倒塌、东欧发生天鹅绒革命的1989年之后,新兴的世界主义宣导了一种基于普遍人道、倡导全球宽容的道德与政治视角。冷战已经结束,讯

笑世界主义愿景为乌托邦的地缘政治因素也已随着国家主义和伦理特殊主义的败坏而消解。不仅如此,民族国家对经济的控制也遭到了金融和经济全球化的威胁。这使得世界主义思想——一度只是一种理论愿景,一种对现时代弊病的分析和一个普遍的、规范性的视角(Rine 2003:451)——能够提出与国家构成的国际体系不同的混合型政治道路,特别是借助全球自由治理、世界主义法律为形式。新的世界主义吸引了学者与政策制定者,它现在是回应新时代需求必要的分析视角,也被视为擦除界限,使排他性、地缘性国家间秩序的边界模糊化的政治方案。

超越民族国家的主权是世界主义思想的一块基石:主权在威斯特伐利亚秩序中的中心位置,以及它导向战争及其自利行为的倾向,都视为通向更高层次国际合作与融合道路上的障碍。因此,自由世界主义鼓励人口、资本、商业、正义都要"越过界限",主张"我们不再生活在由不同国家共同体组成的世界,如果这样的世界曾经存在的话"(Held 2002:74)。世界主义的另一个信条是对个人的推崇。贝克认识到了全球化与"个人化"的紧密相连,宣称我们正生活在"现代性的第二个时代",处于这个时代中心的不是国家,而是个人。贝克发展了一种将多元国际社会的主要成分颠倒过来的世界主义视角。现代性的第二个"世界主义"阶段与国际法的现代国家主义秩序完全不同。在第一阶段,"国际法(国家)先于人权"(Beck 2000:83)。第二阶段则构建起新的法律、伦理、政治秩序,合理地反映了个人作为权利所有者的中心地位。个人不再基于共同体或国家,而是自身就构筑了新的秩序,在其中,"人权先于国际法"(同上)。这样一种世界主义秩序寻求消除各类区分,比如"战争与和平、国内(政策)与外交(政策)"这些支撑着威斯特伐利亚体系的区分(同上)。不仅如此,这一秩序还"越过国际法(国家)的集体性臣民,将法律地位直接赋予个人,证成了[131]他们在自由、平等的世界公民团体中不需中介的成员身份"(Habermas 1997:128)。换句话说,它的预设是,政治、法律、道德应该汇聚到一起,并明显基于一个"由个人组成、具有法律约束力的世界社会"(Beck 2000：84)。

研究通常承认,世界主义至少有两个不同的分支。第一个分支对全球化的一些负面影响持批判态度,积极提倡"人权"和全球资本主义必须遵守的一些可欲标准(比如,见 Falk 1995)。世界主义的第二个分支则"与全球化的话语平行,并在修辞上对其进行补充"(Gowan 2003：51),其意识形态方向为新自由主义(neo-liberal)。不仅如此,它认为强调主权,不允许干涉内政的威斯特伐利亚原则是有条件的,因为"如果任何国家没有达到自由统治所要求的国内与外交标准,那么这些原则就是可撤回的"(同上：52)。换言之,国家主权受到"单纯且无可争议的自由主义主权"的限制(Rasch 2003:141)。这一新自由主义式的世界主义宣称要促成以人权对抗主权,但经常在"实施个人权利的普遍主义自由规范"时透露出一种恣意的态度,尽管它的立论根基是人类"最终要被统一于一个共同、正义的世界秩序中"(Gowan 2003;52)。

虽然对这两个分支的区分在一定意义上是有用的,但它们会互相加强。且更为重要的是,它们都严重依赖于人道的政治话语来为其正名。这种话语呼唤国际政治秩序的构建(或重构),同时使其正当化：在第一个分支中,这一秩序的目标是全球治理；在第二个分支中,这一秩序由以"正义""人道"为名的干涉和其他军事行动所造就。接下去,我将考察那些关于人道话语的重要问题,然后转向世界主义与反恐战争间的关系。

"人道"的政治话语

尽管新世界主义在学术界和政策界都有很大的吸引力,它仍经常遭到各种形式的批判：它是西方的精英理论,通过人道与宽容的理念掩盖物质与概念上的不平等(Calhoun 2003:88)；它从殖民主义的历史中演化而来(Brennan 2003)；通过构建规训式组织,它的世界政府愿景内含帝国主义计划(Gowan 2003)。当然,这些批判都值得继续研究,但我想在这里提供的是一个对普遍人道理想的批判,并考察世界主义消除、越过排他性界限的宣言。使这成为可能的,是一种对现代主体性(subjectivity)的特定理解在全球范围的传播。思考被世界主义普遍人道话语擦除又重绘的界限,能够解释一些在[132]今日自由世界主义中关于政治、战争、敌意的重要问题。不仅如此,这样做也能突出这一话语如何与"9·11"恐怖袭击后发动的反恐战争相连。我将在下一部分探索这一点。

施米特在《政治的概念》中已经注意到,"人道"的术语更为经常地被理论家与国际联盟这样的机构使用(1996)。这一初步批判能让我们得出对当代世界主义诉诸人道话语的四个不同批评。首先是这一话语处于自由主义价值宇宙中的位置。通过使用人道话语,新的世界主义与19世纪"客观、自由原则的响亮宣言"形成了共鸣(Goean 2003:53)。以此,"自由主义非常成功地隐藏了其政治性:一种试图除掉政治的政治"(Dyzenhaus 1998:14)。对施米特而言,自由主义现代性在道德问题上的焦点是为了完全忽视和超越冲突问题:因此以施米特对政治的定义而言,这是"反对政治性的战争",因为施米特对政治的定义是区分敌友(Sax 2002:501;Rasch 2000)。

第二个批评是,这其实是加强给世界一种特殊的一元论(monism):尽管它在口头上供奉着从市场经济得来的多元性(Kalyvas 1999),但"自由多元主义事实上完全不是多元的,而是一种凌驾一切的一元主义,即人道的一元主义"(Rasch 2003:156)。相似地,当代世界主义视角在赞赏"不同习俗"时,其实将它们视为"仅仅为一种可融合的文化准备的伦理和审美材料——从多种地方成分的混合中形成的新的单一性"(Brennan 2003:41)。事实上,我们甚至可以认为,"普遍人道"话语是通过两种方式对人民与政治施加的规训。第一,如一些评论者指出的,在政治上,世界主义对它认为"不宽容"的政治鲜有宽容。任何与其理想不同的政治都是"不宽容"的,那么世界主义的政治对立面便是不合法的了(Rasch 2003:136)。自由世界主义话语的另一个特点便是它自认特殊且优越。他们将自由社会的历史起源自然化,自由社会不再被视为"偶然建立、出自历史的组织形式",而是"用以评价社会的普遍性标准。没有这些形式的将被当做法外之徒,被文明世界放逐。讽刺的是,使它们成为法外之徒的标志之一,便是坚持自己的自主和主权"(同上:141)。

人道话语的第二个规训效果是,它会通过"个人化"将不同的人群规范化。诸如人权之类的法律文件和权利,最为注重的是将多种多样的主体性转化为"权利所有者"。"他者被剥夺了他者性,被迫遵守人之为人的普遍性理念",这意味着"'人'这一术语不再是描述性的,而是评价性的。要真正地成为人,就必须经过纠正"(Rasch 2003:140,137;亦参 Young 2002;Hopgood 2000)。世界主义捍卫的、彻底表达以个体为中心的国际人权政体因此可被视为是在向全球出口现代主体性。

第三,用施米特自己的话说,"人道并不是一个政治概念,没有任何与之对应的政治实体。18 世纪的人道主义概念是争辩性的,是为了否定当时仍然存在的贵族封建体系和与之相应的特权"(1996:55)。在这一历史时刻之外,哪里还有这一概念的具体表达呢?只能是在政治中立的"国际社会"中吧。我们要相信,它是为了全人类的利益行动的。"国际社会是与人类共存的……它有内在的权利去施加自己的意志……并惩罚那些违规者,不是因为他们违反了某个条约、和约或契约,而是出于一种国际需要",要确立这种需要,它就必须成为"'全人类共同'的世俗化'教会'"(Rasch 2003:137,引用 James Brown Scott)。[1]

最后,也是最重要的,是人道的概念与他者、战争、暴力的关系。在最初的历史语境中,人道概念是批判性地反对贵族专权的;但施米特担忧的是,它被自由主义话语在"绝对人道"的哲学中利用后,会带来新

---

[1] 斯考特(Scott)是 20 世纪初的法学家,也是美国有名的政治人物。

的、超出想象的排他方式(1996,2003)。

> 因其普遍性与抽象规范性,它是一个没有任何立足之地的城邦,它也没有清晰的内部、外部区分。人道是包括全人类吗?没有任何通向城市的大门,因此也就没有城外的野蛮人?如果不是这样的话,那么战争到底是在攻打谁,或什么呢?(Rasch 2003:135)

"人道本身",施米特说道,"不能发动战争,因为它没有敌人"(1996:54),意指人道"是一个否定了自身有反面的有争议的词"(Kennedy 1998:94)。在《政治的概念》中,施米特论证道,人道"排除了敌人的概念,因为敌人也仍然是人类"(1996:54)。然而,在《大地的法》中,施米特的历史考察很明显地发现,人道的概念并不允许"正当敌人"的观念——一种我们能与之交战也能与之和谈的敌人。施米特注意到,只要"一个人以绝对人道的化身显现,这一概念的另一边就以新的敌人形式展现:非人"(Schmitt 2003:104)。没有与非歧视性战争观念相连的正当敌人概念,敌人就没有任何价值,可以被完全消灭。因此,人道概念重新引入了战争的实质性原因,因为它粉碎了正当敌人的形式概念,允许将敌人指认为实质性的、人道本身的敌人。在讨论国际联盟时,施米特强调,与为了人道而打的战争相比,

> 1815年到1914年间在欧洲国家间的战争实际上是受到规范的;它们被中立的大国所限制。[134]比起现代对违反和平者所发动的毫无理由的警察行动,它们完全符合法律程序,而前者则不啻毁灭行动。(Schmitt 2003:186)

人道的敌人不能被认为是"正当、平等"的。不仅如此,在为人道、自由而战的号召中也没有保持中立这个选项;相似地,国家也没有在欧洲公法体系下拥有的反抗、捍卫自身的权利。这样一种对自卫、抵抗的否定"只能预示着可怕的、对所有法律的虚无主义毁灭"(同上:187)。当敌人不被给予形式上的平等,与其议和的概念也变得不可接受了。

正如施米特在他对"国联"的研究中详细描述的,"国联"宣称自己消灭了战争,但在放弃中立概念时,它只是成功"消解了'和平'"(同上:246)。正是因为和平被消解了,毁灭性的总体战争才成为可能——他者不可能被同化或适应,更不可能被宽容:敌友区分的根据不再是正当敌人,而是善与恶、人与非人中的后者,"区分的负面一极只能被毫无保留地完全消灭"(Rasch 2003:137)。在此基础上,我将在下一节转向反恐战争,以及它与人道话语、世界主义的关系。

一种"没有暴力的现代性"？世界主义与反恐战争

乍一看,2001年9月11日的恐怖袭击似乎是给了世界主义"当头一棒",因为"以国家为中心的政治的复苏,以及对犯罪寻求军事而不是法律解决的'反恐战争'",与世界主义世界观及其偏爱的冲突解决方式都背道而驰(Calhoun 2003:86-87)。但是,世界主义并没有沦为讨论的边缘,而是迅速成为反恐战争、美国单边主义以及更为宽泛的在自由政治中限制公民自由行为的最坚定的批判者(见 Held 2004;Ignatieff 2004)。确实,我们甚至可以说,反恐战争已经取代民族国家,成为世界主义最大的批判对象。

哈贝马斯(Jürgen Habermas)、福尔克(Richard Falk)、赫尔德(David Held)等世界主义思想家,都将反恐战争和"9·11"后美国的国际政治看作是对世界主义理想以及现行多边秩序与国际法的直接侵犯。比如,福尔克与克里格(David Kreiger)评论说,那些反对在伊拉克进行先发制人的战争的示威游行中的抗议者,"当时还没有意识到,他们同时也在为维持基于多边主义的国际秩序,为法治和联合国本身而战斗",这是很讽刺的(Falk and Krieger 2002)。哈贝马斯悲叹2003年初联合国受到的伤害:当时,在联合国安理会谈判破裂之后,美国[135]决定不再寻求开展对伊拉克战争进行授权的第二轮决议。哈贝马斯担心,这将设下一个危险的先例,战争的正当化流程将不再惯例性地诉诸联合国。他认为,对世界主义思考而言,"关键性的异议是,通过国际法进行的正名是否能够且应该被自封为霸权的单边主义和为世界立法的政治所取代"(Habermas 2003:368;着重为本文作者所加)。赫尔德更担心,这样一种"单边、先发战争的安全原则"同时与自由国际主义的成就和权力政治(power politics)相抵触。前者相信进步、避战以及冲突各方通过谈判解决问题的方式,而后者则强调国际体系中各国间权力与威胁的平衡(Held 2004:xii)。

2003年4月,在巴格达的萨达姆雕像倒塌之后,哈贝马斯进一步谴责美国因非法追求对伊拉克的先发制人战争而放弃了自1945年后占据的道德高地:

> 半个世纪以来,美国都算是在为世界主义理想的进步而努力。但随着伊拉克战争爆发,美国不但放弃了这一职责,也放弃了作为国际权利担保人的职责。(Habermas 2003:365;亦参 Byers 2003)

更晚近地,赫尔德更为激烈地反抗布什政府的政治选择,他认为该选择在政治上是危险的,并且还使美国错失了"在其地缘经济、地缘政治利益与政治、社会正义之间构建桥梁"的机会,而这一机会本可以巩固20世纪90年代以来就明显出现的世界主义政治方案的发展(Held 2004:xiii)。赫尔德认为,美国自"9·11"之后的选择是一次退步,标志着世界回到了"霍布斯式自然状态",削弱了1945年后各个国家逐渐遵守的基于规则的多边治理体系。他否认哈贝马斯所持有的信念,即在我们这个时代,自由世界主义的方案有可能通过美国明确的霸权计划而实现(同上:xv)。

世界主义者们感到的愤怒是明显而真诚的。确实,很多政治学者,包括本书的许多作者,都对美国的政治选择及反恐战争所创造的政治环境感到不安。然而,逐渐明显的还有另一种不安,它来自对自由主义现代性的历史与理论、哲学批判,世界主义对普遍人道的提倡,以及它擦除界限的愿望,正处于这种现代性之中。并且,即使是世界主义者自己也承认,在为其提供了生存条件的哲学轨迹中对世界主义视角和反恐战争进行定位,而不是仅仅抗议作为世界主义完全对立面的反恐战争,这一点十分重要(见 Fine 2006)。

当然,不论是传统的政治现实主义,还是历史唯物主义,都已经检验过战争与自由主义、世界主义间的历史性关系(见 Reid 2004 的评估)。最近有学者提供了一种新理解,认为自由主义是一种"战略,目的是逐渐传播[136]由其统治的社会中不同权力关系间的冲突中得出的原则"(同上:67)。因此,下一节将考查为何反恐战争并不是世界主义的危机,而在本质上就是一场自由世界主义的战争。本文主张,尽管在很重要的意义上,反恐战争被刻画成世界主义愿景的反面,但世界主义与反恐战争间其实存在着两种联系。我将依次加以检验。

自由主义与暴力

在第一种关系中,反恐战争与世界主义在长长的思想与政策谱系中占据了一个共同位置,提供了同一种使暴力消失,使战争逐渐被规范,被有规则的行为所取代的世界观,以及同一种现代性政治方案(见 Held 2002;Joas 2003)。我们也可以说,反恐战争与自由世界主义都在战争被消解后的现代性视野之内。尤纳斯(Hans Joas)雄辩地称之为"没有暴力的现代性之梦"(2003:29)。世界主义通常承认自己因为受到康德(Immanuel Kant)的思想影响而在寻求"永久"和平(1991)。然而,反恐战争也处在这种对现代性的理解之中,却不是那么显而易见。但如果我们检验反恐战争的修辞框架,将其理解为一场直到恐怖主义被完全消灭才会停止的战争,这一点就变得明显起来。2001 年 9 月 11 日的恐怖袭击攻击了现代性的梦想所在——美国。这是对现代性与自由世界主义永久和平愿景不可饶恕的侮辱。

同时,现代性终结战争的梦想也不断产生着相反的效果,显露出一个常常被忽略的悖论,即"基于一种'和平'理念的政治计划不断产生着其报应——战争"(Reid 2004:65)。值得探究的不仅是对和平的追寻会不断导向战争这一现象,还有在自由现代性视野中战争的不停升级。在《大地的法》中,施米特本人对之前试图消除战争的自由主义尝试(比如国联所做的措施)的考察表明,

> 任何对战争不加真正的限制就想要消除战争的企图,只会(在历史上)导致新的、或许更糟糕的战争形式,比如回到内战,或其他毁灭性的战争形式。(2003:246)

更晚近的里德(Reid)附和了这一洞见:

> 整个现代性过程中战争的不断重现突出了其矛盾性的特点。并且,不断出现的战争形式变得愈加暴力、愈加激烈,威胁着追求永久和平的现代性计划的可持续性。(2004:65)

[137]因此,反恐战争极为典型地显现了自由主义现代性与战争间的矛盾关系:在试图对抗战争,结束"战争"本身的企图中,更为暴力的战争形式不断出现。不仅如此,这也说明了,世界主义秩序强调的通过普遍人道擦除地缘政治界限的努力,不仅没有结束战争,甚至没能限制战争,它最终导致的不是战争的人道化,而是其激烈化、非人化。

我们或许能记起在施米特的思想中,新的战争形式也需要新的敌人:"这是明显的事实",拉希说,"似乎是出于内部需要一般,构建普遍友谊世界的自由、人道企图不断创造着新的敌人"(2003:135)。正如上文讨论过的,人道的话语创造了"一类政治上的非人,因为他们不在人道话语描述的范围之内……(他们)可能被恶魔化,使他们不仅可被击败,还可被消灭"(Bellamy 2000:85)。在反恐战争中,那些"憎恨自由"、桀骜不驯的他者,以及那些服膺于其他种类的"现代性"并陷自由秩序于困境中的人(Therborn 2003),都将从全球自由主义秩序中被清除。反恐战争拒绝为其敌人和那些反对其措施的人赋予任何理性与正义。施米特在《大地的法》中提醒我们,威斯特伐利亚秩序意义重大的成就便是发展出了正当敌人的概念,这使得战争

能在本质上受到限制,也使得与敌人议和成为可能。今天,由于敌人被剥夺了这种程序性"正当",与他们和谈变得不可能,他们也无法拥有反抗权与自卫权。重要的是,世界主义及其批判者现在都需要面对反恐战争中不断增加的不义敌人概念的使用;这一概念的基础,是为冲突的一方重新引入正义原因,并指向一个必须与其战斗到他无法抵抗为止的"他者"。

现代主体的散布:作为规训环境的反恐战争

反恐战争与世界主义的第二个关系,是它们都致力于生产、散布现代自由主体性。这一努力在世界主义中十分明显,而在反恐战争中则是隐藏的,我们要将其理解为一系列生命政治行为(biopolitical)与军事措施。由于个人的中心地位,在自由的现代性(liberal modernity)现阶段所进行的战争,成了一种散布现代主体性及其社会、政治实践的活动(见 Beck 2000)。在自由世界主义的时代,只要那些传扬现代主体性的战争与暴力形式才是可行的,这使得普遍人道的理想逐步成为现实,也将人类政治的多样性从其地方结构中抽象出来,只留下其文化与审美层面的幽灵(对比 Brennan 2003)。在这一意义上,反恐战争是一项[138]长久的、将人类主体化的计划中的最新(暴力)形式。在 20 世纪的后 50 年,这一计划采取的形式有:殖民主义、全球资本主义扩张、联合国体系下的国际"生命政治"(biopolitical)行动(对比 Reid 2005),以及冷战结束后占主导地位的其他"人道主义"战争。即便如此,人们只是被部分主体化了。

反恐战争行动中散布现代自由主体的方式不仅有传统意义上的"战争手段",最近还涵盖了"和平手段"。和平与战争"必须被理解为符合同一种实质性价值,这种价值让两者绝对同步。首先,便是对它们的功能与'传统'关系的颠倒"(Alliez and Negri 2003:110)。反恐战争在加强"我们"与"他们"、善与恶、正义战争与不义敌人之间的区分时,也抹除了曾经如此明显的战争与和平之间的界限。

因此,在某种意义上,赫尔德称反恐战争使我们回到了"霍布斯式的自然状态"是正确的(2004)。如果我们将"自然状态"理解为霍布斯使用的一种"教育"工具或环境,为的是制约英国内战中难以控制的参战者,那么我们就可以将其功能视为一种规训机制,帮助说服"未被完全驯化的臣民,劝说他们应该满足现状,并且应该承诺更加卖力地维护保证了他们稳定现状的习惯和原则,即使这些现状必然会有一些'不便之处'"(Connolly 1988:27 – 28)。

正如"自然状态"的机制能够服务于古典自由主义,突出对主权者的需要与渴求,反恐战争也可理解为有着相似的目的,并且与自由世界主义有着类似的关系。反恐战争的环境(至少是部分地)在自由政体的内部和外部塑造(或再造)了恐惧、被规训的臣民。如霍布斯"自然状态"的构建一样,它提醒公民主权者仍然必要,甚至还应该被加强。在自由政体内——以美国为例——反恐战争的措施,比如不断响起的以颜色为代码的恐怖警戒、提醒公民积极应对灾难、对公民在总体上的后勤操纵(Reid 2004,2005;Department of Homeland Security 2006)——所有这些措施都在规训、控制自由社会的臣民,提醒他们内外之间的界限已不存在;安全的国内与无秩序的国外之间的界限已经随着双子塔被炸毁,而那个被霍布斯式方案放逐到界限之外的危险已经毫无疑问地回来。当自由公民停止恐惧时,他们会开始更加执着地质疑对公民自由的限制。不仅如此,对自由公众的内部规训使公民不再寻求发动先发制人的战争以及在其政之外占有领土的理由,也使他们不再认为于自由国家外的地方实行反恐战争需要正名。

自由政体之外,反恐战争致力于让我们摆脱全球恐怖主义,而达成这一目的的唯一方式,便是在全世界散布现代主体性,以及与之相伴的自由主义政治制度。让我们回忆一下布什政府强调的新建一个民主伊拉克的可欲性。伊拉克被解放了的公民会参与构建一个更加安全、和平的中东:

(战争)的胜利只能通过传播自由来赢取。我们能赢得战争（原文如此），如果美国继续领导世界，鼓励那些渴望自由的人去追寻自由，并与各国政府合作，建立让妇女拥有权利、让人拥有尊严和人权的机构。（CNN 2004）

不仅如此，在自由政体之外，"加入我们或反对我们"这一两分决定所带来的威胁，意在塑造通过其他方式仅被部分地主体化的人民，使他们变为臣民——不论这一努力的结果如何不完整、不圆满。① 反恐战争与世界主义的第二个关系便与现代主体性的崛起，以及使其可能的制度及其全球扩张有关。在受到威胁时，自由世界主义机制的回应方式是，将其正常行动模式（即通过商业、文化交流以及其他生命政治模式散布现代主体性）激进化，通过军事手段来散布现代主体性，并强力推行自由主义秩序。主权与非干涉的规范，以及更为广义的国际法都不是这种战争道路上的严重阻碍。哈贝马斯遗憾地说，在反恐战争的时代，"让世界变得更好的战争……不需要任何多余的说明"（2003：367）。

我们不能将这个关系当作反自由主义者阴谋论的幻想而轻易地打发掉：世界主义者们自己也承认这个关系。比如，哈贝马斯就承认"9·11"后的美国政策与反恐战争的自由主义源头，他说：

  新保守主义做了一个革命性的断言，如果（基于国家间秩序的）国际法制度失败了，那么由一个霸权强加的全球自由主义秩序是正当的，即使是用反对国际法的方式。（同上：365）

哈贝马斯并不认为这是创造世界主义秩序的可欲方式。确实，他对这样的选择是否审慎，以及损害国际法可能会有的严重后果表示担

---

① 感谢 Martin Shaw 强调了这种主体化的不完整性本质。亦参本书第八篇墨菲的文章。

心,但他并不质疑反恐战争是自由主义,甚至是世界主义的。他说,新保守主义对世界政治秩序的构想"虽然没有背叛自由主义的目标……但粉碎了《联合国宪章》(合理地)加在它实现方式上的公民限制"(同上)。

[140]我们不应否认和误解哈贝马斯与其他世界主义者对反恐战争的失望与担忧,但是,对世界主义与反恐战争间的关系作出恰当的分析也同样重要。这恰恰是为了理解并更好地回应反恐战争。

结　论

对学者、公民和政策制定者而言,回应当下世界秩序的进程是一项永无尽头的任务。在本章中,我转向施米特对作为"大地的法"的威斯特伐利亚体系的政治具体性洞见,利用他对这一体系特殊"成就"的分析,来突出当下世界主义的一些具体思考模式,检验它要跨越、清除界限,用"人道"实现统一和秩序化的断言,以及随之而来的将人主体化的世界政治进程。我考察了人道的政治话语对敌人的指认与管理,并主张,与主流观点相反,世界主义与作为主体化措施的反恐战争间有两种关系。运用施米特关于限制战争和欧洲公法中"正当敌人"概念发展的叙述,我突出了当下政治中不义和"非人"敌人概念的重新出现,以及歧视性的和更加暴力的战争形式所带来的危险。

使用《大地的法》并不是要否认威斯特伐利亚体系中那些存在问题的层面,也不是要否认施米特对在一秩序表述中的缺点(比如,见布朗写作的本书第3篇,迪恩写作的本书第14篇,以及伯吉斯写作的本书11篇)。强调限制战争与正当化敌人也不应该被理解为是在呼吁"重新订立敌意界限,以及与之相伴的规范性基础"(Surin 2005:194);当然,我们也不能放弃继续在当今世界政治中定位这一洞见的努力(见佐罗写作的本书第9章,墨菲写作的本书第8章,及拜诺伊斯特写作的本书第4章)。但是,这也应该提醒我们,普遍人道的政治话语带来的对界限的跨越并不保证我们能达成一个没有暴力的现代性；相反，在历史上，终结战争的努力并没有导向战争的限制与人道化，而是导致战争以更激烈、更暴力的方式重现。因此，正如上文所述，一个还不成熟的回应是：否定世界主义与反恐战争间普遍所认为的对立关系。通过回溯《大地的法》中如何强调限制战争、强调避免不义敌意带来的危险后果，我们能够更为有效地反思当下的世界秩序。

参考文献

Alliez, É. and Negri, A. (2003) 'Peace and war', *Theory, Culture and Society*, 20, no. 2: 109–118.
Beck, U. (2000) 'The cosmopolitan perspective: sociology of the second age of modernity', *British Journal of Sociology*, 51, no. 1: 79–105.
Bellamy, R. (2000) *Rethinking Liberalism*, London: Continuum.
Brennan, T. (2003) 'Cosmopolitanism and internationalism', in D. Archibugi (ed.), *Debating Cosmopolitics*, London: Verso.
Brown, C. (2002) *Sovereignty, Rights and Justice: international political theory today*, Cambridge: Polity Press.
Byers, M. (2003) 'Preemptive self-defense: hegemony, equality and strategies of legal change', *The Journal of Political Philosophy*, 11, no. 2: 171–190.
Calhoun, C. (2003) 'The class consciousness of frequent travellers: towards a critique of really existing cosmopolitanism', in D. Archibugi (ed.), *Debating Cosmopolitics*, London: Verso.
CNN (2004) *Larry King Live*, 'Interview with George W. Bush, Laura Bush', aired 12 August, 21:00 ET.
Connolly, W. E. (1988) *Political Theory and Modernity*, Oxford: Blackwell.
Cox, M. (2003) 'The empire's back in town: or America's imperial temptation again', *Millennium: Journal of International Studies* 32, no. 1: 1–29.
—— (2004) 'A new American empire', in D. Held and M. Koenig-Archibugi (eds), *American Power in the 21st Century*, Cambridge: Polity Press.
Department of Homeland Security (2006) 'Are you ready?', http://www.fema.gov/areyouready/ (accessed 16 July).
Dyzenhaus, D. (1998) 'Introduction: why Carl Schmitt?', in D. Dyzenhaus (ed.), *Law as Politics: Carl Schmitt's critique of liberalism*, Durham, NC: Duke University Press.
Falk, R. (1995) *On Humane Governance: towards a new global politics*, Cambridge: Polity Press.
Falk, R. and Krieger, D. (2002) 'Subverting the UN', *The Nation*, 4 November.
Fine, R. (2003) 'Taking the "ism" out of cosmopolitanism: an essay in reconstruction', *European Journal of Social Theory*, 6, no. 4: 451–470.

Alliez, É. and Negri, A. (2003) 'Peace and war', *Theory, Culture and Society*, 20, no. 2: 109–118.
Beck, U. (2000) 'The cosmopolitan perspective: sociology of the second age of modernity', *British Journal of Sociology*, 51, no. 1: 79–105.
Bellamy, R. (2000) *Rethinking Liberalism*, London: Continuum.
Brennan, T. (2003) 'Cosmopolitanism and internationalism', in D. Archibugi (ed.), *Debating Cosmopolitics*, London: Verso.
Brown, C. (2002) *Sovereignty, Rights and Justice: international political theory today*, Cambridge: Polity Press.
Byers, M. (2003) 'Preemptive self-defense: hegemony, equality and strategies of legal change', *The Journal of Political Philosophy*, 11, no. 2: 171–190.
Calhoun, C. (2003) 'The class consciousness of frequent travellers: towards a critique of really existing cosmopolitanism', in D. Archibugi (ed.), *Debating Cosmopolitics*, London: Verso.
CNN (2004) *Larry King Live*, 'Interview with George W. Bush, Laura Bush', aired 12 August, 21:00 ET.
Connolly, W. E. (1988) *Political Theory and Modernity*, Oxford: Blackwell.
Cox, M. (2003) 'The empire's back in town: or America's imperial temptation again', *Millennium: Journal of International Studies* 32, no. 1: 1–29.
—— (2004) 'A new American empire', in D. Held and M. Koenig-Archibugi (eds), *American Power in the 21st Century*, Cambridge: Polity Press.
Department of Homeland Security (2006) 'Are you ready?', http://www.fema.gov/areyouready/ (accessed 16 July).
Dyzenhaus, D. (1998) 'Introduction: why Carl Schmitt?', in D. Dyzenhaus (ed.), *Law as Politics: Carl Schmitt's critique of liberalism*, Durham, NC: Duke University Press.
Falk, R. (1995) *On Humane Governance: towards a new global politics*, Cambridge: Polity Press.
Falk, R. and Krieger, D. (2002) 'Subverting the UN', *The Nation*, 4 November.
Fine, R. (2003) 'Taking the "ism" out of cosmopolitanism: an essay in reconstruction', *European Journal of Social Theory*, 6, no. 4: 451–470.
years' hindsight', in J. Bohman and M. Lutz-Bachmann (eds), *Perpetual Peace: Essays on Kant's Cosmopolitan Ideal*, Cambridge, MA: MIT Press.
—— (2003) 'Was bedeutet der Denkmalsturz?', *Frankfurter Allgemeine Zeitung*, 17 April; trans. M. Pensky (2003) 'Interpreting the fall of a monument', *Constellations*, 10, no. 3: 364–370.
Heidegger, M. (1998) 'On the question of being', trans. W. McNeill, in *Pathmarks*, Cambridge: Cambridge University Press; (1955) 'Über die Linie', in A. Mohler (ed.), *Festschrift für Ernst Jünger zum 60. Geburtstag: Freundschaftliche Begegnungen*, Frankfurt a. M: Vittorio Klostermann.
Held, D. (2002) 'Violence, law, and justice in a global age', *Constellations*, 9, no. 1: 74–88.
—— (2004) *Global Covenant: the social democratic alternative to the Washington consensus*, Cambridge: Polity Press.
Hopgood, S. (2000) 'Reading the small print in global civil society: the inexorable hegemony of the liberal self', *Millennium: Journal of International Studies*, 29: 1–25.
Ignatieff, M. (2004) *The Lesser Evil: political ethics in an age of terror*, Princeton, NJ:

Princeton University Press.
Joas, H. (2003) *War and Modernity*, trans. R. Livingstone, Cambridge: Polity.
Jünger, E. (1950) *Über die Linie*, Frankfurt a. M: Vittorio Klostermann.
—— (1991) 'Total mobilization', trans. J. Gold and R. Wolin, in R. Wolin (ed.), *The Heidegger Controversy: a critical reader*, New York: Columbia University Press.
Kalyvas, A. (1999) 'Review essay: who's afraid of Carl Schmitt', *Philosophy and Social Criticism*, 25, no. 5: 87–125.
Kant, I. (1991) 'Toward perpetual peace: a philosophical sketch', in H. Reiss (ed.), *Kant's Political Writings*, Cambridge: Cambridge University Press.
Kennedy, E. (1998) 'Hostis not inimicus: toward a theory of the public in the work of Carl Schmitt', in D. Dyzenhaus (ed.), *Law as Politics: Carl Schmitt's critique of liberalism*, Durham, NC: Duke University Press.
Linklater, A. (1998) *The Transformation of Political Community: ethical foundations of the post-Westphalian era*, Cambridge: Polity Press.
Odysseos, L. and Petito, F. (2006) 'Introducing the international theory of Carl Schmitt: international law, international relations and the current global predicament(s)', *Leiden Journal of International Law*, 19: 1–7.
Rasch, W. (2000) 'Conflict as vocation: Carl Schmitt and the possibility of politics', *Theory, Culture and Society*, 17: 1–32.
—— (2003) 'Human rights as geopolitics: Carl Schmitt and the legal form of American supremacy', *Cultural Critique*, 54: 120–147.
—— (2005) 'Lines in the sand: enmity as a structuring principle', *South Atlantic Quarterly*, 104, no. 2: 253–262.
Reid, J. (2004) 'War, liberalism, and modernity: the biopolitical provocations of "Empire"', *Cambridge Review of International Affairs*, 17, no. 1: 63–79.
—— (2005) 'The biopolitics of the war on terror: a critique of the "return of imperialism" thesis in international relations', *Third World Quarterly*, 26, no. 2: 237–252.
Sax, B. (2002) 'The distinction between political theology and political philosophy' *European Legacy*, 7, no. 4: 499–502.
Schmitt, C. (1953) 'Appropriation/distribution/production: an attempt to determine from *Nomos* the basic questions of every social and economic order '; published in (2003) *The* Nomos *of the Earth in the International Law of the* Jus Publicum Europaeum, New York: Telos Press.
—— (1996) *The Concept of the Political*, trans. G. Schwab, Chicago: The University of Chicago Press.
—— (2003) *The* Nomos *of the Earth in the International Law of the Jus Publicum Europaeum*, trans. G. L. Ulmen, New York: Telos Press; (1950) *Der Nomos der Erde im Völkerrecht des* Jus Publicum Europaeum, Berlin: Duncker & Humblot.
Surin, K. (2005) 'World ordering', *South Atlantic Quarterly*, 104, no. 2: 185–197.
Teschke, B. (2003) *The Myth of 1648: class, geopolitics and the making of modern international relations*, London: Verso.
Therborn, G. (2003) 'Entangled modernities', *European Journal of Social Theory*, 6, no. 3: 293–305.
Ulmen, G. L. (2003) 'Translator's introduction', in C. Schmitt, *The* Nomos *of the Earth in the International Law of the Jus Publicum Europaeum*, New York: Telos Press.
—— (1996) 'Schmitt as scapegoat: a reply to Palaver', *Telos*, 106: 128–138.

Young, T. (2002) '"A project to be realized": global liberalism and a new global order', in E. Hovden and E. Keene (eds), *The Globalization of Liberalism*, Basingstoke: Palgrave.

Zarmanian, T. (2006) 'Carl Schmitt and the problem of legal order: from domestic to international', *Leiden Journal of International Law*, 19, no. 1: 41–67.

第三单元

寻求新的大地法

八　施米特对单极世界危险的警告

墨菲 撰
韩若愚 译　郭小雨 校

[147]我在本章的任务,是强调施米特的思想对我们理解今日两极秩序结束后的世界的重要性。有人宣称冷战的结束会让自由民主制普遍化,并带来新的世界主义国际秩序,但与那些人相反,我将运用施米特的洞见来论证:正是因为我们生活在一个单极世界,正是因为美国的霸权不受挑战,我们才有了今日的困境。唯一的出路是建立一个多极世界秩序。

在进入主要讨论前,我们必须放弃一个错误观点。一些作者认为,小布什(George Bush)"反恐战争"背后的新保守主义战略,受到了施米特敌友区分的政治思想影响。其中一些人试着将这一影响追溯到施特劳斯(Leo Strauss),以及施特劳斯对沃尔福威茨(Paul Wolfowitz)等新保守主义者思想形成过程中的重要影响。他们的目的是使布什的政策显得邪恶,因为其思想源头是一位被称为"纳粹思想家"的人。他们宣称,正是因为新保守主义以施米特的方式看待政治,所以他们的政策创造了一个"文明世界"与"自由敌人"间两极分化的危险对立,而这种对立必须受到质疑。换言之,布什的反恐战争被解读为对施米特式政治理解的直接贯彻。他们还告诉我们,为了避免这种政治正在导向的"文明冲突",我们必须回到自由主义,努力建立一个世界主义的全球秩序。

我的用意当然不是针对布什政策的诋毁者来捍卫布什的政策。恰恰相反，我认为施米特能帮助我们更为尖锐地批判布什政治。或许更为重要的是，与那些认为布什政治是传统美国观点的一个插曲，只要华盛顿换一个政府便能轻易将其克服的人相反，我认为，施米特能让我们把握传统美国政治与布什政治之间的连续性。

[148]将施米特的思想与布什政府的政策混为一谈是一个明显的、深刻的误解。当然，施米特反复强调"政治"的专属区分（differentia specifica）正是敌友区分，但他也总是强调，这一区分应该以彻底政治的方式划定，而不是以经济或伦理为基础。他规定，敌人永远不应该是"私人"的（拉丁语 inimicus），而应该是"公共"的（拉丁语 hostis，Schmitt 1976:26）。他当然不会宽恕布什政府使用"善""恶"这样的道德范畴来定义敌人的行为，也不会原谅其弥赛亚式的话语，说什么美国有责任为世界带来自由与民主。施米特对自由主义的批判，针对的恰恰是这类话语。

确实，施米特是自由普遍主义一位敏锐的批判者，特别对它所自称提供的真正、唯一正当的政治体系。对施米特而言，世界是一个多元宇宙（pluriverse），而不是一个单一世界；他也坚信，任何将单一模型强加于世界的企图都会有严重后果。在《政治的概念》中，他谴责了自由主义者将"人道"概念作为帝国主义扩张的意识形态工具，也展示了人道主义伦理如何服务于经济帝国主义。如他所指出的：

> 当一个国家以人道的名义攻打其政治敌人时，这并不是一场为了人道的战争，而是某一个特定国家希望篡夺一个普遍概念来攻击其军事对手。在损害其敌人的情况下，它试图将自己与人道等同。同样地，它也可以滥用和平、正义、进步、文明等概念，认为这些东西只属于自己，而不属于敌人。（Schmitt 1976: 54）

在他看来，这解释了为何以人道为名的战争都特别非人性，因为当敌人被剥夺了人性时，所有针对他的手段都是正当的。毫无疑问，现行的敌友区分(文明世界与其敌人)会被他谴责为自由主义花言巧语的代表。

事实上,施米特的思考远非证成布什的策略,而是给了我们许多足以推翻其基本原则的洞见。施米特阐明了现任美国政府剥夺、垄断文明概念的修辞手段,揭穿了其道德化话语的假象。布什在一次演讲中宣称,"那些不加入我们的就是反对我们的"。这就意味着,美国的现行战略让所有反对将"美国治下的和平"强加于全世界的反抗形式都成了非法。

施米特揭露了这类话语远非新事,而是一直处于美国政治传统的核心。因此,他能帮助我们在更广阔的语境中定位布什的战略,即美国为了加强其全球霸权而采取的一系列步骤。施米特于 1932 年发表的 [149]《现代帝国主义的国际法形式》(*Völkerrechtlichen Formen des modernen Imperialismus*)与我们今日的困境极为相关。在其中,施米特检验了以美国为代表的新帝国主义形式(Schmitt 1994 [1932])。其特殊性在于美国对经济与政治这一组反题的处理方式。美国以一种极其"政治"的方式宣称,经济与商业是"非政治的"。施米特认为,根据 1823 年的门罗主义,美国首先做到了将其他大国从美洲大陆上排除出去,以便将该大陆的所有国家都置于美国的排他性霸权之下,并在之后证成了美国独享的对这些国家的干涉权利。而这些干涉通常是以保障民主为名的国际警察行动。

施米特对"干涉契约"(contract of intervention)这一美国创造的新司法形式特别感兴趣。这使美国能借口捍卫他国独立或其公民的财产与自由去干涉他国内政。这些主权国家名义上仍然是独立的,但事实上已被美国控制,因为美国能决定是否在美国利益受到威胁时对其进行干预。这种干涉契约主要是美国与中美洲国家签订的。施米特详细检验了古巴这个案例。古巴于 1898 年被美国从西班牙手中"解放"。这个年轻的共和国很快就被迫签订了"干涉契约",允许美国驻军、掌控战略要塞,并做出重要的经济与金融让步。它甚至要同意由美国干预内政才能保证自身的独立与和平。确实,美国海军陆战队在1900年代就不断登陆古巴,但每次美国都宣称这不是干涉行为,因为干涉契约已经给了美国干涉的权利。比如,当美国在1919年干预古巴时,其借口是保障选举的独立性。我们可以毫不费力地将这与今日伊拉克的事件联系起来。

施米特认为,1928年的《凯洛格-白里安公约》是美国试图建立全球霸权的进一步行动。在威尔逊(Woodrow Wilson)迫使国际联盟于"二十一条"中认可门罗主义时——这相当于承认了美国原则的优越地位——美国就通过《凯洛格-白里安公约》成功地夺走了国联关于世界和平的关键决定权。确实,公约并没有谴责战争,或试图消除战争;但其目标是使战争成为国家政治的非法形式。这意味着出现了一个重要的、需要解答的问题:决定哪些战争是可接受,哪些是不可接受的。这一决定当然应该由美国政府做出,美国也由此成了决定哪些是战争、哪些只是维持和平与公共安全行动的仲裁者。施米特宣称,美国的目的是将门罗主义在美洲大陆的作用通过《凯洛格-白里安公约》扩散到全世界。

毫无疑问,施米特对此持批判态度。但他同时也钦佩美帝国主义的能力——它成功地取得了对关键性政治战略概念的解释权,比如和平、裁军、秩序与公共安全。正如他所说的:

> [150]人类司法与智识生活中最重要的现象之一,便是那些有真正权力的人也能够定义概念与词语。Caesar dominus et supra grammaticam:凯撒也是语法的主人。(Schmitt 1994:202)

两极与多极

施米特作品中的另一个层面也与国际政治的思考密切相关。二战后,施米特思想中很重要的一部分关于现代政治形式的衰退,以及国家对政治性垄断的丧失。他认为这与欧洲公法的消逝有关。欧洲公法作为欧洲国家间的法律,在三个世纪内做到了《大地的法》中所称的"限制战争"(Schmitt 1974)。他担忧这一垄断的丧失会产生严重后果,因为他认为国家的衰落会为新的政治形式创造条件,而这种形式将是"国际内战"。在这一背景下,施米特于 1963 年写下了《游击队理论》(Theory of the Partisan),考察了游击队的形象。他认为,这是围绕着政治性与非政治性的界限构建的传统国家秩序消亡后的产物(Schmitt 1963)。

我们如何设想一个替代方案来避免这种危险情况? 什么样的秩序可以替代欧洲公法? 这些问题是施米特 20 世纪 50 年代至 60 年代早期写作时思考的中心。他在这些作品中讨论了新"大地法"的可能性。在一篇 1952 年的文章中,他考察了冷战造成的二元对立,以及资本主义与共产主义的两极分化可能带来的演化路径,并给出了几个设想(Schmitt 1952)。他认为这种二元对立并非世界最终统一的前奏:对立中的某一方将会获得胜利,并将自己的体系与意识形态加诸整个世界。两极的终结可能导向一个美国霸权下的新平衡状态。但是,施米特也设想了另一种演化形式的可能性:两极的终结会推动多元化的进程,最终建立起几个自治的地区性集团共存的新全球秩序。这会为几个"大空间"之间的力量平衡提供条件,并在它们间构建起新的国际法系统。这样的平衡与旧的欧洲公法有相似之处,但这将是真正全球性的,而不仅仅是欧洲中心的。显然,这是施米特更为赞成的演进方式。

施米特并不相信当时的二元对立能够持续下去,他也深刻地意识到了单极世界秩序可能的后果。他坚信,只有通过建立一种"真正的多元主义",一个多极的世界秩序才能提供必要的机构来管控冲突,以避免单一体系普遍化带来的伪[151]普遍主义所产生的消极后果。但是,他也意识到,这样的伪普遍主义比他所倡导的多元主义更有可能成为现实。不幸的是,他的担心已经在苏联解体之后得到证实。

在2001年9月11日后,施米特对"后国家主义政治"状态以及单极世界危险的反思变得尤为切题。我也相信,这些思考能帮助我们更好地理解恐怖主义的本质。正如科维纲(Jean-Francois Kervegan)所说,它们能让我们从一个与现行主流观点完全不同的视角来思考恐怖主义的问题,即不将恐怖主义看作孤立的、狂热分子的产物(Kervegan 2002)。带着从施米特那里得到的洞见,我们可以将恐怖主义看作新的政治性结构的产物,此产物乃围绕某个单一"超级大国"的霸权构建起来的世界秩序形式所特有。

我同意科维纲的观点,即施米特关于单极世界秩序后果的洞见对我们理解恐怖主义现象极富启发性。美国不受挑战的霸权与恐怖组织的繁衍之间绝对有相关性。当然,我并不想将这作为唯一解释。由于许多因素,恐怖主义一直都存在。但同样无可否认的是,在没有合法政治渠道来表达不满的情况下,恐怖主义会大量出现。因此,冷战结束后,随着新自由主义全球化模式在美国主导下被毫无限制地强加于世界,恐怖袭击数量的显著上升便不是一个偶然。维持与西方不同的社会-政治模式的可能性急剧降低,所有国际组织都直接或间接地由美国领导下的西方力量所掌控。

即使像福尔克(Richard Falk)和施特劳斯(Andrew Strauss)这样赞成世界主义秩序的自由主义思想家,也承认恐怖主义与现行国际秩序间的联系,他们说(Falk and Strauss 2003:206):

> 当直接、正式地参与国际体系的可能性被排除之后,沮丧的个人与集体(特别当他们的政府被视为不正当且充满敌意时)会转向不同形式的公民抵抗运动,不论是和平的还是暴力的。全球恐怖主义位于这一跨国抗议谱系中最暴力的极端,其议程主要受宗教、意识形态和地区目标影响,并不与全球化直接相关。但他们的极端异化至少部分地源于全球化的间接影响。在那些受此影响的人民的政治潜意识中,这会转化为与文化不正义相关的不满情绪。

福尔克与施特劳斯认为,我们当前困境的出路在于"民主跨国主义",其内核是一个全球[152]议会(Global Parliamentary Assembly, GPA),它为全球人民提供了一个世界性的代表机构(Falk and Strauss 2001)。他们认为,这个议会的任务——当然,其权力行使应吻合《世界人权宣言》——是为全球政策(不仅仅是政策的形成,还有政策的实施)的民主化做出贡献。他们说,我们需要一个国际框架,来民主地容纳公民政治的不断制度化,而这个全球议会就能为这一机构体系的民主问责形式提供一个起点。

有一种主要依赖公民社会并将国家视为中心问题的世界主义。它宣称,公民团体和商业、金融精英们都开始意识到他们的共同利益,即向国家发起挑战:国家应该停止在国际层面成为他们的代表。根据这种世界主义,全球商界的许多领头人,比如那些达沃斯论坛的参会者,对他们的长期利益有着开明的观念,且十分赞同将国际体系民主化的观念。因此,全球公民和商业社会的组织能够将他们的民主化方案强加于不情不愿的政府。他们的目标是建立一个全球性、制度性的民主框架,能够让世界人民绕过国家,直接在全球治理上发出有意义的声音,从而建立一个和平的世界秩序。

我同意福尔克与施特劳斯,即建立一个能让不满得到表达的制度性框架十分重要。但我认为他们的解决方案完全不够。这不仅仅因为,将希望寄托在商业精英的开明自利上完全无法让人信服。我对他们提案的主要异见在于,他们所设想的世界民主只是西方模式的全球化版本而已。他们的"全球公民社会"中的成员,是会对抗国家侵蚀自己权利的自由公民。这是典型的自由主义图景,对不同的文化传统没有任何同情的理解,且将个人主义的"西方方式"作为最高的成就。而我们现在所看到的激烈抵抗,恰恰是在反对将这种社会模式强加于全球。

我认为,我们现在正应承认世界的多元主义特性,放弃欧洲中心的信条,即人们之前所抱有的只有通过西方化才能现代化这一信条。我们应该放弃幻想,不再认为超越政治性、冲突和否定性便可以统一世界,进而消除敌对。我们同时也需认识到,政治的目的不是建立一个所有人都认同某个单一模式的共识。

我们当下单极世界所面临的中心问题是,对立面不可能找到合法的表达方式。也难怪当这些敌意出现时,它们会采取极端行为来质疑当下国际秩序的根本结构。我认为,缺乏挑战新[153]自由主义全球化模式霸权的政治渠道,才是激烈否定现行秩序的话语与实践不断增长的源头。为了创造使异见能得到合法表达的渠道,我们需要设想一个多元主义的世界秩序,而这种秩序需要围绕着几个大空间与真正的文化极点才能构建起来。

恐怖主义的新形式所揭露的,是普遍主义全球化话语幻想中的内在危险,它规定,人类的进步需要建立一个基于西方模式的统一世界。正因为如此,在反对普遍主义－人道主义的幻想时,我们迫切需要聆听施米特的思考,他提醒我们"政治世界是一个多元宇宙,而不是单一宇宙"(Schmitt 1976:53)。我认为,这是避免亨廷顿(Huntington 1996)所说的"文明冲突"的唯一方式。尽管激化文明冲突并非普遍主义话语的意图,但它仍在事实上加剧了这一冲突。

参考文献

Falk, R. and Strauss, A. (2001) 'Towards global parliament', *Foreign Affairs*, 80: 212–220.
—— (2003) 'The deeper challenges of global terrorism: a democratizing response', in D. Archibugi (ed.) *Debating Cosmopolitics*, London: Verso.
Huntington, S. P. (1996) *The Clash of Civilizations and the Remaking of World Order*, New York: Simon and Schuster.
Kervégan, J.-F. (2002) 'Ami ou ennemi?' in 'La guerre des dieux', special issue of *Le Nouvel Observateur*, Hors-serie, January, pp. 34–37.
Schmitt, C. (1952) 'Die Einheit der Welt', *Merkur*, 6: 1–11.

—— (1963) *Theorie des Partisanen: Zwischenbemerkung zum Begriff des Politischen*, Berlin: Duncker & Humblot.

—— (1974) *Der Nomos der Erde im Völkerrecht des Jus Publicum Europaeum*, Berlin: Duncker & Humblot; trans. G. L. Ulmen (2003) *The* Nomos *of the Earth in the International Law of the* Jus Publicum Europaeum, New York: Telos Press.

—— (1976) *The Concept of the Political*, New Brunswick, NJ: Rutgers University Press.

—— (1994 [1932]) 'Völkerrechtlichen Formen des modernen Imperialismus', in *Positionen und Begriffe im Kampf mit Weimar – Genf – Versailles 1923–1939*, 3rd edn, Berlin: Duncker & Humblot.

九　帝国概念的重现与施米特思想的影响

佐罗 撰

吕梓健 译　郭小雨 校

帝国概念的重现

[154]在本章中,我想对"帝国"概念的当代用法做一个批判性分析。在施米特国际法的哲学基础上,我还想提出一种"帝国"概念的特殊用法,以指涉"帝国"式的美国全球霸权。

在我看来,西方政治理论中"帝国"概念的复兴是当前国际结构剧烈转型的证据。民族国家正经历着一场变化中的危机,这一危机正在削弱或改变民族国家的部分传统功能,同时也使它承担起一些新的、具有重要意义的任务。同时,我们也见证着大量国家主权权力的集中与错位,以支持新的国际行动者,包括军事的、政治的、经济与交流的。在这些行动主体中有一些"霸权"——首要的是美利坚合众国——它们作为"霸权",而不是民族国家,通过对权力与财富的系统性分配机制,获得了越来越多的优势。这些机制几乎不受国家主权的形式性特权所影响。

在冷战后的20世纪晚期,也即在两极秩序终结,苏联解体,美国变为世界上唯一的超级大国后,伴随着被称为"全球化"的国际因素的不断整合(Zolo 2004a),这些现象的出现变得越来越快。而在2001年"9·11事件",以及美国领导的阿富汗、伊拉克战争后,它们的出现进一步加速了。

一种方法论上的谨慎

我认为,需要一种方法论上的谨慎,来对待"帝国"一词在西方政治文化中目前用法的一般含义。在这一词汇背景中,"帝国"概念既具有语义价值,也有其符号范围,且往往在真实范式中得到具体体现。除去个别变体之外,这一帝国范式指向一种带有三个不同形态和功能特征的政治形式。

[155]首先,帝国主权是一种集中、扩张且十分强大的政治主权。通过帝国主权,帝国有权力对居住于其领土范围内的人民施展一种"绝对"命令。这一直接权力通过在更为宽泛的领域中影响其他政治体的政治、经济、文化而得到充实。这些其他政治体可能与帝国领土接壤,并保有完整的形式主权,然而,其主权事实上是一种有限主权。从这一点来看,正如施米特所论证的,最初只被美国应用于拉丁美洲,但稍后就扩展到了全世界的"门罗主义"正是这种帝国扩张主义的典型表达(Schmitt 2003 [1974])。

其次,根据定义,帝国权威在国际层面 legibus soluta[高于法律],在国内层面则是一种非"代表性"的权力。这种帝国权力有集中且绝对的制度,与种类繁多、异质、分离、疏远的种族群体、共同体、文化、语言与宗教信条共同存在。中央权力保持了对这些群体的高强度控制,但这并不对他们的身份认同以及文化相对自主性构成威胁。在这一特殊含义中,帝国的典范是奥斯曼帝国:在奥斯曼帝国中存在米利特(Millet)及宗教宽容的一般实践。① 反平等的绝对主义与种族-文化多元主义的混合,将帝国这一形式与民族的、代议制的、法治的欧洲国家区分开来。

---

① 米利特是一种宗教共同体,作为帝国的一种边缘行政机构。见 Prévélakis(1994)和 Zolo(2002:7-36)。

第三,帝国的意识形态是普遍主义与和平主义。帝国被设想为一种长存的实体:它是一种最高权力,保证大地上所有人的和平、安全与稳定。就其定义而言,Pax imperialis[帝国下的和平]是一种稳定且普遍的和平。使用武力仅仅是为了促进和平。帝国皇帝是唯一凭借神圣权利(或神意)实际或可能统治整个世界的皇帝:只有一个 basileus[国王],一个 logos[逻各斯],一种 nomos[礼法]。作为 imperator[司令],皇帝是最高军事指挥官;作为 pontifex maximus[最高祭司],皇帝是帝国宗教礼拜的最高负责人;作为 worship princeps[第一法官],他负责最高司法。帝国将自己视为并建设为一个一元统治、一元宗教和一元规范的政体。

很明显,这一范式源自奥古斯都到君士坦丁的罗马及其安排、实践和意识形态(Poma 2002;Wells 1992;Veyne 1997)。这一起源虽然遥远,却是确定的,尽管在多伊尔(Doyle 1986)所说的意义上,它来自罗马帝国的一种"非正式"版本。很明显,要完整理解这一罗马原型的复杂起源,需要研究罗马帝国覆灭后在欧洲兴起的帝国。这些帝国或多或少地受到了罗马帝国模式的直接影响。举例来说,请大家试想如下政治形式:封建日耳曼帝国、拜占庭帝国、奥斯曼帝国和西班牙帝国(Bussi 1957–1959;Ostrogorski 1940;Kitsikis 1985;Musi 2002;Braudel 1982)。中东、美索不达米亚以及中华帝国等古代帝国似乎对上述政治形式没有任何直接影响。拿破仑帝国(Di Rienzo 2002)与各类殖民帝国的崛起似乎也与古代帝国毫无关系——无论是像大英帝国一样悠久的殖民帝国,还是更为近代的殖民帝国(Mommsen 1969;Betts 1975)。

我认为[156],在当前政治科学及国际关系理论中,除了马克思主义的"帝国主义"概念外——这一"帝国主义"概念仍然在一些生根于20世纪六七十年代的新马克思主义国际关系理论(见 Baran and Sweezy 1966;Frank 1969;Wallerstein 1974,1979)中时隐时现——现在有三种对"帝国"概念的用法,而这三种用法都与衰减版的"非正式"罗马原型相符。

一个帝国式的欧洲?

20世纪,在民族国家遭遇危机的背景下,作为对现代欧洲国家"机械论"和"理性主义"权力的某种纠正,埃沃拉(Julius Evola 1978)和布鲁克(Arthur Möller van Den Bruck 1935)这样的作家复兴了帝国观念。帝国auctoritas[权威]概念充斥着道德价值和人格化的偶然性,与之对比,potestas[权力]概念则带有形式化和非人格化的特点。这些观点间接地受到施米特提出的"帝国"观念影响,他赋予其以反普遍主义的民族意涵。同时,施米特的"大空间"(Großraum)概念——一个依照门罗主义形成的政治领土的大型组织形式——提出了一种国际秩序,它不依赖于国家间形式上的法律平等,而是依靠大陆与次大陆区域之间的平衡。这些区域由一个或多个具有霸权能力的大国组成。①

现如今,法国所谓的"新右翼"(New Right),尤其是德贝诺斯(Alain de Benoist),再次提出了帝国的观念。这很大程度上回应了施米特的提法。正如人们所知,"新右派"这个标签不论在法国还是在意大利都极具争议。塔奇(Marco Tarchi)是它在意大利最有权威的拥护者,但他现在也明确反对这一标签。将德贝诺斯放入新右派(Nouvelle droite)终究变得颇成问题,正像把他归入欧洲政治右翼同样具有问题一样。德贝诺斯和受他思想启发的"欧洲文明研究组织运动"(Groupement de Recherches et d'Études pour la Civilisation Européenne)都以文化欧洲主义和"地方多元主义"的名义,不假思索地拒斥了民族主义和自由主义。

这正是"帝国欧洲"观念的根基,它承认自身内部广泛的政治多元

---

① 对美国施加于拉丁美洲帝国权力的非形式特征,尤其是以经济关系为基础的特征,见Schmitt(1940:162-173);关于门罗主义与大空间概念,见Schmitt(1995:277-285)和Campi(2006)。

性,但这种多元性不是民族的(nationalist),而是种族的(ethnic)、地区的。德贝诺斯拒绝了戴高乐"祖国欧洲"的观念:他谴责自由主义和以国家为中心的民族主义,认为它们作为一种经济和意识形态工具,造成了社会的无根性和文化趋同。德贝诺斯将法国乃至欧洲的美国化与一种"异教文化"相对比,并将这种文化追溯到欧洲传统的印欧起源。他还对美国的"帝国主义"发表了严厉抨击,将之看作去人性化、大众化和愚蠢的终极表达,并以此补充他所提出的帝国欧洲主义。他提出,帝国欧洲要么是为了对抗美国而被创造出来,要么干脆就不要被创造出来(de Benoist 1996;Taguieff 1994)。

按照德贝诺斯的看法,有帝国和国家这两种建设欧洲的模式。现今,国家对于规制地方事务而言太过庞大,但对于处理国际事务,尤其是经济事务而言,它又太过渺小。

> 德贝诺斯提出,一个[157]更为传统意义上的帝国是唯一能将一和多协调起来的模式:它是一种可以在自己不同的成分中组织起一个有机统一体,同时又尊重它们各自自主性的politia[政体]。(Taguieff 1994:130)

他补充道,问题在于,自马斯特里赫特(Maastricht)之后,再也没有出现过自主欧洲的设计前景,即一个政治性的主权坚决采用一种相当于美国门罗主义的方案(施米特思想的影响在这里显而易见)。相反,我们现在面对的,是一个没有计划,没有合法性,也没有政治身份的欧洲。

德贝诺斯提出的一些方面确实很有趣,但不消说,帝国欧洲的模型既不太可能被自由主义的欧洲政治力量接受,也不可能被自由民主传统塑造的欧洲左翼接受。正如我们所看到的,帝国的范式暗示了一种绝对主义和反平等的权力概念,尽管它是宽容的,且与种族、文化多元主义连贯一致。此外,提出一个"异教的"而非简单的"世俗"欧洲的概念也不容易,因为欧洲文化不仅源于希腊哲学、罗马法和启蒙运动,还同样源自兴盛于地中海的三个一神宗教——犹太教、基督教和伊斯兰教。

此外，尚不清楚的是，德贝诺斯所提及的门罗主义模式，到底是不是按照施米特所说的，指向一个或多个霸权国家——很可能是法国和德国——支配下的"欧洲帝国"？以及，他的帝国观念是否能与一个欧洲不同国家间的平等结构相容无碍，继而能平等地保护每一位欧洲公民的基本权利。事实上，这两个问题都外在于法国"新右派"的主张（Zolo 2004b）。

哈特与奈格里：对全球帝国的辩护

哈特（Michael Hardt）和奈格里（Antonio Negri）在他们大获成功的作品《帝国》（*Empire*）中坚持说，由全球化带来的新"世界秩序"已经导致了威斯特伐利亚主权国家体系的消失（2000）。民族国家已不再存在，仅作为一种"薄"的形式性结构，苟存于法律体系和国际组织之中。世界已不再被国家政治体系所统治，而是被一种单一的力量结构所统治。这一结构与起源于欧洲的现代国家没有任何有意义的类比关系。这是一种去中心化、去领土化的统治体系，它不涉及民族或种族的传统与价值，其政治与规范的实质是世界性的普遍主义。因为这些原因，哈特和奈格里认为，"帝国"是这种新型全球力量最为合适的名称。

哈特和奈格里说，"世界的帝国体制"从功能上有别于国家体制：帝国主权的目标不是在政治和领土上吸纳、同化治下的国家和人口。而这两点是国家帝国主义与殖民主义在19、20世纪的典型特征。新的帝国通过政治机构和法律安排进行统治，其本质目的是维护[158]世界秩序，即一种允许市场经济正常运作的"普遍持久和平"。帝国履行着"国际警察"功能，这一功能可能通过战争来实现，也可能通过一些中立的司法职能来实现。帝国权力甚至是国际成员的上诉对象，因为它站在普遍也即基本无偏的立场上，具有协调纷争的能力。重要的是，哈特和奈格里别有洞见地发现,bellum justum[正义战争]理论——一种典型的中世纪普遍主义和帝国主义学说——在长时间的沉寂后,自20世纪90年代以来再次在英语文化中繁荣昌盛起来。

然而,认为帝国,或其扩张核心,由美国及它在西方的亲密盟友所组成,将是一种错误的想法。哈特和奈格里坚称,无论是美国,还是任何民族国家,都不能"在今天成为帝国主义愿景的核心"(2000:15)。全球帝国与古典帝国主义完全不同,将两者混同是一个非常严重的理论错误。

无论从理论角度,还是从政治角度来说,这都是一个错综复杂的问题,因此也引起了大范围的讨论。有人说,在哈特和奈格里的书中,"帝国"似乎滑向了某种"精神范畴":因为它与新的全球性相符而无处不在。我个人也同意这一观点。有些人则反对说,如果一切都是帝国的,那么就没有什么是帝国的。我们如何指认那些承担帝国利益与志向的超国家主体呢?我们要针对谁来发动对反帝国主义的批判与抵制呢?如果排除大国——首要的就是美国——的政治与军事机构,谁来扮演帝国角色呢(Negri and Zolo 2002:8-19)?

哈特和奈格里另一方面的立场也遭到了批判。这似乎依赖于位于其分析底层的"本体论":一种黑格尔主义意义上的历史辩证法。根据哈特和奈格里的说法,全球帝国标志着一种积极胜利,它超越了以威斯特伐利亚体系为代表的主权国家。帝国不仅给国家及各国民族主义画上了句号,还结束了殖民主义和古典帝国主义,并开启了会受到欢迎的世界主义视角。

在他们看来,任何对抗世界现今的帝国体制、重新伸张民族国家角色的企图,都表达了一种"错误且有害的"意识形态。因此,反全球化运动的哲学,以及各种形式的自然环保主义和地方主义,都必须被当作原始、反辩证的立场而加以拒绝。或者,换句话说,它们实质上应被视为"反动的"。哈特和奈格里宣称自己是共产主义者,而这种共产主义者是一种普遍主义者,世界主义者,以及奉召的"大公教徒"(catholic):

他们的视野,正如马克思所写,是人类以及"普遍人性"的全部。在20世纪,劳动群众依靠的是政治和社会关系的国际化。今天,帝国的"全球"权力应得到控制,但不应被废除:帝国体制要保存下来,并导向非资本主义目标。对于哈特和奈格里来说,尽管治安技术确实是帝国秩序的"硬核",但这一秩序与20世纪的独裁和极权主义实践无关。

[159]从转向共产主义社会这个视角来看,帝国的建造是"一个进步":帝国要"优于"它之前的体制,因为"它消除了现代权力支配的残忍体制",并且"为创造和解放提供了更大的可能性"(Hardt and Negri 2000:56,208)。在我看来,这里浮现的,是一种根植于黑格尔主义形而上学辩证法中的帝国乐观主义。我们将要看到,这种"帝国乐观主义"与施米特的现实、反普遍主义立场相对立,尽管施米特承认欧洲公法"国家"秩序已然完结,并且准备勾画一个基于"大空间"这一后国家概念的世界秩序。

作为"全球帝国"的美国

我同意卡恰里(Massimo Cacciari 2001)、切萨(Giulietto Chiesa 2002)等意大利作家,且反对哈特和奈格里的立场,主张"帝国"及"全球帝国"的概念可以正确地指涉依赖于美国的权力结构。[1] 在论证这一点时,我想提及施米特国际法哲学中的"空间"现实主义和反规范主义,它们在两部作品中得到了陈述——《现代帝国主义的国际法形式》(*Völkerrechtliche Formen des modernen Imperialismus*, 1940 [1933])、《禁止外国势力干预的国际法大空间秩序:对国际法中帝国概念的贡献》(*Völkerrechtliche Großrau-mordnung mit Interventionsverbot für raumfremden Mächte: Ein Beitrag zum Reichsbegriff im Völkerrecht*,

---

[1] 一些美国作家提出了一种对"帝国"概念辩护性,而非批判性的使用,以此指涉美国的全球权力:见Ignatieff(2003),以及Nye(2004:17)的权威评论。

1995［1939］)——并在他《大地的法》一书中得到了修正。

首先,在施米特的帝国理论中,我赞同他对美国门罗主义普遍性计划的批判。按施米特所说,美国战略一点点地从特殊主义和防御性的泛美洲大空间这一原初观念,转向了一种扩张性的干涉主义,其范围远远超出了加勒比和拉丁美洲区域。门罗主义这一普遍主义、全球主义–帝国主义规划在威尔逊的理想主义中得到了最高展现,且在一种普遍主义、全球主义的方向上深刻影响了国联的结构。施米特在《大地的法》中写道:

> ［这一世界性的发展］走入了一个普遍主义与多元主义、一极化与多极化之间明显的两难困境。问题是,我们的世界是否足够成熟,能接受一个单一权力独霸全球;或者,一个不同大空间、势力范围、文化圈共存的多元主义才能决定新的国际法。(2003:234-244)

其次,我认为施米特在谴责美帝国的全球性和多态性方面具有远见。美国对经济、对世界秩序观念、对口语与理论术语都完成了全球垄断:Caesar dominus et supra grammaticam［凯撒也是语法的主人］(Schmitt 2003)。① 然而,正如施米特在《大地的法》中所写的,美国能建立[160]全球帝国,首先还是由于它压倒性的军事优势。如果军事力量显著失衡,那么战争概念本身就会隐退。对手将变成一个单纯被胁迫的对象,敌意行为则会变得如此粗鲁,以至于无法受到限制或规制(Schmitt 1992:429-430)。面对敌人压倒性的力量,只有极端弱势者才会诉诸国际法。而另一方面,军事霸权的享有者会主张自己战争的justa causa belli［正义理由］——它基于自身的不可战胜性,将敌人视为土匪或者罪犯:

---

① 关于美国将自己的词汇、措辞和概念强加给臣民的帝国式统治趋势,见 Schmitt(1993:179-180)。

与破坏手段的升级和战争舞台的混乱平行出现的,是将敌人视为罪犯的歧视性概念,以及其中隐含的正义理由。破坏性手段的技术升级打开了一个法律与道德歧视的深渊,它同样具有毁灭性……今天的战争已经转变成一种打击罪犯、侵扰者和害虫的治安行为,因此必须提出能更好地证成"治安轰炸"的理由。所以,我们就不得不把被歧视的敌人推向深渊。(Schmitt 2003:321)

第三,我认为,施米特的国际法哲学应当被得到足够的关注,尤其是他论证说,"非空间"、普遍主义的机制,例如国联和联合国,无法减少国际冲突和现代战争的毁灭性力量。与之相反,一个和平世界的规划,需要对大空间观念的新区域主义复兴,需要加强作为规范性源头的国家间多边主义谈判,也需要区域整合过程中用民主方式取得合法性。

在这一国际法和国际关系哲学的框架内,施米特的反规范、反普遍主义立场就能与怀特(Martin Wight 1966)、布尔(Hedley Bull 1977)等反规范、反普遍主义理论家的立场相容。布尔特别强调,我们需要将规范性范畴从启蒙运动和雅各宾的国际秩序概念中剥离出来。为对抗凯尔森对国际领域的规范主义和世界主义看法,布尔再次强有力地提出了如下观念:大国间平衡,先发制人外交,国家间多边谈判,以及 jus gentium[万民法]——它是随历史缓慢发展而成一系列国际惯例——虽然没有能力消除战争,却能减少战争的歧视性和破坏性(Bull 1977;Colombo 2003)。

从这些理论前提出发,我主张,根据一个在某些方面不同于"罗马原型"的复杂含义,美国的权力可称为"帝国式的"。这种新含义能够说明国际关系和经济、交流、法律规范领域的新因素,这些新因素是全球化进程,以及由此在国际关系层面带来的战争转型。我初步提出以下四个[161]"全球帝国"概念的概念性规范。在我看来,它们能描述美国今天的政治体系(Zolo 2003:223-240)。

首先,在地缘政治的意义上,当今美国的权力可被称为"帝国的"

和"全球的"。因为，这种权力倾向于通过它的绝对军事霸权，在一个无空间的维度上进行经济和军事运作。国家权力总是锚定在领土上，国家间的战争也同样如此，但与之相反，美国发动的"全球战争"却不是主权国家之间的战争。这些"全球战争"的指导策略指向的是一些普遍目标，如"全球安全""世界新秩序"。在某种程度上，为了持续占领和吞并征服领土性的空间，对美帝国的"非正式"策略来说是陌生的。帝国战争倾向于发动"空战"，且在飞速到来的未来里，它很有可能倾向于发动地外空间战争。

其次，在系统的意义上，也即在普遍系统理论的意义上，当今美国的权力可称为"帝国的"和"全球的"。美国的外交政策就是去参与一场永恒的竞赛，来决定谁将是国际关系中世界系统的领导者，谁将制定系统性的规则，谁将拥有分配财富和权力资源的政治权力，以及谁能成功地将自己的世界观和秩序观念强加于他人。美国在最为权威的政府文件中宣称，作为一个"全球力量"，美国是唯一有能力在世界范围内"投射权力"的国家。① 美国为了实现它赋予自身的全球利益、责任和义务，必须扩大影响力，加强"美国的全球领导作用"，而这带有双重目标：首先，巩固自身的内部安全；其次，通过加强全球军事基地系统、卫星间谍网络，以及战术、战略核武器，来促进美国在国际上的"重要利益"。

第三，在严格的规范性意义上，当今美国的权力可称为"帝国的"和"全球的"，因为它有一种忽视国际法规则的倾向。美国认为，自己既不受制于《联合国宪章》所载的禁止"私人"使用武力的规定（jus ad bellum），也不受发展自现代国际法体系的战争法（jus in bello）的约束。战斗人员与非战斗人员之间的形式区分，为使用本质上会影响平民人口的大规模杀伤性武器提供了空间。此外，美国对战俘的

---

① 这些文件在一份叫做《关于国际法的战争、法律与全球秩序》的调查中可以找到：www. juragentium. unifi. it(2001 and 2002)。

待遇没有丝毫对《日内瓦公约》的尊重。美国的战争由一个权威决定,它不仅认为自己 legibus soluta[高于法律],而且,用施米特的话来说,这一权威在一种永久性的"全球例外状态"中,即全球恐怖主义的威胁下,将自身视为一种新大地法的至高源头来行动。"先发制人战争"的概念(和实践)是这种意志最雄辩的表达,它颠覆了仍然基于国家主权的现有国际秩序。

最后,在一种意识形态的意义上,当今美国的权力可称为"全球帝国",因它不断诉诸普世价值将自己对武力的使用正当化。它对战争的证成并不基于党派利益或特定目标,而是基于一种更高的中立立场,以及它相信会被或可能被整个人类所分享[162]的价值。面对当今世界的价值多元主义和复杂社会境况,美国提倡一种一神论的世界观。在美国总统乔治·布什那儿,这是一种虔诚的基督教世界观。在与全球恐怖主义非人道、血腥的意识形态做斗争时,美国声称它正在对人类的敌人发动一场"人道主义战争"。因此,在古典的、神学的、帝国的意义上,这是一场"正义战争",人类之敌就是那些否认自由、民主、人权和市场经济等普世价值的人。因此,在施米特的意义上,这是一场"歧视性"战争:该战争通过把敌人罪犯化,来将敌人的形象非人化,并证成对敌人的极端非人道手段。想想关塔那摩和那个于 2006 年 11 月判处伊拉克前独裁者萨达姆·侯赛因(Saddam Hussein)死刑的特别法庭吧。

结　论

在我看来,如果我们承认联合国是瘫痪的,且目前尚未出现一种具有有效约束力的"超国家"国际法前景,那么我们就应当重新评估施米特的"大空间"视角。当然,在这类秩序能够实现之前,我们必须满足复杂的经济、技术、文化和宗教条件,才能使世界主要文明间的对话成为可能。我们首先想到的,是一个联合的欧洲:一个重新发现自身政治自主与文化身份——首要的是它的地中海根基——的欧洲,这样的欧洲能够横跨地中海,开启与广泛意义上的阿拉伯-伊斯兰文明之间的对话。然后,我们肯定会想到中国,它在未来几十年内保持世界力量平衡的雄心越来越明显且可以理解。我们也不应忽视阿根廷和巴西等国家所努力制定的战略,其目的是抵制美国泛美主义(以美洲自由贸易区的形式)对南方共同市场地区(Mercosur area)和整个拉丁美洲的经济和政治自主的攻击。我们还应注意非洲经济、政治围绕尼日利亚和南非等中心的极化过程。在这一图景中,现任巴西政府提出的计划,即在中国、印度、南非和巴西等国家间建立战略联盟,以反对目前在全球化进程中占主导地位的经济单边主义的提议,可能很有价值。总之,我们应当承认,除了蔓延至各大洲的美国霸权与对它的恐怖主义式回应,以及帝国战争导致的虚无主义与恐怖主义导致的无政府式虚无主义之间的冲突外,当前没有对"大空间"间互动的替代方案。

再一次,带着令人吃惊的远见,施米特写道:

> 与那种通过大规模杀伤性现代手段达到的中央集权式虚无主义相比,对绝望的人类来说,无政府状态似乎不仅显得更不邪恶,而且事实上可能是唯一有效的救赎。(Schmitt 1950:18)

参考文献

Allegretti, U., Dinucci, M. and Gallo, D. (1992) *La strategia dell'impero*, Florence: Edizioni Cultura della Pace.
Amin, S. (1976) *La crisi dell'imperialismo*, Rome: Coines.
Baran, P. A. and Sweezy, P. M. (1966) *Monopoly Capital: an essay on the American economic and social order*, New York: Monthly Review Press.
Betts, R. F. (1975) *The False Dawn: European imperialism in the nineteenth century*, Minneapolis, MN: University of Minnesota Press.
Braudel, F. (1982) *La Méditerranée et le monde méditerranéen à l'époque de Philippe II*, Paris: Colin.
Bull, H. (1977) *The Anarchical Society*, London: Macmillan.

Bussi, E. (1957–1959) *Il diritto pubblico del Sacro romano impero alla fine dell'VIII secolo*, vol. 2, Milan: Giuffrè.
Cacciari, M. (2001) 'Digressioni su Impero e tre Rome', *Micromega*, 5: 43–63.
Campi, A. (1996) 'Grande spazio contro universalismo', in *Schmitt, Freund, Miglio*, Florence: Akropolis.
Carlyle, R. W. and Carlyle, A. J. (1956–1968) *Il pensiero politico medievale*, vol. 4, Bari: Laterza.
Chiesa, G. (2002) *La guerra infinita*, Milan: Feltrinelli.
Cohen, B. J. (1973) *The Question of Imperialism: the political economy of dominance and dependence*, New York: Basic Books.
Colombo, A. (2003) 'La società anarchica fra continuità e crisi', *Rassegna italiana di sociologia*, 2: 237–255.
De Benoist, A. (1996) *L'Impero interiore: Mito, autorità, potere nell'Europa moderna e contemporanea*, Florence: Ponte alle Grazie.
De Francisci, P. (1970) *Arcana Imperii*, vol. 3, Rome: Bulzoni.
Di Rienzo, E. (2002) 'L'impero-nazione di Napoleone Bonaparte', *Filosofia politica*, 16: 63–82.
Doyle, M. W. (1986) *Empires*, Ithaca, NY: Cornell University Press.
Eisenstadt, S. N. (1963) *The Political Systems of Empires*, London and New York: Free Press.
Evola, J. (1978) *Imperialismo pagano: Il fascismo dinanzi al pericolo euro-cristiano*, Padua: Edizioni di Ar.
Frank, A. G. (1969) *Capitalism and Under-development in Latin America*, New York: Monthly Review Press; trans. (1969) *Capitalismo e sottosviluppo in America latina*, Turin: Einaudi.
Galli, C. (2003) *La guerra globale*, Roma and Bari: Laterza.
Gilpin, R. (1987) *The Political Economy of International Relations*, Princeton, NJ: Princeton University Press.
Hardt, M. and Negri, A. (2000) *Empire*, Cambridge, MA: Harvard University Press.
Ignatieff, M. (2003) 'The burden', *New York Times Magazine*, 5 January.
Kelsen, H. (1967) *Pure Theory of Law*, trans. M. Knight, Berkeley: University of California Press.
Kemp, T. (1969) *Teorie dell'imperialismo*, Turin: Einaudi.
Kitsikis, D. (1985) *L'Empire ottoman*, Paris: Presses Universitaires de France.
Lenin, V. (1964) *L'imperialismo fase suprema del capitalismo*, Rome: Editori Riuniti.
Luxemburg, R. (1968) *L'accumulazione del capitale*, Turin: Einaudi.
Martinelli, A. (1974) *La teoria dell'imperialismo*, Turin: Loescher.
Mommsen, W. J. (1969) *Das Zeitalter des Imperialismus*, Frankfurt a. M.: Fischer Bücherei.
—— (1977) *Imperialismustheorien*, Göttingen: Vandenkoek-Ruprecht.
Monteleone, R. (1974) *Teorie sull'imperialismo*, Rome: Editori Riuniti.
Möller van Den Bruck, A. (1935) *Das dritte Reich*, Bamberg: C. C. Buchners Verlag.
Musi, A. (2002) 'L'impero spagnolo', *Filosofia politica*, 16: 37–61.
Negri, A. and Zolo, D. (2002) 'L'Impero e la moltitudine. Dialogo sul nuovo ordine della globalizzazione', *Reset*, 73: 8–19; trans. A. Bove and M. Mandarini (2003) 'Empire and the multitude: a dialogue on the new order of globalization', *Radical Philosophy*, 120: 23–37.

Nye, J. (2004) 'L'America e il nuovo impero', *La Repubblica*, 8 February, p. 17.
Ostrogorski, G. (1940) *Geschichte des byzantinischen Staates*, Munich: Beck.
Owen, R., and Sutcliffe, B. (1977) *Studi sulla teoria dell'imperialismo. Dall'analisi marxista alle questioni dell'imperialismo contemporaneo*, Turin: Einaudi.
Parsi, V. E. (2002) 'L'impero come fato? Gli Stati Uniti e l'ordine globale', *Filosofia politica*, 16: 83–113.
Poma, G. (2002) 'L'impero romano: ideologia e prassi', *Filosofia politica*, 16: 5–35.
Portinaro, P. P. (1982) *La crisi dello Jus Publicum Europaeum*, Milan: Edizioni di Comunità.
Prévélakis, G. (1994) *Les Balkans. Cultures et géopolitique*, Paris: Nathan.
Schmitt, C. (1940 [1933]) 'Völkerrechtliche Formen des modernen Imperialismus', *Positionen und Begriffe im Kampf mit Weimar, Genf, Versailles 1923–1939*, Hamburg: Hanseatische Verlagsanstalt.
—— (1950) *Donoso Cortés in gesamteuropäischer Interpretation*, Cologne: Greven Verlag.
—— (1995 [1939]) 'Völkerrechtliche Großraumordnung mit Interventionsverbot für raumfremden Mächte: Ein Beitrag zum Reichsbegriff im Völkerrecht', in *Staat, Großraum, Nomos*, ed. G. Maschke, Berlin: Duncker & Humblot.
—— (2003) *The Nomos of the Earth in the International Law of the Jus Publicum Europaeum*, trans. G. L. Ulmen, New York: Telos Press; (1974) *Der Nomos der Erde im Völkerrecht des Jus Publicum Europaeum*, Berlin: Duncker & Humblot.
Snyder, J. (1991) *Myths of Empire: domestic politics and international ambition*, Ithaca, NY: Cornell University Press.
Taguieff, P.-A. (1994) *Sur la Nouvelle droite: Jalons d'une analyse critique*, Paris: Descartes.
Veyne, P. (1997) *The Roman Empire*, Cambridge, MA: Belknap Press.
Wallerstein, I. (1974) *The Modern World System*, New York: Academic Press.
—— (1979) *The Capitalist World Economy*, Cambridge: Cambridge University Press.
Wells, C. M. (1992) *The Roman Empire*, London: Fontana Press.
Wight, M. (1966) 'Why is there no International Theory?', in H. Butterfield and M. Wight (eds) *Diplomatic Investigations*, London: George Allen and Unwin.
Zolo, D. (2002) *Invoking Humanity: war, law and global order*, London and New York: Continuum.
—— (2003) 'Una guerra globale "monoteistica" ', *Iride*, 16: 223–240.
—— (2004a) *Globalizzazione: Una mappa dei problemi*, Rome and Bari: Laterza.
—— (2004b) 'Introduction', in P.-A. Taguieff, *Sulla nuova destra: Itinerario di un intellettuale atipico*, Florence: Vallecchi.

十 反对世界一体化：
施米特、西方中心论以及自由的全球秩序

佩蒂托 撰　　郭小雨 译

[166] 在这个受全球化和世界主义思维方式主导的时代，国际关系学科和法律、政治理论所指向的，似乎都是某种宣扬世界政治一体化的道德和政治必要性。这种政治一体化是管理全球化、实现国际政治民主化、避免争端和对人权的大规模侵犯以及惩罚反人性犯罪的方式。更具体地说，在许多关于国际政治的规范性话语中，"世界一体化"观念是一种理所当然的、有实证意味的乌托邦。它是一个终点，虽然不太现实，但仍可指引一个正当世界秩序的构建，近乎图尔明（Stephen Toulmin）所谓的"现代性的隐秘任务"（1990；也参 Zolo 1997）。换一种说法，这一潜在的世界主义乌托邦不仅形塑了贝克（Ulrich Beck）的21世纪将催生一个新"世界主义图景"（2006）这一激动人心的话语，还造就了全球性民主治理支持者们所提出的政策导向（Commission on Global Governance 1995；参 Aksu and Camilleri 2002）。更发人深省的是，这种世界主义甚至在著名国际关系理论家温特（Alexander Wendt）的社会科学式分析推理中也找到了意想不到的共鸣。他在近年的著作中（2003）认为，从长期看来，一个世界性的国家不可避免。

与这些和谐的和声不同，施米特一生都将一体化的世界视为敌基督统治。他唱衰一体化的提醒虽然让人心烦，却是一种有益的不和谐声音，能让我们注意到这种主流观点中隐含的成问题的预设和政治危险。当我们看到单边军事主义和自由－人道主义诉求明显悖谬地结合

在一起时，当下的世界政治迫切地需要我们回顾施米特有力的控诉："任何援引'人性'者都想要欺骗。"（1996a:54）施米特敏锐地看到，人性概念中存在着划分对立双方的政治本质，因此，以人性为名的斗争，意味着否认敌人作为人的本质（2003a:103-104）。我会逐步展开以下内容。在本篇的第一节，我会聚焦于施米特在二战之后与世界秩序相关的作品，批判性地讨论施米特对"新大地法"可能结构的思考。这一"大地法"是从以欧洲为中心的传统国际法，即"欧洲公法"的灰烬中产生的。[167]在第二节，我将批判施米特对二战后世界秩序分析的某些层面。同时，我也会论述其国际政治思想对观察1989年之后的国际局势提供的有趣理论洞见，特别是其中"以西方为中心的、自由的、全球的"特质。在最后一节，我会通过对温特的上述观点——世界性国家在长期看来不可避免——进行一种"施米特式"的批判，来呼应本章开头。结论部分以一种启发式的、初步的方式，从施米特反对世界一体化的立场出发，并且超越甚或反对他，最后指向一种智识策略，该策略的目的是呈现一个文化多样、全球性的国际社会所需的更加多元的世界秩序。

寻求"新大地法"：
施米特对二战之后世界秩序的反思

当国际体系的结构已经清晰地显示为冷战的两极秩序时，施米特在1954年写的一篇小论文里认为，新的大地法可能具备三种不同的形式：

> 第一，也显然是最简单的一种，即目前全球对峙的双方中的一个取得了胜利。东西方的二元对立成为世界完全一体化之前的最后一步……第二种可能则是尝试保持先前大地法的均势结构……这意味着，之前英国对海洋的掌控需要进一步扩展为对海洋和空

间的同时控制,只有美国可能做到这一点……第三种可能则是几个独立的大空间或阵营(Großräume or blocs)并存。(2003d:354 - 355)

我不能在这里详细检讨这三种图景背后的复杂论述——尤其是因为,我认同关于施米特智识经历的连续性论断(参 Burchard 2006)——但就本章的目的而言,简要论述就已足够。我将逆序考察这三种图景。

众所周知,在"大空间"之间维持均势的猜想中,施米特展望了欧洲公法理性结构在一个不同层次上的复兴。在《大地的法》最后一部分中,他引人注目地叙述了这一复兴的目的:①"大空间"的多样性包含着一种"真正的多元",一方面呼应了国家对政治垄断的终结,另一方面呼应了对新 jus gentium[万民法]的需求。这一万民法的空间基础是内部相对同质且有实质区分意义的"更大空间"(2002:355;参 Piccone and Ulmen 1990)。或者说,这是与实证主义国际法中遭到猛烈批评的无空间普遍主义和空洞规范主义相反的解决方式。这种国际法最典型的代表就是"国联"机制。[168]在施米特 50 和 60 年代的晚期作品中,他简要考察了可能会开启这一多元主义(大空间)新时代的"第三种要素"。他在一处(1986:4)特别指出,"中国、印度、欧洲、英联邦、西班牙语地区、阿拉伯世界,以及其他尚不能预见的群体"是可能的候选人。而在另一篇文章里(Schmitt 1990;参 Kervégan 1999),他认为正在崛起的"第三世界"可能是打破世界两极结构的第三种力量,它会为

---

① 施米特一直坚持认为,他的"大空间"观念有门罗主义中的"西半球"势力范围作为历史例证(2003a:251 - 253)。对"大空间"概念的讨论,以及施米特与此话题相关的全部文本,可参 Luoma - aho(1999)。Ola Tunander 曾有效地界定了施米特的"大空间"概念:一群在工业和经济上相互依赖的国家,在一个核心权力或帝国建立的秩序中聚集,这个核心则将其政治理念辐射到更大的空间中去,并抵御外来军事干涉(1997:23)。在纳粹占领政策造成的困局下对"大空间"进行的有趣讨论,见 Stirk(1999)。

"大空间"多元性的出现开启一条道路。但是,这些都没有在施米特去世的1985年(享年97岁),也就是冷战将要结束之时出现。稍后我会再讨论,1989年之后的国际局势可能印证了施米特的预言及其思想的必要性。

第二种新秩序的可能形式是"先前霸权平衡结构的延续……美国是可以管理、平衡世界其余地方的大岛屿"(参2003d:355)。施米特认为这种情形是最有可能出现的,因为它有"传统和习惯的支持"(同上)。首先,这本就是欧洲公法的形式,基于欧陆领土平衡与海洋大英帝国相关的空间秩序。而且,在我看来,施米特对冷战的理解比较接近吉尔平(Robert Gilpin,1981,1987)等人。在这种解释中,冷战是Pax Americana[美利坚治下的和平],且与19世纪的英帝国一样,20世纪的美国是国际自由经济秩序不可或缺的最后支柱。

实际上,施米特的第二种图景与某些国际关系学者的主要理论有更大的相似性:在其后期作品中,施米特也讨论了与美国霸权相关的核心论题。学者们重新定义了国际关系中的权力,认为它不仅是单纯的军事力量,还涵盖了柔性的、结构上的、文化性的霸权(Nye 1990;Strange 1996;Cox 1981)。除去他们之间不可化约的理论区别,这些学者的理论都指向美国霸权的号召力和意识形态层面。施米特将这描述为伦理和经济的混合,以及"正式缺席与有效在场"的结合。这代表了美国有号召性的领导力中"人之能量的真正磁场"(2003a:255)。有趣的是,当施米特试图说明这些美国"磁场",即在门罗主义的西半球之外美国真正的影响力空间时,他列举了三个空间:经济财富的空间(国内外市场),美元发挥影响力的空间,以及语言和道德的优越性扩展出的文化空间——所谓Caesar dominus et supra grammaticam[凯撒也是语法的主人](Schmitt 1994:202)。这非常接近斯特兰奇(Susan Strange)对美国全球影响力的三个结构的论述:在传统安全结构之外的生产结构、金融结构和知识结构(Schmitt 1990;参Ulmen 2003:29-30;Piccone and Ulmen

1990:31 - 32;Strange 1996)。①

最后,施米特转向虽被认为不太可能却极其令人担忧[169]的世界一体化。在这种情况下,"(冷战)的胜利者会成为世界的唯一主权者。这个胜利者会占有全球——陆地、海洋和空间——并且会根据自己的计划和观念来划分并管理世界"(Schmitt 2003d:354)。紧接着,施米特补充道:"由于现代技术的效力,世界一体化似乎成了一个可以预先得到的定论。"(同上)但是,在本篇最后一节处理施米特对这一问题的分析之前,我试图以施米特自己的预测为背景,来解读他的三种图景。在上文提及的写于60年代早期的讨论战后秩序的文章中,施米特曾给出一种线性的发展框架:1942到1947年是冷战中的第一个"一元性"(monist)时期,主要表现是基于对未来世界一体化的共同认识所创建的联合国。随后是伴随两极结构出现的"二元对立"(dualist)时期。但其不稳定和脆弱的本质很可能会将其带入第三个阶段,即多元"大空间"的多极阶段——这也是施米特所期待的(参 Kervégan 1999:70;Ulmen 2003:29)。在他1978年最后发表的一篇文章中,施米特再次明确了自己的论点,点名提到美国和苏联这两个工业发达的大空间。这两个大空间"内部"的政治瓶颈已被克服,形成了一个联邦制国家和国家联盟。此外,还有尚不能确定的第三方——中国。它还没有完全具备在其大空间中不受外来政治干涉的能力。从这方面来看,世界政治已重新回到力量的均势。但是,用《大地的法》中的话来说,如果界限之外的图景是缺失的,那么这种秩序就是不完整的。这一界限之外的空间是一个由"不站队的、具备一定政治行动自由的国家"构成的外部区域,它会成为三个公认的"大空间"进行争斗和相互竞争的场所(1987:80 - 81)。这些

---

① Rasch(2003)对比了布热津斯基对美国权力的阐述,与此处观点相似。但是,对于施米特而言,权力的真实本质并不能还原为任何社会分析,它只能在对 nomos 概念的理论阐释中获得恰当回应,且以建立 nomos 的三个步骤——占取、分配和生产——为基础(Schmitt 2003b,2003c)。

就是施米特在新大地法这个问题上最后所写的东西:占取行动现在成了工业发展和市场竞争(cuius industria, eius regio[谁有工业,谁的国度])。"只有巨大的工业范围才可以使全球范围的占取成为可能",地球被首要地划分为工业发达区域和不发达区域。①

施米特认为,"工业发展带来的这一超国家趋势至今并没有导致世界政治一体化"(1987:80)。然而,因为新秩序仍不甚清晰,施米特的推理也仅是就不同的可能性而言。根据施米特自己对政治的定义,它们不能被规则化或简化为任何形式的既定或必然过程。故此,他直到生命尽头仍然对世界一体化保持批判态度。在同一篇论文中,他这样写道:

> 可以设想,经由一个工业强权对另一个工业强权的战胜,人类实现了政治一体化……这将是全球范围内的工业占取……世界性政治来临的那一天,就是它自身成为世界警察权力的那一天。(同上,着重为原文所有;参 Koskenniemi 2002:419–421)。

以西方为中心、自由的全球秩序:
施米特和 1989 年之后的局势

[170]事情并没有按照施米特的预测发展,但这既不重要也难以解释,因为施米特的思考方式并不追求社会科学式的预测。不过,如果我们动用一下"后见之明",在施米特自己"预测"的背景下使用他的三种图景,那么可以说,随着西方对东方的胜利,世界已从"二元对立"阶段发展到了"单极阶段"——尽管"二元对立"阶段也包含着"隐藏的单极"成分,如那些支持 Pax Americana[美利坚治下的和平]论调的人所概括的,且施米特在阐述"霸权平衡结构"图景时也看到了这一点。

---

① Ulmen 发现,施米特认为"杜鲁门理论"(在全球发展工业是美国的目标)是这一未来新大地法的原初文本(2003:30)。

"单极阶段"基于某种世界政治一体化,其程度要比1942年时更高,因为目前"全世界都只在玩一个游戏"。但是,以反对霸权、实现多极图景来对抗这种结构的势头也在逐渐增强(虽然这种对抗仍无法告诉我们即将到来的"新万民法"的内容)。换句话说,一种从单极、两极再到多极的施米特式次序长远看可能会得到实现。但目前,我们必须意识到,在事后看来,二元对立的冷战阶段包含着更多一元主义,而非多元主义因素。两极阶段其实是对一个更强一元性的制约,且当下的国际政治仍然在面对这个一元性。它极为具体的展现形式,就是以美国为中心的西方和自由世界秩序主导的政治与意识形态霸权。达尔麦亚(Fred Dallmayr)在《另一些看法》(Alternative Visions)的第一段中有力地论述了我想说的:

> 冷战结束后,世界发现自己置身于一个人类历史上从未出现过的情境之中:整个地球都被同一个霸权框架支配着,即西方文明与其经济、技术和思想推论。历史上的帝国都没有达到这种程度。无论是罗马、西班牙帝国,还是不列颠或中国,都没能将自己的"文明使命"扩展到整个地球和整个人类。但今日,世界上的所有国家和人都处于一种普世目标和指引之下:去"发展",或者说,去"现代化",以赶上西方建立和示范的文明标准。在很大程度上,"全球化"意味着现代西方生活方式在全球范围的扩展和传播。(Dallmayr 1998:1)

如这段引文所展示的,此种"霸权框架"与我们熟知的帝国模式有着奇特的相似性,但我们若要理解它,则需要实质上不同的分析方式。① 在我看来,任何从理论上理解现代世界秩序的尝试,都要直面其

---

① Hardt和Negri尝试给出一种新的帝国理论(2000)。在国际关系语境中讨论这一问题的努力见Barkawi和Laffey(2002),Alex Callinicos、Martin Shaw和R. B. J. Walker在 Millennium(2002,页32,no. 2)中对下一个问题进行了回应。本书第九章中,佐罗借助施米特的思想对当下"帝国"概念的使用进行了讨论。

西方中心论式的、自由的、全球的性质。施米特对国际问题的思考,恰恰为理解当前秩序的[171]这三重性质提供了一些有趣的洞见和指引,我将在这一部分的剩余内容中简要地描绘出这些可能性。

以美国为中心的西半球"全球划界思维"

施米特在《大地的法》中提出了"全球划界思维"(Schmitt 2003a:86-100),这是一个有助于理解当今世界秩序的西方中心性质的角度。施米特指出,自从著名的门罗主义在1823年出台之后,西半球就是美国外交政策的核心范围。用施米特的话说,西半球代表着美国界定其特殊利益范围的"大空间",也即"美洲"。最开始,它是一条围绕安全区域划定的自卫性界限,同时也是一条自我孤立、对抗欧洲的界线,建立在对陈旧、腐化之欧洲的蔑视之上。因此,施米特将其作为一种隔离线,意味着将存在疾病的区域与健康的区域划分开。同时,它也被赋予了一种根植于新教加尔文主义信仰的、得到"拣选"的道德诉求,用来表达真正的欧洲文明和国际法。施米特用有力的语言说道,这意味着真正的"西方","文明的中心转移到了更西的地方,那就是美国"(2003a:281-294)。然而,在卡尔所谓的"二十年危机"中,西半球原先的孤立主义本质发生了变化——这种性质在1939年的"巴拿马声明"(Panama declaration)中还能看到:欧洲参战方被告知不要在美洲大陆这一安全区域内采取任何敌对行为。之后,它则降格为普遍人道的全球干涉主义。以1941年美国官方宣布参战为标志,西半球回归到了一种更古老也更响亮的正义战争传统之中(Schmitt 2003a:259-280)。伴随着这一举动,欧洲公法最重要的元素,即对战争的理性化和限制,也与原先的大地法一起面临着终结。

在整个冷战期间,美国作为自由世界的守卫者持续进行的全球干涉,在两极结构的意识形态对抗中得到了正名。在1989年之后,它甚至得到了以人权(人道主义干涉)为名的强化,最近又换上了支持全球安全和民主(预防性战争和反恐战争)的外衣。这一变化可以得到下述事实的证明:中美和南美在门罗主义的最初框架内被视为美国的特殊利益,与美国共同构成了西半球帝国;但今天,较之于大中东、中亚、远东,即世界的其他部分,前者只有二流的战略地位。如此看来,施米特对西半球的分析仍然不过时,因为他的分析不像很多人使用"西半球"这一概念时那样,倾向于掩盖其作为新世界对抗旧欧洲的政治根源。因此,施米特有力地突出了所谓"大西洋两岸间的张力"(transatlantic tensions)。在我看来,这有助于把握这一议题在未来国际政治中的中心性。①

自由主义,技术,以及一个世界性的
集权、理性行政机器

[172]但是,仅靠唯一超级霸权所扮演的核心角色还不足以澄清新世界秩序的全部意义,就像 nomos[法]不能仅仅还原为其空间方位(Ortung),还必须包含对政治-法律秩序(Ordnung)的解释——所谓"所有法律都只是在特定位置中的法律"(2003a:98)。因此,在我看来,自由主义是描述当前全球困境的另一个必需因素。但是,自由主义是一个非常灵活且多面的概念。施米特意识到了这一点,并将其定义为许多不同事物"异常错综复杂的组合",包括:主体性、个人主义思想、议会民主、经济、伦理和技术(1996a:26,76;参 Galli 2000)。总体上说,自由主义是无法把握政治核心区分(敌友区分)的意识形态,但它又是盎格鲁-美利坚海权的核心。

  这种海权是以世界贸易和竞争为导向的,只有通过普世伦理这一间接方式,它才导向冲突与战争。(Galli 2000:1598)

作为构建和支持后冷战时期局面的特定思潮,自由主义的核心地

---

① 对当下美国大战略的讨论,Kagan(2003)和 Kupchan(2002)给出了相反的观点。

位既是自明的真理,同时又需要在国际关系背景中的大量理论探索。然而,就主流政治话语而言,最有影响的论断仍然是福山(Francis Fukuyama)给出的。他认为,随着共产主义的落败,世界历史已经到达了辩证过程的终点。自由主义成了目前全球唯一的选择,在人类线性进步过程的最终阶段,它代表了可供世界所用的唯一理性模式(1992)。从这一视角出发,新国际秩序的问题得到了极大简化,如果不是得到了最终解决的话。我们需要的只是自由主义的全球化,也即建立在自由市场、民主人权等自由理念之上的、更高程度的国际同质性。这些是国际体系合法性的新形式,为某种世界主义治理的发展和康德永久和平理想的实现提供了条件。用国际关系学界的术语来说,自由主义的最终胜利排斥或至少实质性地减轻了现代国际社会的两大特点:战争与无政府状态。而这也标志着我们所知道的国际关系历史的终结。

但在施米特看来,在自由主义背后一直起作用的操纵力是技术。这不仅仅指技术对政治的物质影响,比如施米特注意到的军事问题。更重要的是,在接连的去中立化和去政治化(这是现代性本身的动力机制)过程中,技术的本质是一种大众宗教或世界观。在过去四个世纪中,欧洲人的心灵从一个中立化领域移到另一个中立化领域,"从神学开始,到形而上学和道德,再到经济,直到形成纯粹和绝对的(技术性)中立立场,因为很明显,没有什么能比技术更加中立的了"(1993:138)。在[173]这个对抗政治悲剧本性的不可能的努力中,政治最终被转变成为世界性的官僚和理性行政机器(见 McCormick 1993)。这样我们就可以澄清,施米特为何认为"今日世界的命运不是政治,而是技术,技术是一个永不停歇的集权过程"(1996b:118)。我们也可将这个重大变化与世界一体化的图景联系起来。与福山相反,我们还可将它与其他类型的经验联系起来。后文还会进一步讨论这个未及预料的结合。

作为空间革命的全球化

最后,我想提出一些方式,使施米特的思想能被用以反思世界秩序的全球性质,也就是与全球化相关的议题。在《大地的法》中,施米特认为,19世纪产生的全球性经济带来了一种共同的经济法,也即国际私法,它的自由的结构性标准比每个领土国家在政治上(而非经济上)自足的政治性主权更为重要(2003a:235)。换句话说,施米特对经济权力的增长非常清楚,指出"恰恰就是在经济中,旧有的全球空间秩序才失去了它的结构"(同上,页237)。更为重要的是,施米特发现,如果自由海洋的原则没有与支持自由市场的国际法捆绑在一起,这种划时代的革命就不可能到来。而自由海洋法则的解释者,则是不列颠帝国。英格兰没有发展出欧陆国家中公法与私法分离的二元结构,因此能够与出现在每个欧陆国家的私人部分直接建立联系。这一重塑为将19世纪追溯为全球化的早期阶段提供了强有力的支持,同时也揭示了,离开隐含的(法律的和经济的)共同制度性标准,以及作为体系稳定之保护者、担保人的美国(天空和空间技术的主人),当代经济全球化便不能得到把握。

另外,更有意思的可能是施米特在《陆地与海洋》(2002)中给出的空间变革说。这是其后期作品中的一本小书,沃尔皮(Franco Volpi)曾恰当地称之为"最早书写全球化历史的书本之一"(2002:135)。对施米特而言,每一个巨大历史性变革的本质,就是它改变了包含着人之生存所有方面的空间图景和概念(2002:59,70)。这种变化曾在发现美洲和第一次环球航行时发生,故此,我们可以在16到17世纪的背景中讨论第一次全球性空间革命。在欧洲公法的空间秩序中,新全球性时代的空间革命找到了自身的政治图景和新的大地法。但这一西方理性主义的产物基于陆地与海洋间的根本对立,而这是一个独特历史事件的结果,即不列颠对海洋的征服。在"16世纪末,不列颠岛把[174]自身从大陆命运中脱离出来作为理想,开始了自己在海上的冒险"(Marramao 2000:1586)。在施米特看来,于这一历史性事件中,工业革命甚至是 20 世纪的技术革命才找到了自己在历史上不可或缺的条件。

有趣的是,我们可以注意一下当代有多少关于全球化的理论争论聚焦于空间概念:"由于许多社会关系从地理联系中解放出来,人们愈发生活在一个作为同一个地方的世界之中",而理解这一复杂过程的关键,正是被解释为压缩了时空、淡化了疆域的全球性交往(Scholte 2001:15)。① 对施米特而言,人类在某一时期对空间的意识与理解最为关键。由此,一种新的空间秩序才会出现。今天,我们对空间的认识随全球化发生了何种变化?世界是否被日渐认识为一整个没有界限的空间,而人们的生活也逐渐通过虚拟空间等方式展开?这一空间革命又会带来什么样的政治后果?这些都是需要借助施米特的空间革命思想来研究的重要问题。②

如果全球化可解释为一种新的空间革命,那么它也代表着技术无空间性、集权性、中立性的倾向进一步加强,直到世界一体化成为唯一可能的、理性且融贯的法律与政治秩序。我们知道施米特不会同意这一结论,虽然他能给出的理由可能更多是对这一秩序的规范性拒斥,而不是对当下历史趋势的考察。在《陆地与海洋》的最后几页,施米特开始从航空和无线电等技术发展勾勒全球空间革命的新阶段。但同时,他又克制这种反思,认为时机还未成熟。但他清楚的是,这一新的、由技术推进的空间革命会终结陆地与海洋间的对立,并切断控制海洋与控制世界间的根本性联系。同时,它还将终结恢复第一个全球性空间秩序的所有可能性。以此为基础,我将回到我出发的地方,即世界一体化不仅是今天的事实趋势,还是不可避免的政治解药这一主导性理论。

---

① 对全球化定义问题的批判性综述,以及对全球化影响国际关系的分析,见 Scholte(2000)。

② 在我看来,"批判性地缘政治"研究的急速增长在某些方面印证了施米特的反思,可见 Ó Tuathail(1996)。一个同样受施米特启发的从政治哲学角度对全球化的分析,见 Galli(2001)。

不可避免的世界国家：
对温特的"施米特式"批判

与其综述1989年后国际关系理论中支持世界一体化这个世界主义偏向的大量文献，①我选择专门讨论温特这位有代表性的国际关系理论家最近的作品（2003）。他认为，世界国家在长期看来不可避免。但在讨论之前，我要说明两个前提。

第一，温特立场的有趣之处首先在于，他的国际政治构建主义理论在[175]当代国际关系学界占有特殊地位。简单来说，我认为，温特的立场把握住了这一学科当下的"精神"（当然，在许多层面，它仍然是十分驳杂的）。用其评论者的话说，建构主义走出了国际关系学界在1989年后的"文化战争"，代表着一种"中间立场""新正统理论"和"中间路线"（Adler 1997；Kratochwil 2000；Smith 2000）。因此，也可以认为它代表了国际关系学界的一种普遍趋势。

第二，在《国际关系的社会理论》的前言中，温特将自己的理论与主导北美国际关系研究的现实主义并置，定义为"一种理想主义（idealism），一种结构性的理想主义"（1999：xiii）。然而，他想借此表达的，是在解释层面反对个体主义和物质主义的认识论。这一认识论支撑着在国际关系学科中占主导地位的"理性行动者"研究方式。温特并没有对可欲的未来国际政治表达任何规范性立场。但是，在"为何世界国家不可避免"这篇标题引人注目且富有挑战性的详实的文章中，两次

---

① Fukuyama(1992)，Held(1995)，Habermas(2001)，Linklater(1998)，Beck(2006)都可以作为国际关系和政治理论中这一趋势的例证。要证明这一点，可以注意Amitai Etzioni这样一位强烈支持社群主义立场的作者，都在其用社群主义方式研究国际事务的最后一本书中，给出了支持全球政府的结论（2004）。受施米特思想启发，从而对普世工程进行的批判，见Rasch(2000)，亦参Zolo更为间接的工作(1997，2002a，2002b)。

世界大战间理想主义的规范性规划融贯而清晰地重现出来。这一规划的体现形式,则是美国总统威尔逊和国联,也即一个世界政府的观念。如此,自称的(结构性)理想主义中原初的政治含义最终得到了证实,虽然我们被告知,这一次的论证建立在目的论的科学解释上。① 这种目的论预设,国际体系最终会走向世界国家这一终态,因为在国家内部存在着为承认而进行的斗争,而在国家外部,"无政府"的逻辑会导致军事技术和战争变得愈发具有毁灭性。因此,趋势是从国际体系变为国际社会,再变化成普世性的安全共同体,然后建立集体安全体系,最后成为一个世界性的国家。同时,与该过程中的每一阶段相连,一种更深厚的集体认同会相伴产生。

领土性主权的困境

让这篇文章进入我们讨论范围的原因有二:第一,温特处理了对施米特而言"在每一个法律判断中都非常实际且综合性的问题",也即,人性是否已为一种在世界范围内集中的政治权力做好了准备(2003b:335);第二,在处理这个问题时,温特以相反于施米特本人意图的方式,使用了施米特的主权定义。更重要的是,他将施米特的主权定义作为走向世界国家这个趋势不可避免的潜在标志。实际上,温特写道:

> 在施米特看来,主权有能力单方面地决定某些个人或群体不再属于这个共同体,如果必要的话,甚至可以杀死这些人。在下面,我们会发现,这些决定的不可问责性是形成世界国家的一个主要动力。(2003:505;着重为引者所加)

[176]相似地,温特宣称,集体安全作为解决方式仍然"不够"(用目的论的话语来说,"不稳定"),因为"它无权阻止一个国家退出,然后

---

① "目的论的解释,是参考一个系统指向的目的和目标来进行解释。"(Wendt 1999:496)。

为了侵略性的目的而武装自己"。他补充道：

> 更重要的是，集体安全没有完全满足得到承认的欲求。如果说，保留主权并不意味着保留国家单方面决定的权力，以及撤销某个行动者得到承认的地位乃至杀死这一行动者的权力，那么它又保留了什么呢？（同上，页523）

最后，反讽的是，"施米特式定义"的全部力量被用来否定康德对世界国家的反对。康德认为，这样一个国家将是专制的：

> 主权的要义是它可以针对非成员，不用承担后果地使用权势和暴力。这难道不就是"专制主义"吗？……无论是否得到正名，美国会对谁负起近来在科索沃、阿富汗和伊朗杀害上千人的责任？无论问责性问题在世界国家中会以何种面貌出现，它都比无政府状态中的问题要少。（同上，页526）

如上述引文所展示的，温特认为，从长期来看，正是与主权相连的决断主义中"无责任"的本质，使得领土国家无法理性解决要求承认的诉求。温特将国家杀死内部敌人（内战）和公共敌人（国家间战争）的决定定义为"无法问责"的，这在某种程度上是正确的。因为这些是纯粹的政治性决定，超越了且不能还原为任何已有的国家法律：在冲突及其敌友区分的极端可能性中，"主权者是那个决定例外状态者"（Schmitt 1985：5；Schmitt 1996a：38-39）。换句话说，"政治实体，依其本质而言，是一个能够做决断的实体……它决定什么是极端状况，以及根本性的敌友划分"，由此将自身显示为主权者（Schmitt 1996a：43）。

在这里，温特理论中的第一个内部困难得以揭示。如果说温特同意施米特，认为国家主权有"无责任"的本质，并将之作为温特自己国家定义的支柱，那么温特并没有理解，他不能将这一点"归罪"于领土国家，而应将之归罪于温特自己使用的施米特式主权概念。换句话说，如果领土国家将主权让渡给一个世界性国家（假设这是可能的话），那就会带来一个"世界中唯一的主权"(Schmitt 2003d:355)。但它也无法脱离政治的逻辑,即需要对例外和敌友区分做出决定。正因为如此,施米特才能说,[177]"世界性政治来临的那一天,就是它自身成为世界警察权力的那一天"(1987:80)。因此,施米特不会接受温特的乐观主义,后者认为世界国家将"把暂时的动荡视为犯罪,而非政治或历史"(Wendt 2003:528)。相反,施米特警示了这种危险的发展倾向,认为它带来的不会是暴力的终结,而是暴力的无限制且虚无主义式的增加。在歧视性(正义)战争和人道主义之敌这些概念中,他已经看到了这种倾向的实际发生:

> 今天的战争已经转变成了一种打击罪犯、侵扰者和害虫的治安行为,因此必须提出能更好地证成"治安轰炸"的理由。所以,我们不得不把受到歧视的敌人推向深渊。(2003a:321)

以及:

> 如果人们以人道主义为名进行歧视,且因此否定一个捣乱者和摧毁者作为人的资格,那这些只具有负面价值的人就成了非人,他们的生命就不再是最高的价值,而是无意义的、必须被毁灭的。(1987:81)

这样一个世界并非温特在其文章结尾所想的世界国家,他将这个国家视为比其他选项更加可欲,且在规范性的意义上更加优越。虽然他马上补充说,这与他进行的科学论证没有关系(2003:529)。但我要质疑的是,温特在上页引文中提及的近期武装斗争造成的平民伤亡,为何不能视为(或假设为)世界警察(以盎格鲁-撒克逊白人新教徒为主的治安法官们)执行法律,惩罚罪犯(科索沃)、恐怖主义者(阿富汗)和法外之徒(伊朗)所造成的不可避免的副作用呢? 也许真的不能,因为温特可能同意施米特的观点,即,

十 反对世界一体化:施米特、西方中心论以及自由的全球秩序　221

为保护或扩张经济权力而进行的战争,在宣传的协助下,一定会成为一场十字军东征或最无人性的战争。(Schmitt 1996a:79)

历史哲学的困难

借助施米特对世界一体化的思考,我还想关注温特论文的第二个方面。温特认为自己的"理论是进步主义的,虽然是在解释性层面,而不是在规范性意义上"(2003:492)。更为重要的是,温特承认,国际关系体系会走向一个特定终局这一论断,是基于一种"科学推演"。这一推演的形成是基于一些相关的(即使不是决定性的)经验证据,它们似乎表明,"政治权威有聚集成为更大单位的趋势"(同上,页503)。我不想涉及太多[178]温特相当擅长的复杂认识论论证。我想要顺着施米特的思路揭示,现今任何关于世界一体化的论证所关乎的,都只是一种历史哲学。在这个意义上,温特关于世界国家的目的论理论与之无甚差异,甚至更为"诚实":在社会科学中的目的论,难道不就是一种历史哲学吗?

就如我们已经指出的,对施米特而言,技术作为无法阻止的绝对性集权过程,是当代世界的命运。因此,世界一体化似乎是"不可避免的",它的实现只是时间问题(据温特估计,大概在一两百年之间)。但是,施米特论及的技术不能还原为工业经济和军事科学趋势——包括温特在内的所有世界主义支持者都将这一趋势指认为世界政治一体化背后的推动力。施米特首先要考虑的,是作为工业化国家大众思考方式和准宗教的科技。这一技术精神的核心是:

> 对一种积极形而上学的信仰——相信无限的权力,相信人可以主导自然,甚至主导人性;相信自然界限可以被无限地推后,相信变化和富足的无限可能。(1993:141)

只有从这一视角,即对"进步"和人性中"无限可完善性"的绝对"信念"出发,世界一体化这个现代版本的 civitas maxima[最大城邦]理想,才能许诺为人们带来"大地上的天堂"(1986:5)。

无论是冷战时期的东西方,还是马克思主义与作为启蒙继承人的自由主义,都共同分享了这一观点。施米特认为,这是一种历史哲学,且是在"'哲学'一词于启蒙运动中获得的(特定)意义上,与任何宗教性的历史观念相对"(同上,页6)。换句话说,在这里,"'历史哲学'是与'历史神学'相对的"(同上)。在为一系列献给卡尔斯特(Danoso Cortés)——施米特最欣赏的启蒙运动之敌——的论文写作的简介中,施米特指出,在历史哲学的时代,一个人为了证明他在政治上是正确的,必须展示自己"站在即将到来的事物那一边"(1996b:15-16;强调为引者所加)。这是在当今政治斗争中唯一可行的论据,但它只能把我们引向虚无主义或全球内战。因而在施米特看来,"历史哲学就是我们的问题"(1986:4)。我们必须恢复一种历史概念,其"核心和具体内容只是事件,它发生在过去,且不会重复自身"(同上,页8)。①

由此看来,无论他是否愿意,温特的目的论以对理性和进步不加质疑的信念,掩盖了这一历史哲学。这一点在他文章的最后一段得到清晰的揭露。他所提出的对"宏大战略的有趣的政策影响",无比清晰地展示了施米特在每种历史哲学中都发现过的政治逻辑。温特写道:

> 如果世界国家不可避免⋯⋯与其随着国家主权的沉船一同消亡,国家不如尝试在新兴[179]的全球体制中"争取最好的结果"⋯⋯简而言之,最好'跟上节奏',不要等到时不我待。(2003:529-530)

换句话说,就政治而言,温特唯一能说的就是:最好站在即将到来

---

① 在这篇题为"世界统一"的论文的西班牙文版本中,施米特曾简要地就"重要的历史性巧合"(great historical parallel)与"阻挡者理论"(doctrine of Katechon),指出基督教中的历史概念在当代的可能性。亦可参考 Dufferová(2004)。

的事物那边。这样，他的目的论解释也显出了真实面貌：它正是一种历史哲学，是在施米特看来深藏于所有支持世界一体化论断背后的问题。

回顾一下本章的主要论点，对温特的施米特式解读揭示出，在目前倾向于世界一体化的理论中，有两个起关键作用的规范性逻辑：将领土性主权视为 summum malum[至恶]，是需要摆脱的政治黑暗面，以及一种以 summum bonum[至善]为目标的历史哲学。不幸的是，就像科伦坡在本书第一章中清楚地展示的那样，国家主权的消失和对历史哲学的青睐，并没有打开通向永久和平的道路。在施米特看来，这反而意味着有限战争和人道战争的终结，标志着人类进入了一个战争无限加剧和全球内战的危险时代。

结语：为了一种超越施米特的智识策略

施米特二战之后关于世界秩序的作品为读者提供了一趟精彩的旅程，两条不会相交的线索界定了该旅程的范围：一条属于过去，是不会重复的独特历史，也即欧洲公法的界线；另外一条则属于未来，是一种超出历史的、不可能的概念，即世界一体化的界线。在这两条线之间，施米特寻求着一种新的大地法。他预言，或者说他希望，在冷战的脆弱秩序之后，会出现"大空间"的多元秩序。这被证明是虚妄，或仅仅是不成熟的。但无论如何，施米特的思想为我们澄清当前的全球局势提供了丰富的洞见与思想资源。从这点来说，应该将《大地的法》视为国际政治思想的一部经典作品。

通过将当代国际关系理解为西方中心的、自由的全球国际社会，我已尝试展现施米特思想的潜力。施米特的分析证实了布尔（Hedley Bull）和沃特森（Adam Watson）在《国际社会的扩展》导论中的观点：

> 我们当然认为我们的研究对象只能在历史的视域中得到理解，而且，没有对生成这一研究对象之过去的理解，当前的普遍国

际社会就不可能有任何意义。(1984:9)

不仅如此,与英国学派相连的国际社会传统应该得到有哲学深度的、法的概念的充实。这样,它才能避免僵化为一种国家间体系及其现代模型,并有能力应对"空间革命"、合法性以及思想层面的深层挑战。具体来说,我认为,这[180]需要在国际政治的语境中而对自由主义和技术的问题。另一方面,对目前全球局势的施米特式分析要面对英国学派在理解国际社会扩张时的重要直觉。后者感受到,自二战以来,整个国际社会对西方主导地位的挑战在不断加剧。布尔将之称为"对西方的反抗"。尤其是在文化层面,它体现为非西方世界对自身文化本真性(cultural authenticity)的寻求(Bull 1984)。施米特认为反殖民主义无力创造新空间秩序的论点(1990)在今天是不充分的,因为我们已经进入在文化上反抗西方的时代。这可能是时空上都生活于20世纪欧洲中心,且承认自己是欧洲中心论者的思想家所看不到的。在这个意义上,施米特非常清楚,一个英格兰这样的岛屿(他会补充道:一个多么伟大的岛屿)的视角与欧洲大陆的视角是非常不同的(见 Schmitt 2002)。

我们回到了一个由多种文化和宗教组成的世界政治,它们挑战着当下国际社会中的自由和西方中心框架(见 Petito and Hatzopoulos 2003)。或许正是与这一点相连,施米特反对世界一体化的末世论立场才与我们有至高的相关性。① 对文化多样和全球化的国际社会而言,充分的、未来的大地法不能只是自由的、西方中心的:它要求一种呈现多种文化和文明的重要概念。一个根本性的空白笼罩在普世自由主义之上。这种政治传统在已有共同体的日常生活中取消了文化与宗教认同的中心性,将政治还原为哈维尔(Havel)所批评的"技术化的世界秩序"(见 Petito 2003)。

在这一背景下,我们需要一种知识策略,它应当能够揭示普世性国

---

① 就施米特思想中末世论维度的中心性,见 Taubes(2003)。

际关系理论的困难。如我们在温特的例子中所见的,这种理论的构建方式是,将领土性主权当作至恶,将历史哲学赋予至善的目的,并将二者简单地对立起来。从这个角度看来,呼吁"文明间的对话"不是一种表达愿望的想法,而是对政治需求的现实回应。我们需要为未来的万民法和多元世界秩序创造思想和实践条件,其目的并不是在人间建立天堂,而是首先阻止世界变成地狱(见 Palaver 1995)。① 施米特曾说过,Ab integro nascitur ordo[完整被打破,秩序乃生成]。在其代表作的前言中,他以此句作结:

> 大地已给予建立和平者以许诺,新大地法的观念只属于他们。(2003:39)

参考文献

Adler, E. (1997) 'Seizing the middle ground: constructivism in world politics', *European Journal of International Relations*, 2: 319–363.

Aksu, E. and Camilleri, J. (eds) (2002) *Democratizing Global Governance*, New York: Palgrave.

Barkawi, T. and Laffey, M. (2002) 'Retrieving the imperial: empire and international relations', *Millennium*, 31, no. 1: 109–127.

Beck, U. (2006) *The Cosmopolitan Vision*, Cambridge: Polity Press.

Bull, H. (1984) 'The revolt against the west', in H. Bull and A. Watson (eds) *The Expansion of International Society*, Oxford: Clarendon Press, 217–228.

Bull, H. and Watson, A. (1984) 'Introduction', *The Expansion of International Society*, Oxford: Clarendon Press, 1–32.

Burchard, C. (2006) 'Interlinking the domestic with the international: Carl Schmitt on democracy and international relations', *Leiden Journal of International Law*, 19, no. 1: 9–40.

---

① Palaver 认为如下想法并不完全有悖于施米特的观点:"在新的、多元的全球秩序中,宗教也会扮演一个重要角色。施米特在 1962 年讲授世界秩序的未来时宣称,由于现代科技的主导性,对那些创造这一新秩序的人来说,所有的大空间都会作为这些人的精神实质发挥作用。除了文化、种族、语言和民族遗产,宗教也参与铸就了这种精神实质。"(1995:113)

Carr, E. H. (2000) *The Twenty Years' Crisis: an introduction to the study of international relations, 1919–1939*, ed. M. Cox, Basingstoke: Palgrave.
Commission on Global Governance (1995) *Our Global Neighbourhood*, Oxford: Oxford University Press.
Cox, R. (1981) 'Social forces, states and world order: beyond international relations theory', *Millennium*, 10, no. 2: 126–155.
Dallmayr, F. (1998) *Alternative Visions: paths in the global village*, Lanham, MD: Rowman & Littlefield.
Dufferová, A. (2004) 'The historical thinking of Carl Schmitt and its significance for world order', paper presented at the section on 'The International Political Thought of Carl Schmitt', 5th Pan-European International Relations Conference, The Hague, 9–11 September.
Etzioni, A. (2004) *From Empire to Community: a new approach to international relations*, New York: Palgrave Macmillan.
Fukuyama, F. (1992) *The End of History and the Last Man*, New York: Free Press.
Galli, C. (2000) 'Carl Schmitt's antiliberalism: its theoretical and historical sources and its philosophical and political meaning', *Cardozo Law Review*, 21: 1597–1617.
—— (2001) *Spazi politici: L'età moderna e l'età globale*, Bologna: Il Mulino.
Gilpin, R. (1981) *War and Change in World Politics*, Cambridge: Cambridge University Press.
—— (1987) *The Political Economy of International Relations*, Princeton, NJ: Princeton University Press.
Habermas, J. (2001) *The Postnational Constellation: political essays*, Cambridge, MA: Polity Press.
Hardt, M. and Negri, A. (2000) *Empire*, Cambridge, MA: Harvard University Press.
Held, D. (1995) *Democracy and the Global Order: from the modern state to cosmopolitan governance*, Cambridge: Polity Press.
Kagan, R. (2003) *Paradise and Power: America and Europe in the new world order*, London: Atlantic Books.
Kervégan, J. (1999) 'Carl Schmitt and "world unity"', in C. Mouffe (ed.) *The Challenge of Carl Schmitt*, London: Verso, 54–74.
Koskenniemi, M. (2002) *The Gentler Civilizer of Nations: the rise and fall of international law 1870–1960*, Cambridge: Cambridge University Press.
Kratochwil, F. (2000) 'Constructing a new orthodoxy? Wendt's "Social Theory of International Politics" and the constructivist challenge', *Millennium*, 29, 1: 73–101.
Kupchan, C. (2002) *The End of the American Era: U.S. foreign policy and the geopolitics of the twenty-first century*, New York: Alfred A. Knopf.
Linklater, A. (1998) *The Transformation of Political Community: ethical foundations of a post-Westphalian era*, Cambridge: Polity Press.
Luoma-aho, M. (1999) *Concept(ions) of the (Geo)Political: critical decontextualisation of Carl Schmitt's geopolitical reasoning*, Rovaniemi: University of Lapland Publications.
McCormick, J. P. (1993) 'Introduction to Schmitt's "The age of neutralization and depoliticizations"', *Telos*, 96: 119–129.
Marramao, G. (2000) 'The exile of the *Nomos*: for a critical profile of Carl Schmitt', *Cardozo Law Review*, 21: 1567–1587.

Nye, J. (1990) *Bound to Lead: the changing nature of American power*, New York: Basic Books.
Ó Tuathail, G. (1996) *Critical Geopolitics: the politics of writing global space*, London: Routledge.
Palaver, W. (1995) 'Carl Schmitt on *nomos* and space', *Telos*, 106: 105–127.
Petito, F. (2003) 'Havel and the future of international relations', *World Affairs*, 4: 106–119.
Petito, F. and Hatzopoulos, P. (eds) (2003) *Religion in International Relations: the return from exile*, New York: Palgrave.
Piccone, P. and Ulmen, G. L. (1990) 'Schmitt's "testament" and the future of Europe', *Telos*, 83: 3–34.
Rasch, W. (2000) 'A just war? Or just a war? Schmitt, Habermas, and the cosmopolitan orthodoxy', *Cardozo Law Review*, 21: 1665–1684.
—— (2003) 'Human rights as geopolitics: Carl Schmitt and the legal form of American supremacy', *Cultural Critique*, 54: 155–188.
Schmitt, C. (1985 [1922]) *Political Theology: four chapters on the concept of sovereignty*, trans. G. Schwab, Cambridge, MA: MIT Press.
—— (1986 [1956]) 'L'unità del mondo', trans. G. Ferracuti, *Trasgressioni*, 1: 117–128. Available online at: www.ilbolerodiravel.org/vetriolo/schmitt-unitaMondo. pdf, 1–12 (accessed 29 June 2006).
—— (1987 [1978]) 'The legal world revolution', trans. G. L. Ulmen, *Telos*, 72: 73–89.
—— (1990 [1962]) 'Die Ordnung der Welt nach dem zweiten weltkrieg: Vortrag von 1962', trans. G. Maschke, in Piet Tommissen (ed.) *Schmittiana II*, Brussels: Economische Hogeschool Sint-Aloysius.
—— (1993 [1929]) 'The age of neutralizations and depoliticizations', trans. G. L. Ulmen, *Telos*, 96: 130–142.
—— (1994 [1932]) 'Völkerrechtlichen Formen des modernen Imperialismus', in *Positionen und Begriffe im Kampf mit Weimar – Genf – Versailles 1923–1939*, 3rd edn, Berlin: Duncker & Humblot, 184–203.
—— (1996a [1932]) *The Concept of the Political*, trans. J. H. Lomas, Chicago: University of Chicago Press.
—— (1996b [1950]) *Donoso Cortés interpretato in una prospettiva paneuropea*, trans. P. Dal Santo, Milan: Adelphi Edizioni.
—— (2002 [1954]), *Terra e mare: una riflessione sulla storia del mondo*, trans. G. Gurisatti, Milan: Adelphi Edizioni.
—— (2003a [1950]) *The Nomos of the Earth in the International Law of the Jus Publicum Europaeum*, trans. G. L. Ulmen, New York: Telos Press.
—— (2003b [1953]) 'Appropriation/distribution/production: an attempt to determine from *nomos* the basic question of every social and economic order', in *The Nomos of the Earth in the International Law of the* Jus Publicum Europaeum, trans. G. L. Ulmen, New York: Telos Press, 324–335.
—— (2003c [1957]) 'Nomos – Nahme – *Name*', in *The Nomos of the Earth in the International Law of the* Jus Publicum Europaeum, trans. G. L. Ulmen, New York: Telos Press, 336–350.
—— (2003d [1955]) 'The New Nomos of the Earth', in *The Nomos of the Earth in the International Law of the* Jus Publicum Europaeum, trans. G. L. Ulmen, New York: Telos Press, 351–355.

Scholte, J. A. (2000) *Globalization: a critical introduction*, Basingstoke: Palgrave.
—— (2001) 'The globalization of world politics', in J. Baylis and S, Smith (eds) *The Globalization of World Politics: an introduction to international relations*, Oxford: Oxford University Press, 13–32.
Smith, S. (2000) 'Wendt's world', *Review of International Studies*, 26, no. 1: 151–163.
Stirk, P. (1999) 'Carl Schmitt's *Völkerrechtliche Grossraumordnung*', *History of Political Thought*, 20: 357–374.
Strange, S. (1996) *The Retreat of the State: the diffusion of power in the world economy*, Cambridge: Cambridge University Press.
Taubes, J. (2003 [1987]) *En divergent accord: à propos de Carl Schmitt*, Paris: Edition Payot & Rivages.
Toulmin, S. (1990) *Cosmopolis: the hidden agenda of modernity*, New York: Free Press.
Tunander, O. (1997) 'Post-cold war Europe: synthesis of a bipolar friend–foe structure and a hierarchic cosmos–chaos structure?', in O. Tunander, P. Baev and V. I. Einagel (eds) *Geopolitics in Post-Wall Europe: security, territory and identity*, London: Sage, 17–44.
Ulmen, G. L. (1996) 'Toward a new world order: introduction to Carl Schmitt's "the land appropriation of a new world"', *Telos*, 109: 3–27.
—— (2003) 'Translator's introduction', in C. Schmitt, *The Nomos of the Earth*, trans. G. L. Ulmen, New York: Telos Press, 9–36.
Volpi, F. (2002) 'Il potere degli elementi', in C. Schmitt, *Terra e mare: una riflessione sulla storia del mondo*, trans. G. Gurisatti, Milan: Adelphi Edizioni, 115–149.
Wendt, A. (1999) *Social Theory of International Politics*, Cambridge: Cambridge University Press.
—— (2003) 'Why a world state is inevitable', *European Journal of International Relations*, 4: 491–542.
Zolo, D. (1997) *Cosmopolis: prospects for world government*, Cambridge: Polity Press.
—— (2002a) *Invoking Humanity: war, law and global order*, London: Continuum.
—— (2002b) *I signori della pace: una critica del globalismo giuridico*, Rome: Carocci.

十一 欧盟法的演进和施米特的欧洲秩序理论[*]

伯吉斯 撰　郭小雨 译

领土、主权和法学

[185]施米特的《大地的法》(2003)无论从体裁还是研究路径上说,都与其更早在魏玛时期和两次世界大战之间的作品不同。这本写于1942年到1945年间的书进一步延展了已在其志业中确立的主题,将原先于德国国家层面从法学角度讨论主权与合法性的悲观态度延展至国际法层面。与他认为法学在国家层面已历史性地退场一致,《大地的法》展开了对欧洲中心的国际法秩序逐渐失势的历史性分析。这一秩序起源于古希腊,终结于二战后的国际法机制。此书独到地分析了"国联"所体现的国际法世界,并将其根源追溯至后拿破仑时代的门罗主义(1823)。

具有独创性的是,施米特将对欧洲公法衰落的历史性证明,与特定欧洲空间秩序的丧失联系在一起。对施米特而言,人与大地间关系的变化性质对传统法律秩序具有决定作用。在他眼中,欧洲国际法即欧洲公法的历史链接,与支撑它的旧国际秩序一道坍塌了。作为民族国家基础的领土性已发生变化,连带着造成主权的民族国家范式及以此

---

[*]　在此感谢 Sonja Kittelsen 为准备本章提供的帮助。

范式为基础的国际法结构,都发生了变化。①

欧洲一体化进程走得比历史上任何一个欧洲乌托邦思想家所幻想的都更远。除了 2005 年 5 月和 4 月在法国和荷兰公投失败的政治挫折,欧盟宪法条约草案的诞生,以及 2004 年 5 月 1 日开始的欧盟扩展(罗马尼亚和保加利亚 2007 年加入欧盟时,此次扩展完成),都强有力地展示了制度一体化中一系列统一、融贯的原则。针对法国和荷兰为何拒绝了宪法草案,有分歧明显的解读(de Boisgrollier 2005;Moravcsik 2005),虽然大部分都聚焦于国内原因,[186]如对欧盟快速扩张的怀疑主义(Hooghe and Marks 2006;Whitman 2005)。在此背景下,关于欧洲法律体系本质和目标的问题变得更为紧迫。通过既定的制度性安排而成为欧洲,这到底意味着什么?欧盟法律体系有多欧洲(Niess 2001:9-10;Burgess 2002:469-470)?什么是根本意义上的欧洲,以及它需要何种制度性机制,都是远未解决的问题(Pageden 2002;Passerini 2002)。欧洲一体化与欧洲人的团结是两回事,前者也不等于政治制度、政府、议会和法院的整合。它有一些更多的东西,虽然它也明显缺失了些什么。

施米特在 20 世纪 40 年代中期预测,全球化时代即将终结,一种新的、尚无人涉足的世界秩序会产生。如果这种预言是正确的话,那么欧洲领土性与传统国内、国际法之间的 sui generis[独特]关系会塑造欧洲法律变化之中的特征。而当时新兴的欧洲煤钢联营(European Coal and Steel Community)作为今天欧盟的先驱,也面临相似的历史处境。这一

---

① 施米特对欧洲概念构成的理解贯穿其整个学术生涯。根据 John P. McCormick(2003)的研究,我们可以将其大致划分为四个阶段:20 世纪 20 年代在《政治的浪漫派》中展示的,以基督教为根本的欧洲计划(Schmitt 1925);20 年代后期,最直接地体现在"国家内部中立性的难题"(The Problem of the Domestic Neutrality of the State)这篇论文之中,强调作为中心的欧洲(Schmitt 1930a);国家社会主义的"大空间"理论(Schmitt 1939);战后分析 nomos 的作品。

组织的设计师们用着与施米特相同的文化、社会、法学原料，在相同的具体历史经验背景下，进行着思想探索。对施米特和《巴黎协定》的签署者这些立场如此不同的观察者而言，根本的时代洞见都在于，基本概念、范畴和价值，包括法律概念和预设，都是超国家和超领土的；出于结构性原因或历史的偶然性，它们反抗了我们时代的政治和法律制度。①而欧洲目前的特殊性，在于处理法律和空间关系的独特方式。

然而，施米特判断国际组织有效性的根本标准不是"国际化"，而是"国家间"。从法律的角度来说，它必须使 jus inter gentes[国际法]和 jus gentium[万民法]这两个任性的同伴重新建立联系。同时，它还需实际地、后黑格尔式地承认，在任何机构中实现文化、政治和法律普世性是不可能的，不论这个机构地方性的、全国性的，还是超国家。

就像我们将要看到的，欧盟法律在概念图景上的定位奇怪而复杂，它介于一种国际法模式和联邦模式之间。欧洲建设计划要实现一种法律，它可以在普通法传统中与国家法律传统进行沟通，这种传统建立在由文化决定的规范和习俗的基础上；同时，它又诉诸普世原则和国际文明规则的形式主义。欧洲正义法庭（ECJ）于 1952 年通过欧洲煤钢联营条约

---

① 值得注意的是，仅仅在施米特《大地的法》出版的第二年，欧盟创始成员国——法国、德国、卢森堡、意大利、比利时、尼德兰——就签订了《巴黎条约》，建立了欧洲煤钢联营。这一核心为和平哲学的条约试图确保欧洲煤钢产业的互惠融合，并将该条约视为导向国家利益统合的首要且关键一步。如此，欧洲和平不仅由国家之间的外交来保证，还由取消国家的政治-经济主权来保证，虽然后者只能逐步在有限的领域内进行。此协定被视为在消解国家边界这个长期、持续过程中迈出的第一步。它建立的基础是，欧洲国家的价值已经不能通过那些民族国家来反映，而是超越且先于它们。莫内（Jean Monnet）说道："舒曼提议要么是革命性的，要么是无意义的。这些提议不可摒弃的第一原则，即在有限却关键的领域中放弃主权。不建立在这一原则基础上的计划，对解决威胁我们生存的主要问题没有助益。国家间的合作虽然重要，但不能完全解决我们的困难。我们必须寻求的，是欧洲人民利益的融合，而不仅仅是这些利益间的均衡。"（转引自 Fontaine 2004：17）

建立，并被之后的一系列协定赋予新的活力。它不断面临的挑战，就是在不同的法律地带间航行：一般的国际法，成员国间的法律，成员国与非成员国间的法律，以及欧盟作为整体同成员国间不断增长的独特法律。

本章旨在讨论施米特对[187]欧洲公法的历史性分析，与1950年到2006年的欧洲建设这一宏大地缘政治和文明规划之间的联系。本章关注的，是这一规划在欧盟法演进中的体现，探索了nomos[法]这一概念对欧盟演进本质的适用性，并以此概念解释欧洲法律系统的基本要素。文章认为，欧洲法是从欧洲建设过程中演化出来的，因此它不能替代欧洲公法，成为新的大地法。然而，我们对20世纪50年代之后欧洲法律构建的研究，证实了施米特的诊断，尽管并不包括其悲观主义。我们揭示出，演进中的欧洲法律系统或可以为施米特提出的问题给一个答案：在回应他所预见到的挑战中，一种新的秩序正在生成。但是，这种秩序是"有限"普遍性和地方特殊性的辩证混合，它支持多元文化的价值流动。而这与领土有着系统性的模糊联系，在全球经济中起着作用，且受到超出"传统"欧洲国家间空间的安全议程的保护。

施米特"大地的法"的概念

施米特在《大地的法》和一些其他战后作品中的关切，是强调国际法的历史特殊性并引出其后果，以及勾画国际法的历史界限及其在世界史历程中的有效性范围。它尝试建立国际法本质中的根本性变化与世界文化、社会、政治和空间秩序变化间的历史性关联。

离开同样具有开创性意义的概念工具，《大地的法》不可能做出如此有吸引力和革新价值的历史分析。特别是，施米特基于对nomos概念的特殊解读和应用，分析了国际法和欧洲法律秩序的演进。在古希腊，nomos可定义为"习惯性的实践、使用和占有"。由此，它可一般地翻译为"法"，或"法令""习俗"，来源于习惯性的行为、上帝的法、既存神祇的权威，或者仅仅是公共法令（Liddel and Schott 1940）。再者，nomos 也可以理解为理性意义上的"法",指事物的"统治"秩序,或我们今天所说的"话语"。最后,它来自动词 neimô,意味着"划分""分配"或者"分发"。因此,它也是在自然和超自然层面对理性的分配,是对时空内事物的逻辑性组织。它呈现了理性秩序的空间化。Nomos 隐含着一种权力,像施米特自己强调的,它会引发权力层面的混乱。它能够指定权力的主体、权力的拥有者和执行者,但不应局限于这个意义(Schmitt 2003:338)。

所以,nomos 既指领土,也指这一领土上组织秩序的理性或话语。它指定了通过占有土地而建立的秩序。占有了土地,也就是[188]建立了在土地之上及其周围的主体性与权力,以及所有权和行动之间的关系。它也指建立秩序这一行动,指通过对土地的原始划分而进行的逻辑或理性的话语行动(同上,页341)。更重要的是,nomos 并非静态,它构成了领土秩序的现实。划分、分割土地,或对土地进行的空间性组织,绝非一个简单的、让领土和对其进行管理的行政法律得到清晰呈现的瞬间,而是一个塑造了领土之中、之上和周围动力机制的生产性过程。确实,施米特阐发 nomos 这一概念,就是为了反对实证主义对法律秩序的理解,并提供一个替代性选项。这种实证主义理解被他视为对当时欧洲法律的官僚主义式侵占。在《大地的法》中,施米特重申,

> 所有的习俗、思想和表达都由实证主义建构的情形所主导。规范主义和实证主义继而成了世界上最有说服力和最为自明的方式,特别是在除了现状之外没有任何其他视域的情况下。(同上)

因此,nomos 不可理解为工具性的法律规范,不应离开其运用或脱离其判罚所针对的领土来理解。相反,领土作为定居或未定居空间的根本意义,也即领土的领土性,是与 nomos 共同诞生的。这也是施米特在称 nomos 为"建构性"时所理解到的内容:它通过组织这块土地而构成了其领土性。这实际上是用建构现实的方式对现实进行的秩序化。由土地占有情况构成的地理现实影响着国际法的面貌和形式。

欧洲公法和新的欧洲秩序

施米特1943年开始写作一篇题为"欧洲法律的困境"的论文,与《大地的法》的写作时间大致相同。在该论文中,施米特评价了他认为具有最高水平的欧洲法律,并以此从现实和可能的法律框架出发,对欧洲共同体的性质进行了评论。

对施米特而言,急剧扩张的法律实证主义形塑和决定着非正式欧洲法律共同体的演进。根据这种施米特认为正在整个欧洲蔓延和发展的模式,法律的形式有效性绝对地落实于法条以及愿意执行这些法条的国家。实证主义的立场是,法律总体而言是工具性的,其有效性等同于执行它们的力量。对于政治在两次世界大战后撕裂、破碎的欧洲而言,法律没有实质性基础。这里,施米特指的是欧洲民族国家的特征,即各自为政,却又表现得像在共享一种法律秩序。我们今天所见的以欧盟法为机制的共同欧洲法律秩序,在当时前景渺茫,因为,施米特解释道,即使有这样一个欧洲法,也没有共同的政治意愿去执行它。当然,这确实是欧洲团结在1943年的实情。

接下来,在《大地的法》和其他作品中,施米特将他对欧洲法律状况的批判与[189]对欧洲公法传统(即欧洲国际法)衰落的批判结合起来(Schmitt 1957:386)。从法律实证主义的视角来看,国内法和国际法已经完全分离开来。施米特认为,它们有着两种完全不同的法律源头和程序原则。由此,外部和内部秩序彼此分离,政治现实主义成为一种持久有效的政治理论(见 Koskenniemi 2000:22 – 24)。国内和国际成为两个完全不同的领域,没有了概念上甚至是实践中的联系。对实证主义者而言,欧洲国家间订立的约定和协议,严格来说与非欧洲国家间订立的约定和协议并无二致。两个欧洲国家可能乐于达成它们与非欧洲国家无法达成的国际协定,但这在实证主义者眼中只是个偶然(Schmitt 1957:388;参 Slaughter 1995,1997)。

从 17 到 19 世纪,欧洲精神发展出了一种特定的国际法。然而,到 19、20 世纪交接之时,国际法却消解为全世界五六十个国家间无数不可区分的国家间关系。换句话说,它成了一种无框架的普遍性。(Schmitt 1957:388)

施米特对(非实证性)融贯法律秩序之缺乏的担心,与他在别处对国际法律秩序(即国联和联合国)的批判建立在相同的基础上:这是一种融合物,而不是一个相互联系、有机的法律系统。但是,如施米特强调的那样,现实的怪异之处是,欧洲国家共享着足够相似的法律体系,可以作为一个法律共同体的基础。从理论上来看,欧洲具备施米特所寻找的条件:一个基于特定历史和地缘政治轨迹的共同法律基础。那么,欧洲各个国家法律体系共同的伦理、政治、文化基础难道不能满足施米特的标准吗?这难道不会使欧洲公法的进一步发展显得更必要且有吸引力吗?如果答案是否定的,即欧洲法律体系仍然不是施米特意义上的欧洲公法,那又是什么将二者区分开来?

新的欧洲秩序不会是一种所有欧洲民族国家都接受的、同一且平行的法律体系,不会是它们共享不受各国特殊性影响的、有着单一传统的法律秩序,也不会类似于对作为"欧洲精神和思想的共同法则"的罗马法进行的再传播(同上,页 392 – 393)。这种再传播与国家的"原子化"相对立。而这种"原子化"是施米特在检讨国联和联合国时猛烈批判的对象。真正的欧洲公法既超出又还不及一种被动接受的共享传统,它既要依赖一种共享的传统,又需要国家的、[190]个体的、就事论事的特殊性。实际上,在欧洲,一种跨部门的法律秩序已经出现,并在持续发展。

欧洲秩序的普遍性和特殊性

从《威斯特伐利亚条约》(1648)中浮现的新地缘政治格局建立在对安全的考虑之上。就算暂不顾及政治蓝图,欧洲文化也一直努力从地缘政治特殊性的角度看待自身,视自己为地域、文化和历史之诸多可能性的一个交汇点。但实际上,欧洲文化的自我理解远非强调特殊性,而恰恰发明了对普遍性的标榜。欧洲公法思想不可避免的发展就是这种标榜的典型体现。最近遭遇挫折的欧洲宪法,如它奠基在协定上的"前辈"一样,也对欧洲进行了概念化。这种价值本身的逻辑拒绝将自己地域性地限制在欧洲大陆。如宪法草案的序言所述:

> 受到欧洲文化、宗教和人文遗产的启迪,我们从中得到了人权、民主、平等、自由和法治这些不可侵犯和剥夺的普世价值。我们相信,在经历了痛苦之后,欧洲会继续回归文明、进步和繁荣的道路,为所有的定居者,包括最弱者、最受剥削者提供好处。我们相信,欧洲希望自己仍是一个对文化、学习和社会进步保持开放的大陆,它希望强化公共生活中民主和透明的本质,并在全世界争取和平、正义和团结。欧洲人民坚信,在仍对自己的国家身份和历史感到骄傲的同时,我们一定能超越旧有的界限,更紧密地团结在一起,打造一种共同的命运。(European Commission 2004:12)

欧洲的过去被视为其现在和未来价值的基础。根据这个序言,在过去中可以找到启迪,这有助于发展现今不可侵犯和剥夺的"普遍价值"。这些价值虽然是普遍的,但是必须再次被认定为今日欧洲的基础,既用来克服过去的分裂,也用来形塑共同的"命运"。虽然这是欧洲的命运,但它似乎也遭遇了不小的威胁,以至于要从过去得到启迪来护卫它。这些开场白中包含着一种从根本上来说不稳定却持续存在的普遍性概念。一方面,欧洲过去的文化遗产是当下普遍价值的根源,是指引我们时代欧洲建设的基本政治原则。另一方面,过去却是分裂和冲突的。我们必须克服这些冲突,才能利用带来我们现今团结的[191]价值。但这些价值在过去也是价值,而我们的当下也需要过去的启迪。如此而言,普遍价值的逻辑非常奇怪:过去的普遍主义是有缺陷的,我们必须超越它,才能实现普遍主义。

这就是在一种超越的普世性概念和一种规范的普世主义之间的张力。前者的源头和命运，正如施米特国际法的神秘起源一样，注定是隐秘的。而后者则是一种即将到来的普遍性（universalism－to－be），它在某种意义上已经存在，但仍然需要通过欧洲建设来实现和操作。在法律中，普遍性和特殊性的辩证对立代表着一种情形，即对法律的特殊应用在所有地方、所有时间都是相同的，因而是普遍的。根据欧洲法律的原则，在国内和地方层面，特定的权威和权能并不需要对法律处处一致地普遍应用。但欧洲法律不是简单的与普遍性对立。毋宁说，它践行着一种有限的普遍性。

价值的地理学

欧洲文化史中的普遍主义遵循一种概念上的拓扑学，我们将尽力从自然地理上将其展现出来。这样做出于两个原因。第一，地理学从来不完全是纯粹自然的，而是需要一个由地点、空间、空白等概念组成的网络才能被认知、理解并实现交流，而这个概念网络不能直接被还原为自然。第二，任何一种概念拓扑学都暗暗指向时空中事物的物质性。其中，任何一个都不可能先于另一个出现，所以它们都在 strictu senso［严格的意义上］揭示了超越性的无意义。从欧盟宪法协议的视角看来，欧洲既是一个地方，又是一个超越的、在空间之外的实体，是一系列本质上超国家或国家间的观念和价值。

因此，"领土性"和"领土融合"的主题在宪法条款中一再出现。虽然欧盟作为一个地缘政治实体，其自然边界一直没有争议，但它的领土性融合却是一个明显需要加强的议题。在欧盟的目标中，第一条就是推进"经济、社会和领土的融合"（European Commission 2004:16）。同时，欧盟也寻求保持和尊重各成员国的"领土完整"，"保持法律和秩序，保护国家安全"（同上，页17）。欧盟的公民权包括在成员国领土内工作和自由居住的权利，以及在其余的欧盟国度享有欧盟公民权的权利。显然,一方面,民族国家的自我建构以及与他国间关系涉及的经典概念仍然有效果和活力。但另一方面,对领土性概念的一再确认看起来却像一种返祖,似乎回到了此概念尚未在时间和传统中立住脚跟的时代。而领土性概念多次得到强调,[192]正是由于欧盟宪法草案诞生于一个领土性概念相当成问题且不自明的时期。

在这个意义上,同样重要的是,一种新的空间单位也随着欧盟宪法草案产生,并同样形塑着欧盟的新秩序。宪法草案中宣布和确认的价值观念频繁地与一个区域联系在一起。比如,"欧盟应该为其成员提供一个没有内部边界的自由、安全、正义的区域"(同上,页15,48)。针对欧盟的邻国,欧盟也要"加强一种在无形空间中的影响","在欧盟的价值观和基于合作建立的密切、和平关系上,形成一个繁荣、友邻融洽的区域"(同上,页58)。而且,欧盟亦要"在尊重成员国基本权利和不同法律传统、体系的同时,构建一个自由、安全、正义的区域"(同上,页187)。欧盟的价值并非实证地、不加区分地附着于个别成员或机构之上,甚至不附加于任何边界、围墙等特定的空间区域。欧盟宪法中裁定的欧洲价值包含了半开放性的区域和非线性划分的价值地带。虽然宪法本质上是通过一系列原则来联合欧洲,但没有地方性、区域性或机制性的调整,这些原则就不能被理解和认识。如果nomos概念指的是一个同质化的价值区域,那么这一概念就与欧洲现实有着张力。

欧盟宪法中关于基本权利的章节列出了一系列意料之中的传统欧洲价值,它们建立在代表人文主义传统的"普遍人权宣言"(Universal Declaration of Human Rights, UDHR)之上,并补充了物品自由流动和市场自由主义的全球资本主义观念。而且,价值是这个文本的核心主题。对我们而言,至关重要的是,一个在地理上相互割裂,并承认领土主权的独特欧洲传统,仍然构成一个价值与权利的不定型区域(同上,页15–17)。就是说,构成欧洲的价值同时也超出了欧洲。如果严格依循价值的逻辑,我们会发现,欧洲价值的拓扑现象与欧洲地理并不一致。这个"自由、安全和正义,没有内部边界,其中市场竞争自由且不受干涉的区域"并不与欧洲的政治地理吻合,而是海德格尔式地展现自己的价值拓扑结构(Heidegger 1986)。与此同时,宪法草案也坚持一个基本的国家间价值,即在成员国间维持"领土整合与团结"。

这仅仅是我们时代中关键性悖谬的一种形式,它可简称为"全球地域化"(glocalization)。全球化为理念的全球共享打开了大门,特别是前所未有的对地方的知识。正因为我们是全球的,我们从未如此"在地"过。这确实是全球社会的黑格尔时刻:对普遍准则在特定情况下特定应用的普遍有效经验,代替了普遍准则的普世性。最典型的例子是市场自由主义。作为欧洲建构的一个核心原则,它只有在能适用于[193]全球每个个例时才是普遍的,而这些个例是首次提出市场自由主义原则的人完全无法预见的。就欧洲宪法的序言而论,欧洲价值会传播给所有欧洲人。所有具有"欧洲性"的人,都会因他们的不同而得到尊重,这恰恰因为他们是不同的、弱小的、被剥夺的。

同样,国家认同与欧洲认同也并不矛盾。过去,国家间分歧造成的欧洲战争并非历史中的例外,但也不是在构建更高文明秩序中的低等时刻。欧洲思想中的核心是在统一中斗争的辩证经验,这种经验既存在于政治层面,也存在于法学领域。在这一本应同质化的半岛上,没有了建立在地理基础上的文化异质性,欧洲统一的理念是不可想象的。

这一系列理念与施米特对"国联"所代表的国际组织的批判形成了对比。施米特认为,国联将其成员同质化,取消了自身的政治主体性和法律人格,变得不堪一击;同时,国联将其成员转变为政治性和司法的单一原子,掩盖了其内部政治和解释性的司法裁判。而欧盟宪法草案对自己的认识则更为辩证,它将其成员国中的政治主体、法律人格,乃至欧盟整体本身,都视为可渗透的。

新欧洲秩序的空间性

欧洲法律秩序也有着同样的状况。实际上,国际法的空间——其秩序的组建方式——总是遭到割裂和切分,总是遭到截断和雕刻。施米特在二战之后看到的根本性剧变,也可以描述为沿着地理上的东西界限进行的切割。但是,这一切割并未阻止其后在不同层次,穿透不同平面、区域和空间发生的切割与划分。而且,这些沟壑在时间和空间中都存在。在冷战期间,国际法同时是普遍的、两极的和异质性的。特别地,欧洲有明显的"南北"之分,将希腊、葡萄牙、西班牙、南部意大利同爱尔兰和其余地方区别开来。欧洲的规范体系也被跨大西洋轴心(trans-Atlantic axis)一分为二。1990年之后,这些顽固的分歧得到消解,柏林墙的倒塌带来了东德社会主义的终结和德国的重新统一,东西欧之间的多边主义也随之破产,而东欧也获得了加入欧洲其余地区经济发展的崭新动力(Gautron 1999:6–7)。

而且,20世纪90年代为国家和国家间组织、非政府组织带来了新的前景。苏联解体为一系列国家,在前南斯拉夫和捷克斯洛伐克中也诞生了新的国家,这些国家都以不同的速度向市场规则和法律规范转化。与边界、货币区、贸易、税收、武装、安全、个人、公民权利相关的法律问题的复杂性呈指数级增长。

[194]与此同时,国家间组织和非政府组织构成的新法律空间变得越来越重要,在某些情况下,几乎取代了法律和经济社会。例如,欧洲委员会(Council of Europe)、欧洲安全与合作组织(Organization for Security and Co-operation)的扩张,北约(NATO)和西欧联盟(Western European Union)尚未完成的翻新,经济与合作组织(Organization for Economic Cooperation and Development)的形成,以及欧盟在多方面的扩容。这些机构的每个变化都对不同的欧洲国家造成了独特的政治、经济、法律影响。这些欧洲"建筑"中的政治和制度变化意味着欧洲法律秩序的转变。欧洲制度所预设或被赋

予的任务,是将欧洲建设中的(普遍)原则付诸实践。这些变化则调整了欧洲制度与一个异质化欧洲的现实相结合的方式。

新欧洲秩序中的人类学

虽然在政治科学学者中,对欧盟是何种政治实体这一问题的争论仍然热度不减,但对于法律专家而言,欧盟形成了一个独特的法律现象已是共识。欧盟法与经典的国际法和所有联邦性质的法律都有区别。如法官珍德(Van Gend)与路斯(Loos)于1963年在欧洲委员会正义法庭中常被引用的陈述所言:

> 委员会构建了一套新的国际法律秩序。为了享受这一秩序带来的惠利,国家必须限制它们的主权权利,尽管是在有限的领域内;同时,这一法律秩序的主体不仅包括成员国,也包括其国民。除了为成员国制定法律之外,共同体的法律不仅直接加诸义务于个人,还力图向他们赋予权利,这些权利会成为他们法律传统的一部分。这些权利也并不仅仅来自明确缔结的条约,而且来自条约明确地为个人、成员国、共同体机制所厘定的义务理性。(European Court of Justice 1963)

甚至在欧盟条约(Treaty of European Union)之前,也即欧洲作为一个共享价值观的共同体概念出现之前,正义法庭就已经在努力思索,一个没有先例的法律体系会有何结果。在广为流传的"咖世家诉意大利国家电力公司"(Costa vs. ENEL)一案中,判决揭示出社会和政治的合法性体系如何努力在法律体系中找到锚点:

> 与一般的国际条约相反,欧共体条约(EEC Treaty)创造了自己的法律系统,一旦该协定生效,就成为成员国法律体系中的一个[195]必要部分,并且必须得到成员国法庭的应用。(European Court of Justice 1964)

然而,欧盟体系并没有成为政治领域的一个参照物,比如,一个类似民族国家结构的集合。欧盟法律体系的位置不可避免地在国内法规范和国际法范畴之间移动。

欧洲法律的多种谱系

欧洲法律在国际、欧洲、国家内部的不同层次上,有多种不同的根源。它是不同"源流"的合并,也是不同级别中多种源流的融合(Hunnings 1996;Winter 1996;Cairns 1997;Chalmers and Szyszczak 1998;Evans 1998)。

显而易见,欧盟法律的"来源"包含三个层次上的权威与合法性,并且能够形成一个等级序列。欧盟法律两个主要的一级来源分别是:第一,建立欧盟的条约;第二,欧洲共同体与第三国订立的协约。接着,欧洲共同体条约中的第249条确定了被正式称为"次级根据"或"次级法律"的欧盟法内容:首先是规则;其次是命令;第三是决议。最后,欧洲法律的三级来源与欧洲法院的司法实践相关。这些来源以决议为基础,填补了一级和次级来源没有完全覆盖到的领域。它们是:第一,成员国政府代表采用的法案;第二,欧洲正义法庭(ECJ)的案例;第三,成员国的国内法;第四,普遍性的法律原则;第五,国际公法原则(MacLean 2000:91–92)。

欧盟法律这三层分别包含的两种、三种和五种子分支,作为来源材料,构成了欧盟主要的法律源流。协定代表了法律来源最一般和普遍的层面。它们与宏大原则、哲学传统以及关于欧洲方案的设计与命运问题对话。在这里,法律解释的空间最大,其政治化的程度也最高。次级来源则整合了在任何一种规则建构中都需要的技术和技术性治理要素。三级来源为所有层次上的政治提供了空间,虽然它们仍主要为国家间和国家之外的政治开启了道路。通过肯定本国政府法案的法律有效性,各成员国政府表达了政治认同。欧洲正义法庭的案例法则通过将非国家群体、公司、阶级和个人纳入法律全体之中,突出了法律来源的多样性。国家法和国际公法中的习惯性原则,以及立法中的普遍哲学原则也被加入其中。施米特在《大地的法》开头所说的法律的"神秘"来源,可能也是法律本身的普遍先决条件(Derrida 1994;Schmitt 2003)。

新欧洲秩序的拓扑学(一):权限、超权限和准权限

[196]普遍原则及其应用的复杂性间的矛盾与困难催生了权限理论,它特别针对欧盟,旨在衔接施米特以普遍主义解读的国际法,与至今都近似法律共同体组成的联邦法。权限并非外在于法律的因素,而是法律的根本属性。权限指涉裁判的根基,即任何一种既有法律事务领域中的权威与合法性基础。但是,与合法性与权威一样,权限必然是一个赋予的对象。权限只能通过掌握权限的权威来获得。如此,超权限就成了权限本身的先决条件。欧盟没有消极地等待通过国家法庭的程序来使权限获得自然演进,而是掌握了赋予权限的权利(也被称为"主权转移")。

如欧盟中的其他"国家间"因素一样,权限理论也发现,法律思想不可避免地被划分为内部和外部。但是,无论是在欧盟的外部边界还是内部边界,都存在着一股文化意义、合法性和权限的复杂流动,且这一流动是超领土的。然而,欧盟并没有采用联邦法律的模式,根据实体来赋予权限。共同体或欧盟的权限赋予是以条约目的为准则的,且这一赋予的"强度不一"。如此,欧盟掌握了一种法律权力的分配机制,有着相当程度的灵活性。这种强度的功能是,我们可以区分在哪些情况下欧盟享有的权限可以代替国家,而在哪些情况下,欧盟所有的仅是一种协调性权限,可进行不同程度的调整(Gautron 1999:113)。

新欧洲秩序的拓扑学(二):"至上性""直接生效""辅助性"

还有另外三个重复出现的原则,也突出了欧洲法律秩序的独特性:直接生效(direct effect)、至上性(supremacy)、辅助性(subsidiarity)。在宽泛的意义上,直接生效可被界定为一种机制,欧洲公民可以借此在他(她)本国法庭之前诉诸欧盟法律的保护。国家层面的法庭被要求承认、保护并执行得到欧盟法律条款认可的权利(Cairns 1997:84)。这一"直接生效"概念将欧盟法律与其他国际制度区分开来,因为前者可以直接加诸个人。国际法和国际组织只对民族国家赋予权利和义务,而欧盟法律则拥有针对个人实施裁夺的能力。个人有一系列跨国家的欧洲权利,这些权利同时也得到国家法庭裁判的保护。至上性则确保了欧盟法律在与国家法发生冲突时的优先地位。

[197]这些结构性原则并没有被欧盟条约正式承认。相反,它们是随着欧洲法律体系的建构,在判例材料中非正式地趋于成熟的。"至上性"和"直接生效"原则都有一个清晰的动力:它们要将欧洲司法的重心从国家层面转移到欧盟层面。从这里衍生出了辅助性的概念,它在德罗瓦(Delors)①主导欧洲委员会期间既形成了法律判例,也成了政治话语。这一原则首先在"一个欧洲法案"(Single European Act)(1986)中得到确证,其后在"欧盟条约"(TEU, Art. 5, European Commission 1992)中从权限方面被法典化。它规定:

> 对于不在欧盟排他性权限之内的领域,欧盟行动应依据"辅助性"原则。即,只有在成员国自身不能充分实现行动目的,而欧盟可以根据期望达成行为的程度和效果,更好地帮助其实现时,欧盟才会采取行动。

这一"至上性""直接生效""辅助性"的三重机制填补了国家主权的漏洞。它们支撑了一种国际法律秩序,在其中,具体的权利和义务既补充也取代着现存的普遍性。它们重新调整了权威的概念,使其与制度权限的层次而不是形式上的司法权相连。任何法律原则的有效性都

---

① [译注]全名 Jeaques Lucien Jean Delors,法国政治家,在 1985 至 1994 年间担任欧盟委员会主席。

随其应用的国家背景而变化。在一个层面,这种法律概念框架压制了抽象的法律普遍性概念,将其替换为一个"地方"合法性和权威构成的系统。在另一个层面,应用标准的一致性构成了一种更为丰富的普遍性,将欧洲法律结合为一系列标准化的应用规则。这些原则超越了施米特在1943年"困境"一文中(1957)哀叹的"一元论"与"二元论"间的经典悖论。二者间的争论让凯尔森(Kelsen)这样的"一元论"者反对特里佩尔(Triepel)和安奇洛佩(Anzilotti)的论调(见 de Witte 1999:178)。前者将国内法律秩序视为国际法的"造物",而后者则认为国家法律秩序是不受国际规范渗透的独立法律秩序。就其本质而言,欧洲法律体系同时对抗着这场论辩的两极。

结　　论

借助施米特对欧洲公法及 nomos 概念的论述,本章检讨了欧洲法律系统的一般要素,并更为概括地通过欧盟法律演进中反映出来的情况,讨论了从1950年到2006年的欧洲建设计划。由于发展中的欧洲法律系统目前不是,也并不想要成为一种全球性的法律系统,即一种新的,建立在占取、丧失、划分土地基础上的全球秩序,[198]它不足以填补施米特所哀叹的欧洲国际公法秩序坍塌后留下的空白。这种不可能源于欧洲建设计划更为谦逊的志向,源于 nomos 的概念本质,源于全球扩张史的有限性,也源于我们对我们所处星球的有限经验。基于我们上述分析,形成了导向四个不完整结论的判断。

第一,施米特在20世纪初观察到的界限变得模糊的过程仍在继续。但施米特在一系列作品中指出的基本对立(内部与外部、战争与和平、敌人与罪犯)仍然真实地存在着,且较以往更甚。

第二,一个全球法律秩序再也不会出现了。① 这是普遍性概念自

---

① 对康德式的多样性,最著名的研究见 Höffe(1999)。

身带来的结果。对普遍性的经验及其逻辑都告诉我们,普遍的系统只在与他者对立时,才是普遍性的。就像施米特在《大地的法》中警示的,只要外太空还没有在更大程度上变为征服和占取的真正对象,全球性的国家就只会是一种虚构。

第三,欧洲法律系统在正式的法律运行中,是"有限"普遍性与地方特殊性的辩证结合,且有欧洲生活的不同层面为其提供多种法律来源,这在一定意义上是对施米特提及之困难的回答。欧洲法律科学已经从其正当性(legitimacy)和合法性(legality)的裂缝中挣扎了出来。并且,施米特可能会认为,国际法崩解为国际政治是对欧洲文明的一种威胁。但情况可能并非如此——这其实是欧洲法律体系的内在要求。

最后,如果我们将施米特的分析延伸至 20 世纪 50 年代之外,到欧洲建设时期,我们就会发现,这一延伸证实了施米特的诊断,但同时也表明他对其描述的欧洲法律秩序过于悲观。一种新秩序正在回应他所预见的挑战的过程中诞生。但是这种秩序包含了多元文化的价值观变动,与领土的联系也存在着系统性的模糊,并在全球经济中发挥作用,且受到欧洲"传统"国际空间之外的安全议程保护。这就是新欧洲秩序:一种新的空间秩序,其基础并非主导空间的法律,而是对空间中人员、文化和价值的全新安排。

参考文献

Alston, P. and Weiler, J. H. H. (1999) 'An "Ever Closer Union" in Need of a Human Rights Policy: the European Union and human rights', in P. Alston, M. R. Bustelo and J. Heenan (eds) *The EU and Human Rights*, Oxford and New York: Oxford University Press, 1–66.

Burgess, J. P. (2002) 'What's so European about the European Union? Legitimacy between institution and identity', *European Journal of Social Theory*, 5, no. 4: 467–481.

Cairns, W. (1997) *Introduction to European Union Law*, London: Cavendish.

Chalmers, D. and Szyszczak, E. M. (1998), *European Union Law*, Aldershot/Brookfield, VT: Ashgate/Dartmouth.

Cohen-Johanthan, G. (1989) *La Convention européenne des droits de l'homme*, Paris: Hamaritain.
de Boisgrollier, N. (2005) 'The European Disunion', *Survival*, 47, no. 3: 55–62.
de Witte, B. (1999) 'Direct Effect, Supremacy, and the Nation of the Legal Order' in P. Craig and G. de Búrca (eds) *The Evolution of European Law*, Oxford: Oxford University Press, 177–213.
Derrida, J. (1994) *Force de loi: Le 'Fondement mystique de l'autorité'*, Paris: Galilée.
European Commission (1992) *Treaty of European Union*, Brussels: European Commission.
—— (2003) *More Unity and More Diversity: The European Union's Biggest Enlargement*, Luxembourg: Office for Official Publications of the European Commission.
—— (2004) *Provisional Consolidated Version of the Draft Treaty Establishing a Constitution for Europe*, Brussels: European Commission.
European Court of Justice (1963) *Van Gend en Loos*, aff. 26/62. Available online at www.europa.eu.int/servlet/portail/RenderServlet?search=DocNumber&lg=en&nb_do cs=25&domain=Caselaw&in_force=NO&type_doc=CaseLaw&an_doc=1962&nu_ doc=26 (Accessed 21 December 2006).
European Court of Justice (1964) *Costa vs. ENEL*, aff. 6/64. Available online at www.europa.eu.int/servlet/portail/RenderServlet?search=DocNumber&lg=en&nb_do cs=25&domain=Caselaw&in_force=NO&type_doc=CaseLaw&an_doc=1964&nu_ doc=6 (Accessed 21 December 2006).
Evans, A. (1998) *A Textbook on EU Law*, Oxford: Hart.
Fontaine, P. (2004) *A New Idea for Europe: the Schuman declaration 1950–2000*, Luxemburg: Office for Official Publications of the European Union.
Gautron, J.-C. (1999) *Droit européen*, Paris: Éditions Dalloz.
General Assembly of the United Nations (1948) *Universal Declaration of Human Rights*. Available online at www.hrweb.org/legal/udhr.html (Accessed 21 December 2006).
Heidegger, M. (1986 [1957]) 'Der Satz der Identität', in *Identität und Differenz*, Tübingen: Neske, 9–30.
Höffe, Otfried (1999) *Demokratie im Zeitalter der Globalisierung*, Munich: C. H. Beck.
Hooghe, L. and Marks, G. (2006) 'Europe's Blues: theoretical soul-searching after the rejection of the European Constitution', *Political Science and Politics*, 39, no. 2: 247–250.
Hunnings, N. M. (1996) *Encyclopedia of European Union Law: Constitutional Texts*, London: Sweet & Maxwell.
Koskenniemi, Martti (2000) 'Carl Schmitt, Hans Morgenthau, and the Image of Law in International Relations', in M. Byers (ed.) *The Role of Law in International Politics: essays in international relations and international law*, Oxford: Oxford University Press, 17–34.
Liddel, H. G. and Schott, R. (1940) *A Greek-English Lexicon*, Oxford: Clarendon Press.
McCormick, J. P. (2003) 'Carl Schmitt's Europe: cultural, imperial and spatial proposals for European integration, 1923–1955', in C. Joerges and N. S. Ghaleigh (eds) *Darker Legacies of Law in Europe: the shadow of National Socialism and Fascism over Europe and its legal traditions*, Oxford: Hart, 133–142.
MacLean, R. M. (2000) *Law of the European Union*, London: Old Bailey Press.
Moravcsik, A. (2005) 'A Too Perfect Union? Why Europe said "no"', *Current History*, 104, no. 685: 355–359.

Niess, F. (2001) *Die europäische Idee: aus dem Geist des Widerstands*, Frankfurt: Suhrkamp.

Pageden, A. (2002) 'Europe: Conceptualizing a Continent', in A. Pageden (ed.) *The Idea of Europe from Antiquity to the Europe Union*, Cambridge: Cambridge University Press, 33–54.

Passerini, L. (2002) 'From Ironies of Identity to the Identities of Irony', in A. Pageden (ed.) *The Idea of Europe from Antiquity to the Europe Union*, Cambridge: Cambridge University Press, 191–208.

Schmitt, C. (1925) *Politische Romantik*, Munich: Duncker & Humblot.

—— (1930a) 'Das Problem der innerpolitischen Neutralität des Staates', *Verfassungsrechtliche Aufsätze*, Berlin: Duncker & Humblot, 41–59.

—— (1930b) *Hugo Preuss: Sein Staatsbegriff und seine Stellung in der deutschen Staatslehre*, Tübingen: J. C. B. Mohr.

—— (1931) *Der Hüter der Verfassung*, Berlin: Duncker & Humblot.

—— (1932a) *Der Begriff des Politischen*, Munich: Duncker & Humblot.

—— (1932b) *Legalität und Legitimität*, Berlin: Duncker & Humblot.

—— (1939) *Völkerrechtliche Grossraumordnung, mit Interventionsverbot für raumfremde Mächte: ein Beitrag zum Reichsbegriff im Völkerrecht*, Berlin and Vienna: Deutscher Rechtsverlag.

—— (1957) 'Die Lage der europäischen Rechtswissenschaft (1943/44)', in *Verfassungsrechtliche Aufsätze*, Berlin: Duncker & Humblot, 386–429; (1990) 'The Plight of European Jurisprudence', trans. G. L. Ulmen, *Telos*, 83: 35–70.

—— (1995 [1962]) 'Die Ordnung der Welt nach dem zweiten Weltkrieg', in G. Maschke (ed.) *Staat, Großraum, Nomos: Arbeiten aus den Jahren 1916–1969*, Berlin: Duncker & Humblot, 592–618.

—— (2003) *The Nomos of the Earth in the International Law of the Jus Publicum Europaeum*, trans. G. L. Ulmen, New York: Telos Press.

Schuman, R. (1950) *Declaration of 9 May 1950*. Available online at http://www.europa.eu.int/abc/symbols/9-may/decl_en.htm (Accessed 21 December 2006).

Slaughter, A.-M. (1995) 'International Law in a World of Liberal States', *European Journal of International Law*, 6, no. 4: 503–538.

—— (1997) 'The Real New World Order', *Foreign Affairs*, 76: 183–197.

Whitman, R. (2005) 'No and After: options for Europe', *International Affairs*, 81, no. 4: 673–687.

Winter, G. (1996) *Sources and Categories of European Union Law: a comparative and reform perspective*, Baden-Baden: Nomos.

第四单元

对施米特国际思想的批判性重读

十二　一个没有外部的可怕世界

——施米特以及国际秩序(失序)的形而上学

奥贾康盖斯 撰　郭小雨 译

> 每个起作用的、集中化的组织都并不仅仅由于它是一个"整体",而必然成为人类关系的理想组织形态。撒旦的国度也是一个整体。
>
> 施米特,《论作为一个整体的世界》

导　　论

[205]施米特对政治普遍主义的敌意众所周知。对他来说,普遍主义排除了政治,因为政治预设了一种多元主义,即存在着多种不可通约的立场:"政治世界是多元的,而不是普遍的。"(Schmitt 1996a:53)但是,普遍主义只能从原则上将政治排除掉。一旦普遍主义概念——如人道(humanity)——投入实践,它们的本质都会发生必要的变化,因为人类永远在一个具体的时空中实践和行动。因此,先前立足于虚空而抽象得出的普遍性概念,也要扎根在一个既定的时空之中。这意味着它们失去普遍性特征。对于施米特而言,这些抽象概念成了特定人群和社会群体手中的武器。在政治行动的领域,普遍主义是欺骗性的——甚至是致命的欺骗性。普遍主义成了"最可怕的扩张和杀戮的帝国主义"的一种手段(Schmitt 1999:205)。

换句话说,普遍主义概念可以充分地被政治利用。施米特认为,以

"人道"为例——"对它的滥用不亚于对上帝的滥用"(同上)——这种非政治术语在受到政治利用后产生的结果非常危险。被认定是敌人,就意味着其属人的性质遭到没收,他将被宣布为被剥夺了人道的人:

> 人道的概念仅仅非常肤浅地抹平了人与人之间的差异。实际上,它带来了具备最可怕毁灭潜质的对应概念:非人道。(Schmitt 2002:114)

当然,针对非人道的敌人的战争——也就是施米特称为针对"绝对敌人"的战争——通常也极其激烈和非人。我们不可能人道地对待一个非人道的敌人。仅仅将他击败是不够的:他必须被"完全地摧毁"(Schmitt 1996a:36)。

[206]简要来说,这就是施米特对普遍主义的批评。政治中的普遍概念消解了敌人之间可能的对称关系,将"承认对方与我处于同等地位"的政治性敌人,变成了道德上可鄙的仇敌。但是,施米特对政治中普遍主义的敌视态度并没有解释他对全球化的敌意,后者可以理解为世界的一体化。与普遍主义不同,全球化是一个具体的过程,而与所有的具体行动一样,它发生在一个既定的时空之中。全球化绝不可能被置于时空的虚空之中。用施米特的表达,它相当"接地气"(earth-bound)。所以,"全球化"不是一个欺骗性的概念。普遍性的概念如果被政治利用,会成为特定人群和社会群体手中的武器,但全球化概念之所以不可以如此来应用,特别因为它是行动,而不是思考的范畴。然而,对施米特来说,即使是政治一体化框架中多个权力间的斗争,也比世界范围内的统一更为可欲,"无政府状态中的混沌比虚无主义式的集中更好"(Schmitt 1988:165)。普遍主义造成了政治中不可解的悖谬,因此施米特对普遍主义的反对可以理解,但他为何如此恐惧全球化和世界的一体化,即一个没有外部的世界?全球化到底有何问题?

在本篇中,我会检讨两种解释施米特对全球化的敌意的可能路径。第一种是迈尔(Heinrich Meier)的观点,他认为施米特对全球化的敌意源于他对神圣启示这一神学教义的信念。第二,与神学解释相反,我将给出一种"形而上学"的理解。依据这种解释,施米特对全球化的敌意源于他的一个信念——自由的历史行动,即让历史变化的政治行动预设了一个自由空间、外部空间:"离开一个空白的空间就没有运动。"(同上,页37)对施米特而言,行动的空白空间对于人来说非常重要,因为没有这一空间,人的生存会被剥夺掉尊严和荣誉,而没有尊严和荣誉的人类生活是无意义的。因此,这一空间不仅仅是自由的空间,还是一个构建性的空间。这是每个有意义的秩序的原点,也是所有人类目的的源泉。但是,施米特认为,这个空间不是自然给定的。外部空间必须被创造出来,而恰恰是自由的政治行动,政治性的"发生"(Ereignis),创造了这个空间。我认为,在此,我们发现了施米特思想的形而上学基础,并且能够理解他将全球化理解为世界的一体化并持反对态度的原因。在施米特看来,全球化是对政治性之"发生"的威胁,而没有了政治的"发生",虚无主义就会取得胜利。[①]

迈尔的神学解释

我们从迈尔的解释开始。在迈尔看来,理解施米特的前提,是将他的政治思想还原为神圣启示的神学教义。迈尔认为,神圣的启示才是施米特思想中的"至上权威"和"绝对基础":"毫无疑问,对施米特而言,神学有根本上的优先性。"(Meier 1998:16)。迈尔正确地看到,如果说施米特是一个反对内在性(anti-immanent)的思想家,那是因为他从根本上相信神圣启示。所有内在性的形而上学——如黑格尔,对其而言他者从不自外部进入内在性的发展——都会引申出对上帝绝对权力的反对,也就是说,会拒绝上帝从绝对的外部世界给出的超验命

[①] 对施米特所谓"发生"(event)的形而上学解读,更全面的讨论见 Ojakangas(2006:31-39,203-217)以及 Ojakangas(2005:25-45)。

令。同样,迈尔指出,对敌人身份的拒斥也预设着人必须忘记尘世和人是有罪的这一根本神学教义(同上,页78)。恶和敌意是与原罪一起进入这个世界的。相信人可以独立地战胜一切恶,并用自然理性和自主判断建立起天堂一样的尘世,这完全是反基督教的僭妄。上帝在最开始就规定了敌意是世间事物的状态:"我将敌意置入你的后代与她的后代之间"(《创世记》3:15)。① 否认这一命令就意味着否认上帝,并站在敌基督一边。

但是,根据迈尔的看法,对施米特而言,至关重要的是他经常引用的《帖撒罗尼迦后书》。迈尔认为,施米特的全部精神性存在可以借助这封书信进行理解,这也同样解释了他对世界一体化的敌意。根据这封信,人类历史可视为一种末世论的斗争,对抗反律法者,即"无法无天的人"(《帖撒罗尼迦后书》2:3)。在迈尔看来,要理解这种斗争,得考虑理解历史的三个关键点:复活、历史过渡时期、审判日。由于审判日——也即反律法者的最终胜利和基督重临——尚未到来,人们生存于一个过渡时期。准确地说,是处在所谓"阻挡者"与"反律法者"的斗争时期(Meier 1998:161)。阻挡者也是《帖撒罗尼迦后书》中出现的角色,它的作用是在基督重临之前约束"反律法者"。在基督重临时,反律法者会展示出其最终形态,而上帝会通过降临的神迹消灭反律法者。但是在此之前,在世间"从事撒旦活动"的"反律法者"会用欺骗性的奇迹引诱人们走向真理的反面(《帖撒罗尼迦后书》2:9)。不仅如此,所有这一切都是上帝伟大计划的部分:"上帝给他们送去一个很大的幻觉,让他们相信了虚假。"(《帖撒罗尼迦后书》2:11)这一计划的目的是考验人们的信仰,并为了将来的审判将糠秕与麦子分开。

迈尔认为,对施米特来说,反律法者的最大骗局——因此也是上帝的最大考验——就是历史已经终结,世界将会统一。这意味着从现在

---

① 所有对圣经的引用皆来自"新修订标准版"(New Revised Standard Version)。

起,所有对抗反律法者的斗争,连同一切斗争,都是无用而多余的。但这不可能是真的,因为基督重临才意味着世界的终结,而这一世界终结尚未到来。因此,阻挡者必须出现,而且成为"可思及的否定世界统一的代表"(Schmitt 1988:165)。[208]在施米特看来,神圣罗马帝国,以及皇帝鲁道夫二世(Rudolph II)、约瑟夫(Franz Joseph)都曾经是"阻挡者"。甚至在今天,也必须存在"阻挡者",因为就像他在日记中写的那样,"否则我们将不复存在"(Meier 1998:161,引自 Schmitt 1988:80)。迈尔认为,正是对"阻挡者"的信念帮助施米特维持了他对神启的信仰,也使他能够与自己和解(Meier 1998:162)。"阻挡者"不仅给为何仍然存在历史这一问题提供了一个答案——即基督重临的推迟,也维护了历史行动的意义,因为过渡时期同时被解释为一场大考验。这个考验将把真正的信仰者与选择了不义的人区分开来。无疑,施米特想要成为正义者中的一员。

根本的断裂

虽然迈尔的解释在很多方面具有说服力,尤其是针对施米特对内在性形而上学的态度。然而,我们还是可能不借助完全外在于尘世的上帝的超验诫命,来理解施米特的全部核心概念。迈尔一再强调,对施米特而言"只有一件事情是重要的"。但施米特恰恰像贞提利(Alberico Gentile)一样,经常声称 Silete theologi in munere alieno![神学家应对陌生的事情闭嘴!]。[①] 在迈尔看来,施米特的政治思想有一个神学基础,但迈尔并没有考虑到,施米特的神学是极为政治性的。换句话说,我们在施米特的作品中找不出对政治的神学解释;相反,我们却能够找到对神学的政治解释——一种试图在政治领域指出神学教义

---

① Theologians should remain silent within foreign walls:神学家应对自己领域之外的事情保持沉默,专注于分内之事。

影响的尝试。但这并不是说,施米特没有对超越性的需求。实际上,在施米特的思想中,政治恰恰标志着一种超越性,并非在绝对外部的意义上,而是在"内部里的外部"(outside *within* the inside)。施米特的哲学中存在超越性,但这种超越性是内在性之中的断裂(a rupture within immanence)——一个内在于自身的秩序封闭中的虚空。

为了理解这种断裂的本质,我们必须考察一下施米特的内在性概念。对他来说,内在性意味着,至少所有事情都潜在地处于人类理性的掌控之中,都在"理性主义的计划之内"(Schmitt 1985:14)。换句话说,用技术操控一切是可能的。这也意味着,人类可以用理性和技术的手段创造一个秩序完美的世界,它排除了斗争和抵抗——至少是有意义的抵抗——的任何可能性。但是,在施米特看来,这种世界本身缺乏意义,它会成为一个机器,一个"自动装置"(Schmitt 1996b:27)。在一个有意义的世界,一定存在着超越这种自动装置的东西。这便是施米特强调的自由政治行动,即政治的"发生"。它带来内在性之中的断裂,为人赋予尊严,为生存赋予意义。

这个视角也解释了为何施米特拒斥黑格尔的哲学。在[209]迈尔看来,施米特拒斥黑格尔哲学,是因为它不承认"来自外部他者的诫命",也即上帝的诫命(Meier 1998:16)。而我认为,施米特拒斥黑格尔,是因为黑格尔世界精神的无穷进程,会将所有"中断"作为内在的否定性纳入进程自身。施米特看到,这种吸纳会使所有"中断"变得无效。在黑格尔的哲学中,没有真正的"中断",因此,也没有政治发生的空间,这意味着亦不存在自由行动的空间:政治的发生"关键在于例外",但它从未"从外部进入内在性发展的进程之中"(Schmitt 1994:56)。但是,施米特批评内在性所针对的主要目标并不是黑格尔,而是后现代性作为整体的时代。对施米特来说,后现代性的突出特征就是内在性形而上学的主导,"所有的一切都愈发受到内在性概念的统治"(Schmitt 1985:49)。在施米特眼中,这个趋势从斯宾诺莎(Baruch Spinoza)①开始,在黑格尔那里达到顶峰,但直到自然科学的教义在 19 世纪取得全胜,内在性形而上学才得到了具体运用。随着这一教义的获胜,斯宾诺莎和黑格尔的内在性哲学被世俗化、物质化、扩大化。施米特认为,这使得将人类生存完全理性化、中立化成为可能。随着这一胜利,社会——甚至是整个世界——愈发被视为一个伦理上中立且绝对理性的自我封闭系统,其中的一切都"自动地运行",事物"进行着自我管理"(Schmitt 1996a:57)。也就是说,这一教义的获胜让人可以被设想为蜜蜂,社会则是一个被完全管理的蜂巢。

但是,对施米特而言,人不是,至少尚且不是,蜜蜂。在人的生活中,有一些超出了动物境况的东西,超出了臣服于生活世界的内在化。只有蜜蜂才生活在一个自我驱动的机器之中,只有动物,而非人,才是"完全程式化"的:

> 人可以选择,而且,在人类历史中的某些时刻,他甚至可以走得更远,通过一个独属于人的方式,将自己的历史性存在转化为一种新形式,并以此重整和再组织自身。(Schmitt 1997:5)

换句话说,人有能力超出其境遇,并由此达到获得生命意义的层次。传统地看,这种超越性瞬间,及其为人类生活提供意义秩序的实体性基础曾经是上帝、自然、理性和传统。用克里斯蒂(Renato Cristi)的话说,施米特也寻求这种实质基础,他将施米特的哲学称为"实体形而上学"(metaphysics of substance, Cristi 1998:144 – 145)。但是,在我看来,施米特已经完全意识到,后现代的标志就是这种实体性基础的丧

---

① 对施米特而言,斯宾诺莎是在哲学中提倡内在性形而上学的先驱。最重要的是,他提出了上帝可以作为万物内在原因(Deus sive Natura)的观点。换句话说,施米特将斯宾诺莎视为第一个为通向理性化,尤其是人之存在的中立化铺好道路的形而上学家。这并非毫无根据,斯宾诺莎说:"如果人生而自由,他们就不会形成关于好坏的概念,只要他们是自由的。"(Spinoza 1989:186)见"可怕的格言:Deus sive Natura"(参 Schmitt 1988:84 – 85,275)。

失。后现代以诸神(gods)的不在场为特征,意味着我们生活在一个所有[210]意义和秩序的超越性基础已然破碎的时代:神启和自然神,启蒙理性和浪漫主义传统,都已崩塌。因此,虽然在20世纪60年代,施米特在对超越性开放的意义上定义了他的政治概念,即著名的敌友对立(Schmitt 1963:121-123),但此处的超越性,如加里(Carlo Galli)曾指出的那样(Galli 2000:1607),①并不能理解为秩序的实质性基础。它应该理解为开放性本身,它就是在封闭的秩序中引入内在断裂的那个"发生"。所有施米特的核心政治概念——包括主权性决断、形塑人民的行动等等——都标志着这种在内在性之中而非之外的超越性。这些概念表明施米特拒斥那种绝对封闭的内在性。

但是,政治的发生不仅带来拒斥,它同时也是一种奠基。政治的发生是建立意义和秩序的事件。正因为如此,施米特的核心概念并不仅仅是"概念的反题"(Gegenbegriff),代表着纯粹偶然性的入侵,它同时也是奠基性的概念(Grundbegriff)。在施米特的核心概念中,具备上述双重功能的典型案例是主权性决断。从国内法律秩序的角度来看,主权决断"产生于虚无"(Schmitt 1985:31-32)。它在规范系统的内部性,并最终在法律秩序中,带来"新的、异样的"断裂(同上,页31)。但是,据施米特的观点,主权性决断同时也是法律秩序的根基,"它同时是规范和秩序的基础"(Schmitt 1993a:23)。主权性决断既是秩序的"绝对起点",也是其"根本来源"(同上)。换句话说,主权性决断不仅仅是秩序内在性的断裂,也是建立秩序这一事件的发生。它兼具二者,是一种奠基性的断裂。在《政治神学》中,施米特用一个概念表达了这种双重意义:"边界概念"(Grenzbegriff)。

这也解释了为何施米特一直强调例外和极端状况。极端状况"暴露了事物的核心"(Schmitt 1996a:35)。例外——被带出的东西(ex-

---

① 按照加里的说法,在施米特那里"超越性意味着偶然性"(Galli 2000:1607)。

cipio)——超越了内在性的封闭,因为它是"不能被预料到"的事情(Schmitt 1985:6),是全新且异质的。例外是体系之内的一种断裂。但是,这种例外也奠基了体系。每个体系都建立在例外的绝对起源上。从绝大部分的人类视角来看,这绝不是个例外,而是一种规则,即有意义之存在的规则:

> 关于具体生活的哲学一定不能离开例外和极端状况,而一定要对它们保持极高程度的兴趣。对这种哲学而言,例外可以比规则更重要。这并非出于一个为了悖论的浪漫反讽,而是因为,例外给出的洞见的严肃性,比在日常事件重复自身中所得到的清晰、普遍的结论更为深刻。例外比规则更有意思。规则证明不了什么;[211]但例外可以证明一切:它不仅确认了规则,还确认了存在。后者只来源于例外。(同上,页15)

世界的一体化

要记住,施米特"奠基性断裂"的概念指向秩序和意义的构成。以此为基础,我们现在可以转而讨论作为世界一体化的全球化议题。迈尔相信,世界一体化对施米特而言是一个噩梦,因为那样的话,基督与敌基督者在历史上不可逾越的差异就会消失。世界的一体化必然意味着敌基督者的胜利,因为基督只有在世界末日才会重临。但是在我看来,这个议题关乎一个政治行动自由空间的可能性。根据施米特,世界一体化会在两种条件下变得可能:人类要么退回到完全的被动状态之中,要么臣服于世界警察的全面控制之下。施米特从不相信前一个选项。对他来说,人是,而且一直是,一个"'危险'且充满活力的存在"(Schmitt 1996a:61),也就是一种本质上"无法被完全决定和把握"的存在(同上,页60)。但对于后一个选项——受到世界警察的全面控制——中的人会如何,施米特没有完全的把握。因此,从20世纪20年代开始,这便成了施米特批判的重点问题之一。他开始由宪法和国家秩序的奠基转向国际法和世界政治的议题,虽然直到十年以后,即希特勒的"生存空间论"(Lebensraum)从一种意识形态转化为纳粹德国具体的扩张政策时,国际法和世界政治的议题才开始主导施米特的写作。

敌　人

施米特对抗世界一体化的第一个理论武器是"敌人"概念。对"敌人"概念的初次讨论见于 1927 年出版的一篇论文,随后出版成书(1932),即《政治的概念》。在理论意义上,敌人的作用有如主权对国内法律秩序的作用。它是"在重复中变得无力"(Schmitt 1985:13)的机器中能够出现"全新且异质"之物的保证,同时也确保了全球化——在世界范围内形成绝对内在性的闭环——不会最终实现,世界的"巴比伦式统一"(Schmitt 1990a:70)不会达成。只要仍然存在出现敌人的真实可能,人类就不会倒退回绝对的被动性之中,也不会受制于无法抵抗的世界警察。对施米特而言,敌人的真实可能性意味着国际秩序的开放性。敌人作为"他者和陌生人"(Schmitt 1996a:27),质疑着国际秩序的现状。敌人在世界秩序的内在性中引入了超越性的瞬间,一个开放和自由的瞬间。

因此,虽然施米特有时似乎认可了黑格尔对[212]敌人的定义("敌人是否定性的他者",同上,页63),并在黑格尔的意义上定义了敌意("这一概念的伟大之处,在于对承认的对等性承认",Schmitt 1950:89),但这一概念的核心仍然是完全反黑格尔的。因为对黑格尔而言,概念之外,即客观知识之外,等同于无。换句话说,如果没有改变客观知识,就相当于什么都没有改变(参 Hegel 1977:58-66)。但对施米特而言,敌人恰恰外在于概念,外在于客观知识。当然,对施米特而言,敌人也是一种客观的东西,但其客观性并非概念的客观性,而是力量的客观性:"敌人是一种客观力量"(Schmitt 1950:89),而不是一个"比喻或象征"(Schmitt 1996a:27)。作为一种客观力量,敌人不再仅仅是一个概念、一个否定性的阶段,而是一个真正的"中断"——不仅是历史辩证发展的中断,也是客观知识的中断。在施米特看来,这种力量能够且必须成为知识和反思的对象,因为"自我"也是这种反思的产物。敌人是一个"对自我的测度"(Schmitt 2004:72)。但这只能在事件发生,也即敌人出现之后才能进行。但即使在敌人出现之后,理智也不能够完全把握敌人,因为敌人的出现并不仅仅在时间的意义上先于知识和反思,而且在本体论的意义上先于它。所以,敌人是他者,没有任何反思可以将这种他者性还原为同一的内在性。①

但是,与施米特的所有核心概念一样,"敌人"也是个建构性概念。"敌人"的存在是朋友这个集体性认同形成的具体条件。是敌人将那些"碰巧生活在一起的人"所享有的"存在性亲密"揭示出来(Schmitt 1993b:210)。换句话说,"敌人"不仅仅是内在性概念的反题,还是一个超越的奠基性概念。但是,"敌人"不是秩序的实体性基础,因为"敌人"没有实体,只有形式,而且是一个空洞的形式:"敌人就是任何让我成为问题的人。"(Schmitt 1992:38)也因为如此,我不能认同有些人对施米特的"敌人"概念做本质主义解释。② 在施米特的理论中,"敌人"并非自然给定的。敌人——这个"他者最极端的强化"(Schmitt 1992:38)——是完全偶然的。"敌人"可能是其他种族,可能说着另外一种语言,敬拜另一种宗教,代表另一种文化。不论如何,在施米特的理论中,无论是对敌人还是朋友的判断,都没有先在的标准。"敌人"是任何具体地显露为真实威胁的人,是任何让我成为问题的人。而且,敌人仅在"具体且清晰地被指认为敌人"时,才让我成为问题(Schmitt 1996a:67)。换句话说,敌人是一个"发生",是一个"显现和指认的双重发生"。秩序就建立在这个"发生"中。但是,这个秩序与世界被完全巴比伦式地

---

① 就此而言,加里评价施米特"想要思考不能思考的东西"是正确的(Galli 2000:1611)。

② 可参考的是墨菲的研究(Mouffe 1999:50)。用墨菲的说法,施米特"不是真正用政治性建立了敌我之别,而是仅仅承认了已有的边界"。

统一管制完全不同。前者并非建立在对人性的世界性控制之上,而是建立在独立政治实体间的紧张之中。这是一种政治秩序——而在有政治性的地方,就有开放性。

占　取

[213]这里不再详细讨论施米特不同的敌人概念:在"游击队理论"(1963)中,施米特区分了三种不同的敌人概念。① 让我们转向他战后的代表作,《大地的法》(2003a [1950])。据称,施米特在20世纪30年代初从决断论转向思考"具体秩序"问题时,发生了重大的思想断裂。在某种意义上,这一定是真的,尤其因为施米特在其《论法学思维的三种模式》(*Über die Drei Arten des rechtswissenschaftlichen Denkens*)中曾着力强调了这次转向。但是,我们一定也记得,施米特从其智识生涯的开端就关心着具体秩序问题。早在《政治神学》(1921)中,他就将自己的决断论进路称为一种"具体生活的哲学"(Schmitt 1985:15)。在1934年,他才得出结论:过分强调决断性行为并不能满足具体生活哲学中的具体性前提,恰恰相反,是如实证主义规范一样"飘在空中"的(Schmitt 1993a:23)。因此,他用超个人的视角替代了这两种研究方式。施米特的出发点不是个人决断,也不是非个人的客观秩序,而是具体的制度性秩序及其历史发展(参

---

① 在《政治的概念》中(1996a [1932]),施米特区分了两种敌人,即政治的敌人和超出政治框架的敌人(绝对敌人)。在"游击队理论"(2004 [1963])中,他甄别了三种敌人的类型。首先是传统的敌人,出现在内阁战争(cabinet wars)时代的君主之间、雇佣军之间,施米特用"战争游戏"(Kriegsspiel)来讨论这些战争。与之相对的是严肃战争中的真正敌人("西班牙游击队重新建立了战争的严肃性"),这意味着人民之间和常备军之间的战争:"敌人再一次成为真正的敌人,战争成为真正的战争"(Schmitt 2004:74)。而绝对敌人则是一种世界性的革命,它甚至超出了上一个框架,但其代价是极其抽象,以至无法辨认。

同上,页12)。①

换句话说,施米特先前认为,只有一个决断才能为建立在无生命和抽象规范基础上的法律秩序充实具体意义,但他逐渐相信,"制度"的概念可以替代决断和抽象规范。决断论强调一个具体政治行动带来的瞬间冲击,即例外状态时的决断,并以此为法律和政治秩序的基础。制度性反思则不然,它强调这一秩序的历史延续性。秩序并非由决断所强加,至少不是由决断主义的决断所强加。在决断主义里,创造法律(Recht)的决断独立于"既有秩序"(同上,页23)。与此相反,在制度主义中,法律与这种先在的秩序一致,从"非刻意的进化"中发展出来(Schmitt 1990a:56)。② 在《大地的法》开头,施米特描绘了这种非刻意地甚至是自然进化出来的法律,将其追溯到大地母亲的神秘起源。在施米特看来,大地在三个层次上是法与正义的根基。其一,大地在自身对劳动的奖赏中蕴含法度。第二,大地用固定的边界标明在其之上的法度。第三,大地用在其之上的秩序的公共标记支持法度:

> 大地的坚实场地被篱笆、围场、边界、围墙、房屋和其他建筑勾勒出来。继而,人类社会生活的秩序(Ordnungen)和方向(Ortungen)也变得清晰。这样,家庭、氏族、部落、领地、所有权的形式与

---

① 实际上,第一个表明施米特转而思考具体秩序的作品并非《论法学思维的三种模式》,而是早于此书一年,在1933年出版的《国家、运动和人民》(2001)。在这本书中,施米特尝试为第三帝国阐明一套法学理论,这意味着他对具体秩序的思考植根于国家社会主义——就算不是意识形态意义上的,至少也是文本层面上的。但是,在这本书中,施米特的思想尚未在 nomos 概念中找到根基,而是使用了诸如"亲缘"(kin)和"种族认同"(ethnic identity)之类的概念(见 Ojakangas 2006:78–81)。

② 在《政治的浪漫派》中(1986[1919]),施米特对保守主义的态度仍然是反讽的,将之描述为像崇拜"家神"(household god)一样崇拜传统和延续性(Schmitt 1986)。而今法律的本质和价值恰恰在其"稳定和持续"中(Schmitt 1990a:57)。

人的接近程度,以及权力和统治的形式,都随之明显可见。"(Schmitt 1990a:56)

换句话说,对施米特而言,法律和正义与地球和土地密切相连:"法律与[214]大地相生相伴。"(同上,页42)法律来自土地,"每个有本体意义且在本体论上正当的判断都来自土地"(同上,页45)。对这种与土地捆绑在一起的法律,施米特冠之以古希腊 nomos 的称谓。对希腊人而言, nomos 代表成文法,也包含习俗和用度(usages)。但如亚里士多德一样,施米特将 nomos 与 polis[城邦]的整个 taxis[秩序]连在一起。① 对施米特而言,nomos 是"整全的概念",包含"一个共同体的具体秩序和具体组织"(Schmitt 1993a:55)。与"决断"不同,nomos 不是个例外。它是一种规则,但不是强加于秩序之上的规则。毋宁说,它是一种规则在当下的表达:"nomos 是使一群人的政治和社会秩序在空间中可见的即时形式。"(Schmitt 2003a:70)它是一个特定共同体的空间秩序(Ordnung)和位置(Ortung)的统一。

乍一看,转向 nomos 哲学似乎意味着施米特摒弃了朝向超越的秩序开放性概念,转向一个更为内在,甚至是完全内在的路径。但在另一方面,我们还要看到,虽然建立在 nomos 哲学基础上的制度主义强调具体制度的历史延续性,但施米特也没有放弃对"根源"的寻找。所有延续性都以一个源头为前提条件。而在 nomos 中,这一根源则是占取土地(Landnahme)的原初行为(Ur-Akt)。这样,对自身封闭的秩序就在占取中找到了一个新的开端,它打断了内在性的封闭过程。占取成为一个新的决断论瞬间,同时也是原有秩序的中断和新空间秩序建构的开始(Raumordnungsakt):"对法律而言重大的原初性行动"(Ur-Akte des Rechts)是"土地的地方化"(erdgebundene Ortungen),也即占取土

---

① 对亚里士多德来说,nomos[法]是 polis[城邦]的 taxis[秩序](Aristotle 1990:1253a39)。

地,建立城市或殖民地(同上,页44)。

对施米特而言,土地占取因此是"为法律奠基的原初行动"(同上,页45)。它繁衍历史意义,是所有秩序与方向的根基。在每个定居民族和共同体的历史开端,我们都能看到土地占取:

> 土地占取作为一种奠基,在每个定居民族、共同体和帝国的历史开端都可以见到。每个历史阶段的开头也同样如此。不仅在逻辑上,而且在历史上,土地占取都先于从中产生的秩序。它构建了最初的空间秩序,是所有后来的具体秩序和法律的源头。(同上,页48)

因此,土地占取是派生出所有后续尺度的第一个尺度(Ur-Maß)。它是原初的法律形式(Ur-Typus),为之后的所有法律奠基,并给予其合法性基础:

> 用赫拉克利特的话来说,所有后续的法律,以及之后作为标准和命令的宣传与实践,[215]都从这一源头得到滋养。(同上,页48)①

按施米特的讲法,法律关系的可能性恰恰依赖于这一奠基行为,并取决于这种原初尺度。因此,土地占取先于所有法律的根本区分,如公法和私法之间的区别,以及imperium[军事控制]和dominium[和平占有]之间的区别。但是,土地占取并不仅仅是在共同体内部创造出法律可能性的历史条件。在施米特看来,它也建立了超出共同体边界的法律,也即关乎其他民族的法律。也就是说,它建立了使国家间的法律成为可能的历史条件。因此,这也是"国际法的奠基性事件(grundlegende Ereignis)"(同上,页80)。

---

① 施米特这里引用的是赫拉克利特《残篇》第44节,"所有人类的法律都被一种神法滋养"(all human laws are nourished by a single divine law)。

在国际秩序的层面上,占取的真实可能性与"敌人"的概念有同样的意义,它保障了全球化不会在世界范围内实现绝对内在性的闭环,并达到世界的巴比伦式统一。当然,施米特承认,对今天来说,重要的东西不再是土地占取,因为被占取的东西几乎都不是土地。而且,早在16世纪,海洋就代替土地成了占取的主要目标。虽然海洋在今天也不再是占取的对象,但占取仍在进行:它们是工业占取,是对天空,甚至外太空的占取(参 Schmitt 2003b:347)。重要的是,占取的真正可能性依然存在,这也意味着普遍历史并没有终结。世界是统一的,正如施米特的朋友科耶夫(Alexandre Kojève,见 Kojève 1980:158 – 159)所说的那样,但同时也是"开放和流动的"。情势仍然没有"确定和固化下来",这意味着人类和民族"不仅有过去,也还有未来"(Schmitt 2003a:78)。诚然,施米特与科耶夫一样,认为历史的终结是个真正的可能性。但与科耶夫不同,施米特不认为历史的终点是人类满足了受到承认的欲求。他所看到的历史终点,是人类通过可达到完全摧毁的先进科技进行自杀的真实可能性:

> 此种死亡可能是普遍历史的结局,这一集体性现实与斯多葛式的想法类似,即自杀代表着个人的最终自由。(Schmitt 1990b:246)

但对于施米特而言,自由与自杀的自由完全不同。自由意指事物还没有固化的状态,意指一种行动的自由空间:

> 自由就是移动的自由,而不是别的什么。一个没有外部(Ausland)而只有内部(Inland),不再有空间(Spielraum)来测度和衡量人的自由能力的世界是多么可怕!(Schmitt 1988:37)

在《大地的法》中,占取的概念代表了这种自由——移动的自由。占取是新的决断瞬间,它是与旧国际秩序的断裂,但同时也是建构新空间秩序的行为。它是世界一体化这个概念的反题,但同时又是奠基性的概念。占取代表了例外的发生,在其基础上,一个具体的国际秩序被

[216]建立起来。这一秩序的基础是政治体之间的张力,而不是一个全球性的"集权组织"(Schmitt 1995:2)。

自由的形而上学

但是,宣称施米特维护人之自由是否完全是一种误导?究其一生施米特都对渲染自由报之嘲讽:

> 所有对自由的渲染都反对压制自由和缺乏自由的东西。每一种对个人自由、私人财产和自由竞争的侵犯和威胁,都被称为压制,因而是本身就恶的事物。(Schmitt 1996a:71)。

施米特当然不是这种个人自由的维护者。但对施米特来说,如果有自由,它的含义是什么呢?与自由主义的自由概念相反,施米特的自由并非指向个体的自由,而是人作为类的自由。而且,同样与对自由的自由主义式定义相反,施米特的自由并不意味着个人可以在不对另一人造成麻烦的前提下做任何他想做的事情,而是在情势所需时,制造麻烦的自由。简单说来,施米特的自由意指英雄的自由,是使用强力和暴力(Gewalt)的选择。对施米特而言,如前所述,自由是指无干涉地去测度和检验一个人的力量。这并非意味着施米特将战争理解为一种"理想的事物"(参 Schmitt 1996a:33)。这与其友人荣格(Ernst Jünger)不同,对后者来说,战争可以就其本身成为审美欣赏的对象,因此自身包含目的(参 Ojakangas 2006:98-99)。施米特则认为,战争永远是实现安全与秩序的手段。但是,在施米特看来,每种秩序都建立在强力和暴力的基础上——不论是决断还是占取——因此,漠视这一事实的思考也就漠视了人类事务的秩序。在更深的层次上,由于这种思考消解了秩序的暴力基础,所以它赋予秩序合法性的理由是错误的。一个秩序是合法的——也就是说,它同时是有意义的——当且仅当秩序起源时的暴力能够得到承认并被理解为合法时。① 不然,秩序就是非法的,也就没有理由忍受它。在这种情况下,我们需要新的开端,新的决断或新的占取,它们会为新的法律和秩序奠基。

但是,如果由于人类退回到绝对的被动性当中,或臣服于世界警察的压倒性控制,以致世界一体化得以实现,这种起点上的自由空间亦将不复存在,并将失去测度和检验一个人自由力量的场地。这就是施米特反对世界的一体化的原因——并非如迈尔所见,是由于世界的一体化象征着基督和敌基督之间战斗的终结。应该承认,施米特确实非常重视战斗的可能性,但不是基督教与敌基督之间的战斗,而是人之间的战斗。因为所有"正当标准"和"有意义的关系"都建立在这种战斗的基础上——这是"新旧力量之间的战斗"(Schmitt 1997:59)。对施米特来说,这种战斗揭示了,人是危险而富于活力的,他还是人,而不是蜜蜂。也就是说,战斗表明人作为一个物种仍然不可定型、深不可测,并且是自由的。我相信,这也是[217]施米特作为一个欣赏墨索里尼的极度保守的思想家,甚至会接受社会主义游击队的原因。他将他们视为抵抗"利用技术手段将整个世界无孔不入地组织起来"的反对性力量(Schmitt 2004:65)。

终究,何处是神圣的方向?

或许,我们最后应该问的问题是:为何要如此热情地拥抱政治的激烈发生? 以及,为何将这种发生——这种悬置和超出日常生活框架的事件——等同于自由和意义? 确实,如果一个社会只被理解为像蜂窝一样的自动机器,它显然没有产生任何新事物的空间。但是,为何我们

---

① 所有"侵略或暂时的控制"都不是"能够建立秩序的占取"。占取是秩序的源头,但必须使秩序生效,因此要在合法性的意义上考虑(Schmitt 2003a:80)。

要将日常性等同于这样一种机器？如果日常性本身已经是一种例外，一种奠基性断裂的存在方式呢？如果人如此生存就是一种对自身的不断超越呢？那么，例外就会成为规则——人在世界上如此生存，也会成为一种建构性的、有自由和意义的事件。但是，这并不是施米特会接受的观点。对他来说，只有在政治性的非凡英雄式瞬间，在暴力的例外行动中，才能够创生意义。归根结底，这是他接受纳粹主义的根本原因：纳粹为逝去的英雄主义提供了再次出现的机会。在纳粹主义中，他看到了一股与自然科学的理性框架对抗的力量，也看到了与自由秩序和资产阶级个人主义相反的东西。后者剥夺了生命的严肃性。在资产阶级的个人主义中，没有什么是伟大且严肃的。对施米特而言，它们的终点是游戏和娱乐概念（Schmitt 1996a:53）。

实际上，施米特对后现代性——其理性主义和虚无主义倾向——的种种不满背后，也许有一个共同的根基：这是一个渎神的时代。在一个完全渎神的世界里，由于一切都在定义上是中立的，因此一切都可以被自由地操纵。没什么是神圣的。实际上，在施米特对后现代的批评中，我们可以看到某种对神圣性的着迷，尤其是在他批评"相对主义的资产阶级"（Schmitt 1996a:68）时。因为，神圣性是永远不能相对化的东西，是不能被掌控的东西："没有人可以创造出它来，没有天才可以构筑出它来。"（同上，页143）在此，我不是指迈尔所谓的上帝的诫命。施米特对犹太—基督教中纯粹的超越特征从未怀有特别的热情，尤其是对犹太-清教的上帝。如果说他寻找的是上帝，这个上帝也是在尘世制度——如天主教的教堂中——现身的上帝。但施米特对天主教也并不十分乐观，尤其是在1926年他被开除教籍之后。在他转向思考具体制度的20世纪30年代初，他对天主教的兴趣就更为有限了。在《大地的法》时期，赫拉克勒斯（Heracles）替代基督，成了他的英雄。但是，这并不意味着对神圣性的迷恋不会在这本书中出现。相反，施米特比以往更[218]急切地将合法性与神圣性统一起来。根据他的说法，每一种nomos都"建立在神圣的指引之上"（Schmitt 2003a:70）。施米特已不再相信世间的神圣性可以通过恢复基督的伟大而重获,特别是通过唤起基督牺牲的记忆——对基督徒而言,这就是神圣性的发生。换句话说,他已不再相信重新唤起对基督之死的记忆在这个完全渎神的时代是足够的。但可以肯定的是,施米特与好基督徒一样,相信神圣性只能是一个事件。只有一个事件——一个在历史内部发生的大事件——才可以将人的生存升华,使其脱离绝对内在性造成的无动于衷,将秩序和方向赋予人们。但是他渴求的是一个新的事件,一个新的、暴力的起点,或者说,一种新的神圣性——施米特很清楚,只有暴力可以重建神圣和渎神之间的界限。在阅读施米特时,这至少是一个我们不能完全忽视的视角。它使施米特能够在经历了世界历史上最骇人听闻的战争之后的仅仅四年,就写道:

> 黑格尔说,当文化开始生长,英雄就终结了。对于我们来说,这种文化已经变得暗淡。这种和平对我而言已经变得污浊。因此我们需要英雄。而且他们会到来的!(Schmitt 1988:249)

这并非如迈尔所说,神学在施米特的思考中占据根本的优先性。毋宁说,根本的优先性是一种秩序,在其中,神学并非如在基督教中一样是一片自主的领域,而是弥漫于整个社会。换句话说,就像已经指出的,我们在施米特中找到的,不是对政治的神学解释,而是对神学的政治解释。我们找到的,是施米特将宗教与政治重新结合起来的努力,这二者曾先由犹太人,后被清教徒分开。后现代的世俗社会就是这一分离的结果,因此也产生了当代虚无主义:"现在我们完全腐化了(zersetzt)"——施米特在《大地的法》中写道(2003a:71)——这种腐化的源头,是"政治和宗教原始且自然的统一性"在很久之前就被摧毁了,而只有这种统一才可以为人们赋予有意义的秩序和真正的方向。当然,对施米特来说,这种统一不可能是世界范围内的统一。实际上,由于意义和方向永远是有界限的,所以这种统一绝不可能是全球性的。只有当大地坚实的面貌在围墙和界限中被勾勒出来时,人类生活的秩序和方向才能变得清晰:

真实而原初的秩序从根本上说建立在对土地的某种划分之上。(Schmitt 1997:37)

政治和宗教的统一只能在一个多元世界中发生,因为如果世界统一了,政治也就没有了空间。毕竟,构建政治的边界就是朋友和敌人间的界限。"敌人"的问题一直是施米特自己的问题,原因正在于此。①

参考文献

Aristotle (1990) *Politics*, trans. H. Rackham, Cambridge, MA: Harvard University Press.
Cristi, R. (1998) *Carl Schmitt and Authoritarian Liberalism*, Cardiff: University of Wales Press.
Galli, C. (2000) 'Carl Schmitt's anti-liberalism: its theoretical and historical sources and its philosophical and political meaning', *Cardozo Law Review*, 21: 1597–1618.
Hegel, G. W. F. (1977) *Phenomenology of Spirit*, trans. A. V. Miller, Oxford: Oxford University Press.
Kojève, A. (1980) *Introduction to the Reading of Hegel*, trans. J. H. Nichols, Ithaca, NY: Cornell University Press.
Meier, H. (1998) *The Lesson of Carl Schmitt: four chapters on the distinction between political theology and political philosophy*, trans. M. Brainard, Chicago: The University of Chicago Press.
Mouffe, C. (1999) 'Carl Schmitt and the paradox of liberal democracy', in C. Mouffe (ed.) *The Challenge of Carl Schmitt*, London: Verso.
Ojakangas, M. (2005) 'Philosophies of "concrete" life: from Carl Schmitt to Jean-Luc Nancy', *Telos*, 132: 25–45.
—— (2006) *A Philosophy of Concrete Life: Carl Schmitt and the political thought of late modernity*, 2nd edn, Bern: Peter Lang.
Schmitt, C. (1950) *Ex Captivitate Salus*, Cologne: Greven Verlag.
—— (1963) *Der Begriff des Politischen*, 4th edn, Berlin: Duncker & Humblot.
—— (1985 [1921]) *Political Theology*, trans. G. Schwab, Cambridge, MA: MIT Press.
—— (1986) *Political Romanticism*, trans. G. Oakes, Cambridge, MA: MIT Press.
—— (1987) 'The source of the tragic', trans. D. Pan, *Telos*, 72: 133–151.
—— (1988) *Glossarium – Aufzeichnungen der Jahre 1947-1951*, Berlin: Duncker & Humblot.
—— (1990a) 'The plight of European jurisprudence', trans. G. L. Ulmen, *Telos*, 83: 35–70.
—— (1990b) 'L'unité du monde II', in C. Schmitt, *Du politique: 'légalité et légitimité' et autres essaiys*, trans. P. Baillet, Paris: Pardès.
—— (1992) 'The constitutional theory of federation', trans. G. Ulmen, *Telos*, 91: 26–57.
—— (1993a [1934]) *Über die Drei Arten des rechtswissenschaftlichen Denkens*, Berlin: Duncker & Humblot.

---

① "敌人的问题就是我们自己的问题。"(Schmitt 1988:243)

—— (1993b) *Verfassungslehre*, Berlin: Duncker & Humblot.
—— (1994) *The Crisis of Parliamentary Democracy*, trans. E. Kennedy, Cambridge, MA: MIT Press.
—— (1995) 'Die Einheit der Welt', in C. Schmitt, *Staat, Großraum, Nomos: Arbeiten aus den Jahren 1916–1969*, Berlin: Duncker & Humblot.
—— (1996a [1932]) *The Concept of the Political*, trans. G. Schwab, Chicago: The University of Chicago Press.
—— (1996b) *Roman Catholicism and Political Form*, trans. G. L. Ulmen, Westport, CT: Greenwood Press.
—— (1996c) *The Leviathan in the State Theory of Thomas Hobbes*, trans. G. Schwab and E. Hilfstein, Westport, CT: Greenwood Press.
—— (1997) *Land and Sea*, trans. Simona Draghici, Washington, DC: Plutarch Press.
—— (1999) 'Ethic of state and pluralistic state', in C. Mouffe (ed.) *The Challenge of Carl Schmitt*, trans. D. Dyzenhaus, London: Verso.
—— (2001) *State, Movement, People*, trans. Simona Draghici, Corvallis, OR: Plutarch Press.
—— (2002) 'A pan-European interpretation of Donoso Cortés', trans. G. L. Ulmen, *Telos*, 125: 100–115.
—— (2003a [1950]) *The* Nomos *of the Earth in the International Law of the* Jus Publicum Europaeum, trans. G. L. Ulmen, New York: Telos Press.
—— (2003b) 'Nomos – Nahme – Name', in C. Schmitt, *The* Nomos *of the Earth*, trans. G. L. Ulmen, New York: Telos Press.
—— (2004 [1963]), 'Theory of the Partisan: intermediate commentary on the concept of the political', trans. G. L. Ulmen, *Telos*, 127: 11–78.
Spinoza, B. (1989) *Ethics*, trans. A. Boyle, London: Everyman.

十三 不安生活的气质

——在福柯伦理学意义上论施米特的生存论决断主义

普罗佐罗夫 撰 郭小雨 译

导 论

[222]由于当代伦理学的讨论充斥着关于"什么让一个决断或行为成为伦理的"这一问题的答案,因此,我们是时候考察一个肯定了决断的自主性与任何"伦理标准"无关,并因此名誉受损的哲学家的伦理思想了。大量当代研究以各种不同方式建构的"政治伦理学"为名,将施米特的政治现实主义视为批判对象。与它们不同,本文将尝试重塑施米特思想中最有争议,甚至是最臭名昭著的部分的伦理意义。[①] 我们认为,施米特式政治本体论不是解构主义或谱系学批判的鲜明目标,反而是对这种批判不可化约的限制,因为它是政治现实主义"不可解构"的残余。本章的论点是,这一残余也标志着伦理讨论的一个出发点,它不仅可以与目前后结构主义批判所依据的伦理动力相通,而且能够突破其限制。

---

① 尤其在德里达(1996)和阿甘本(1998)对施米特的解读中,可以看到政治与国际关系理论中对施米特重新燃起的兴趣。亦参 Mouffe(2000),Hirst(1999),Žižek(1999a),Ojakangas(2000, 2004),Huysmans(1998),Rasch(2000, 2003),Turner(2002),Prozorov(2004b, 2005)。

详细地说,本文尝试探索施米特与福柯作品之间的相似性。奥贾康盖斯(Mika Ojakangas 2001,2004)曾在后现代政治思想的语境中考察施米特的哲学,认为施米特与福柯的研究方式有相同的概念逻辑,都在例外的"奠基性断裂"(founding rupture)中寻找秩序的根基,这种逻辑在别处被称为"本体论意义上的极端主义"(Prozorov 2004b)。但是,施米特与福柯之间也有重要区别,最明显的就是二者对于主权原则的不同态度。与施米特视主权为价值源泉不同,福柯以在当代政治理论中号召"砍下国王的头",从而消解成问题的主权而著名。而且,福柯还坚持权力的去中心化和内在性(Foucault 1977b,1990a)。但是,就像我们曾在别处论述的那样,在施米特式的、于例外中产生构成性决断这一"准超越性"的意义上,将主权问题重新纳入福柯式的谱系学讨论,既有必要,也会带来丰硕成果。① 而且,我们在下面会表明,施米特的政治本体论与福柯非常契合,尤其是在施米特关于自由、越界和存在的审美意义问题的作品中。②

[223]恰恰是以此为角度,本文会在福柯的意义上将施米特的政治概念理解为一种伦理学,一种主体在不存在实质道德准则,或反对这种准则时,进行自我建构的方式。施米特的政治概念独立于,甚或在本体论意义上先于任何道德的或其他的实定标准。从这一解读出发,我们将重新定位遭到施米特质疑的个人主体性的程度。其次,我们会将施米特的生存性决断转化为福柯通过"制造敌人"这一分裂性实践建构主体的方式。通过福柯伦理概念的四个维度来解读施米特的决断论,我们尝试将伦理重塑为一种"行动"(act)的问题,而不是决断的实质。

---

① 一系列综合施米特和福柯哲学的尝试,见 Prozorov(2004a,2005,2007)。

② 对福柯这项工作最权威的评论,见 Deleuze(1988),Bernauer(1990),Rajchman(1985),Simons(1995),Dumm(1996)。

政治性的关键:本体论的极端主义和具体生活

一个使施米特的政治哲学具有长久吸引力和争议性的特征是,它不将政治性与国家或任何其他权威的实定结构先验地等同起来。与通常将政治界定为产生于国家的事物,并从反面将它定义为"经济""社会"这些非政治领域的对立面不同,施米特的著名论断是"国家的概念以政治的概念为前提"(Schmitt 1976:19),而不是倒过来。施米特政治哲学作用的层次先于国家与社会间的区分,而且包含了在可以进行此种区分的范围内,特定秩序形式存在的条件。在他的著名论断中,这些条件包含了敌友区分。但与其他在社会领域内的"构成性区分"(constitutive distinctions)不同,敌友区分并非奠基于任何可对社会领域进行功能性区分的实质性标准之上。在施米特看来,政治关切本身与"最强程度的统一或分裂、联合与解散"相连,"在理论和实践当中,这都并不需要同时利用道德、审美、经济或其他方面的区别"(同上,页26)。这个论断带来了两个重要的结论。

第一,政治对于其他构成性区分(如善恶、有利与不利、美丑等等)而言是先在条件(anterior),它通过建立整体秩序,为这些由此才产生不同功能区分的事物提供可能性条件。在这个意义上,施米特的"政治的"与勒福尔(Claude Lefort)的"政治性"(le politique)概念呼应,后者指在构成性因素之外建立的秩序基础,而且它永远不能被纳入已有的政治性(la politique)领域之中(Lefort 1988:11-12)。因此,敌友区分是政治共同体的奠基性事件。在这之后,政治共同体才能退回其边界之中。但敌友区分既外在于政治共同体的存在,又对其形成而言不可或缺。这一概念逻辑非常接近[224]德里达早期作品(1988)中的"增补性原则"(principle of supplementarity),是施米特"具体生活哲学"(philosophy of concrete life)的显著特征。它与"边界性概念"一起,将超越性和外在性保留在受法律实证主义的内在性支配的法律—政治领域中(Schmitt 1985a:5,20;Muller

1999;Rasch 2000;Ojakangas 2000,2004)。而且,"政治的""主权""例外"都成了附着于"界域最边缘处"(the outermost sphere),从而产生具体性的代表(Schmitt 1985a:5)。它们是任何秩序的临界点,是对秩序不可还原的超越,但又作为秩序在无基础境地中的奠基,对秩序的出现不可或缺:"具体性是属于这个秩序,但并非内在于这个秩序的事件或行为。"(Ojakangas 2000:67)这一逻辑拒斥了任何社会秩序标榜的"内生性",否定了没有外部的、完全自足的系统的可能性。任何一种秩序在奠基时都包含了一些异质性的内容,这对其产生和持续存在都甚为关键。

第二,政治性被认为独立于伦理、经济和审美领域。如果敌人从根本上来说并非坏的、丑的或是经济上的竞争者,朋友也不代表善的、美的和经济上有用的,那么这一区分看起来就缺乏任何实质内容。这也是施米特被反讽地批评为如法律实证主义一样注重形式的原因(见Zizek 1999a)。

> 政治可以从宗教、经济、道德和其他对立物等极其多样的人类欲求中获得能量。它并不描述其本质,而只刻画人类联合或分裂的强度。(Schmitt 1976:38)

一旦达到一定的强度,道德、经济或者宗教都会获得一种政治维度,"政治性的临界点可能从经济领域中,也可能从其他领域中产生"(同上,页78)。施米特尤其注意到,这种强度不可能在理论上得到描述,而是要在具体情境中经由实际参与者来决定:敌人是——

> 他者、陌生人;他以特别的强度为方式,作为不同的和异质的事物出现,因此在极端状况下与其进行斗争是可能的——这是就其本质而言的充分说法。先在的普遍性所界定的规范,或是一个由于不介入其中因而是中立第三方的判决,都不能决定他。(同上,页27)

取消了规范性本质,政治性就成了很难用定义把握的东西,其全部定义就包含在其不可定义之中。政治行为无法界定,就是由于它本身在排除了包含于其定义之下内容的同时,定义了实定秩序。区分敌友是一种生存性质上的决断行为,是一种不建立在认识或规范基础上,但正因为此种无根基性而可能的构成性实践:

> 这个决断使其免于所有规范性束缚,在完全真的意义上生成出来。(Schmitt 1985a:12)

政治决断并不诉诸已有的存在,而是使事物存在。施米特意义上的[225]敌人,是"生存意义上的异己和另类",并非与原先存在的自己所不同,也不是列维纳斯意义上以他者方式感受到存在陌生性的先在自我。[①] 朋友和敌人,自我和他者,都由同时将其塑造出来的决断主义行动产生。政治的概念因此完全包含在一种构成性的决断当中,或者,更准确地说,在永远起着建构作用的决断当中:"不可能有一种完全作为声明的决断。"(同上,页31)与实质内容分离之后,政治性被孤立为具有强大构成力量的、个体发生意义上的(ontogenetic, Megill 1985:20–25)、通过逃离形式而建立形式的行动:"从新的、异质性的规范内容的视角看去,决断是构成性的具体要素。"(Schmitt 1985a:31)这样,政治性的本体论地位便不是实体性确立起来的,而是生存论的结果:政治性严格来说不是任何东西,它就是"是"本身。政治性决断缺乏任何指定性的述谓,更可能在唯一一次发生的事件中显现自身。而从任何内在于秩序的视角出发,这种发生都是对实定秩序的破坏,是一种纯粹的

---

① 参Levinas(1969)。关于施米特和列维纳斯在处理自我与他者遭遇问题上的一致之处,见Sims(2005)。施米特的自我与他者同时产生于能够区分他们的行为之中,由此可以合逻辑地推出两者在本体论和伦理方面的对等性。而这与列维纳斯对两者在根本上存在的不对称性,及其对他者本体论地位的优先强调相反。这种不对称的位置正是德里达在早期(1972)对列维纳斯的批判中指出的,前者认为后者的不对称性受制于一种更根本的对称性,内在于将他者视为"另一个自我"(alter ego)的理解。

否定性。反讽的是,除了施米特这一奠基性作品的题目[译者注:指《政治的概念》,1976],几乎不能说政治性拥有任何可被识别为一个概念的属性。

这种对施米特的解读正是施特劳斯著名的批判性评论所针对的对象。施特劳斯批评施米特是"加了一个负号的自由主义"(Strauss 1976:102)。施米特考虑的正是将政治自主性与道德分开,使其获得没有任何善的实质性概念的无根基性。在施特劳斯看来,施米特鼓励的"决断具有的随心所欲之特征"(同上,页103)与他讥笑的自由主义一样,有着中立和宽容精神。施特劳斯认为,这种对政治性的"抽象"肯定只是通往"'技术精神'与一种尚未具名的对立精神信仰之间决定性战役"的准备,这一战役毫无疑问是建立在道德立场上的(同上,页104)。施特劳斯以"保守的革命性"①为名,对抗自由主义,努力重新统合政治性与道德。这种做法将所有被称为政治的"准超越性"条件还原为产生于历史偶然之中的自由主义与保守主义的敌友划分,从而消解了施米特所谓"政治性"的意义。这与施米特明确坚持分开政治与道德相悖,施特劳斯承认(同上,页101),这一坚持"弥漫"于施米特论述政治性的整篇论文。这样,与其急于消除施米特将政治性保留在政治的生存层面这一否定性特征,不如暂时保留这个"负号",去探究施米特如此激进地否定政治的道德根基所产生的伦理影响。

本文的论点是,施米特非道德主义的政治本体论是其伦理层面不可或缺的要素。我们要尝试运用福柯在其晚期作品中将伦理概念从道德概念中区分出来的做法,把施米特对政治性的理解重塑为一种伦理关系。需要[226]强调的是,在这种重塑中,重要的绝非是以一种解释学的读法去恢复所谓的"施米特伦理学",而是在从伦理实践的角度来

---

① 对"保守的革命性"的解释见Jünger(1993)。在Wolin(1992)和Huysmans(1998)的作品中,可以看到他们将施米特的思想与保守主义革命关联起来的论述,Ojakangas(2004)对这种关联进行了详细的批判。

理解政治性作用方式时,探究通过重构这一政治性的逻辑所展示出来的可能性。与其恢复施米特政治理论的伦理层面,我们的努力是给出一个从根本上来说与其创造者意志相反的概念。讽刺的是,这来自施米特自己的信念,即概念有一种不可控的魔鬼般的力量,会反对其创造者(见 Muller 1999)。用福柯的话来说,这种解读方式并非要使解读忠实于作者的思想,而是"要扭曲它,使其呻吟和反抗"(Foucault 1980:64)。本章后面的部分会分两步来推进这一不忠诚的解读:第一,将政治的概念重置于作为决断性主体的个人层面;第二,将施米特的决断主义与福柯关于自我越界性实践(transgressive practices of the self)的想法并列讨论。

决断作为越界性实践:施米特与福柯作品中的轻与重

对施米特政治概念的伦理解读要求我们进行一个重要的转向,即将关注点从政治共同体转移到作为伦理主体的个人身上。乍一看来,施米特的理论并不允许这种转向,因为在传统解读中,政治性的敌人是在一个集体对另一个集体的敌意中得到展示的:"敌人只能是公敌。"(Schmitt 1976:28)将政治性概念还原为集体性——它在欧洲现代性中体现为国家——能印证在国际关系语境中对施米特"政治现实主义"的传统解读。但是,这种解读对施米特的洞见而言并非公正,因为如此解读要求政治概念以国家概念为前提,而不是相反。如果这种解释对,那么施米特无数次强调政治性加剧了国家主义就是错的。同时这种解释也忽视了施米特对政治性概念最为原初、富有争议且萦绕不休的论述:它是积极虚无主义的生存决断论(见 Wolin 1992;Žižek 1999a;Hirst 1999)。这肯定了国家能够进行的构成性决断,同时也颠覆了宣称国家具有内在自足性的所有讲法(见 Prozorov 2004b)。

要充分理解这一颠覆性的力量,必须意识到"主体性决断"在造就"纯粹公敌"中所起的作用。这是一个从"原则上说不受限的权威"中产生的塑造个体("个体发生性的"[ontogenetic])的行动。它是一个 ex nihilo[无中生有]的决断,不衍生于任何事物,但却构成所有衍生物的基础(Schmitt 1985a:12)。区分敌友的决断是一种典型的主权性决断——一种"从无中释放出来的"行动(同上,页 32)——作为"不能屈服于"(同上,页 13)普遍性和一般性之下的行为,只能来自对已有规则而言的例外。就算停留在国家层面,我们也不能忘记,施米特明确拒绝对国家概念进行法学[227]或非人格性的解读。他指出,"法律的主权仅仅意味着制定和运用这种法律的人的主权"(Schmitt 1976:67)。所以,既非偶然也不奇怪的是,尤其是在施米特的早期作品中,他选择堂吉诃德——一个个体——作为"政治行动的典范"。堂吉诃德对自己所追求的内容虽然不甚清楚,却"能做出一个自己看来是对的决断"(McCormick 1997:53)。

下一步,我们要将施米特的生存性决断论与福柯关于越界、生存的审美性质的思考并列起来,以此去分析"做出决断的主体",并在两人于个体和集体生存层面建立的关系中,讨论两人之间的联系。用梅吉尔(Alan Megill 1985)的话来说,施米特和福柯都可以称为"临界点上的预言家"(prophets of extremity),都由此建立了与真实之间的审美联系。这在之前思想家的风格和讨论对象中都不常见。① 就我们当前的目的而言,两位思想家间重要的相似性,在于他们针对与主体性的关系建立哲学学说时引人入胜的矛盾。在福柯那里,这一矛盾被西蒙斯(Jon Simons)用昆德拉式的话语表述为在不可承受之重与轻间的摇摆,即权力的话语与策略带来的"重",与越出界限的经验带来的对"重"的克服。一方面,福柯在其"考古学"作品中关于自发秩序的讨论,与他用"谱系学"表达出来的"生产性权力"的概念,都指向作为话语或政治实践后果的主体性概念,非主体意义上的理性则在完全充斥着理性的

---

① 对施米特唯美主义的讨论,参 Wolin(1992),Muller(1999)和 McCormick(1997)。

权力和知识的社会领域中遭到消解。在人之集体性这个层面,福柯去中心化和构成性权力的概念力图扰乱所有实定的解放计划,并证明了在现代人文主义产生之前,存在着大量流放、禁闭和使人规范化、臣服的做法。在这个层面,福柯的作品在对社会领域里所有解放计划都抱有的怀疑态度中,展示出对不可承受之重的理解。正是在这里,用泰勒(Charles Taylor 1986:69)的话来说,"福柯使人不安"。

然而,在社会生活的不可承受之重面前,福柯的思想和实践并没有退回到被动的顺从,而是从一种"悲观的激进主义"出发,质疑了所有激进的规范性话语:

> 在哲学性的话语试图从外部命令他人,告诉他们属于他们的真理在哪以及如何找到它时,哲学话语中总有些可笑的成分。(Foucault 1990b:9)

这呼应了施米特对敌友区分的生存论而非规范属性的坚持,这一立场就是福柯所指的"替他人说话的无礼"(Foucault 1996b:76)。与这一立场相反,福柯明确认为,政治行动应该是一种个人决断:

> 当我写一本书时,我拒绝像个先知一样说话,这是绝对真实的;比如,一个人这样对人们说:这是你必须做的,以及[228]这是好的,但那不是……当做出与监狱、精神病医院或其他事物相关的某些行动时,如果我选择,如果我意愿,它就成为完全的个人问题。而且,我要说,政治行动也属于一个与已经写下的或在书本上的参与行为完全不同的范畴。它是个人的、用身体去献身的问题……成为激进的实质是身体性的:成为激进的从根本上来说意味着存在本身的激进化(The essence of being radical is physical; the essence of being radical is the radicalness of existence itself)。(Foucault 1996c:261)

当我们在个体层面思考政治实践时,这段引文为伦理-政治实践中"轻"的一面提供了良好的例子。在福柯的谱系学中,所有真理生产机制及主体化的相关形式中极端偶然和非被决定的本质,证明了它自身可以产生一种超越被规定了的主体性之界限的可能。并非是通过积极地认同任何一种秩序形式,而正是在用无数权力策略缝合而成的沉重社会空间里,福柯所谓的"具体自由"①成为可能;这种自由出现在越过其参与构成的边界之处,出现在认同的概念遭到消解之时,而并非仅仅采纳了一种替代性的主体化样式:"在其越过的界线那里,越界拥有了其全部空间。"(Foucault 1977b:34)

在没有坚实的"道德认识"作为基础时,政治行动仅剩的"标准"就是主体无根基但却具有奠基意义的决断性力量。如施米特一样,福柯的政治伦理学也以生存论的决断主义为标志,同样确证了个人在意识到决断无根基时的态度。重要的是要注意到,福柯对此种正在进行决断的主体的确证,并非回到一种本质主义的主体概念——即通过自我发现和自我实现来获得主体的熟悉主题。

> 对于像波德莱尔这样的现代人而言,他并非要去发现自己,包括自己的秘密和隐藏的真理;他是试图创造自己的人。现代性并非在人自身存在的意义上解放人,而是强迫人面对自我生产的任务。(Foucault 1984b:42)

因此,我们可以得出结论,在福柯作品赋予生存的社会面相"重"的一面时,在自我的那些(再)创造自身存在并因此确证其主体性的实践中,又包含着"轻"的要素。②

---

① 福柯意义上"具体自由"(concrete freedom)的详细重构及其与认同之间的关系,参 Prozorov(2004a,2007)。对福柯的"自由"意义的更宽泛讨论,见 Dumm(1996),Rajchman(1985),Bernauer(1990)。

② 朗西埃(1995)提出"确证"(verification)的概念,并强调在政治斗争中证明和证据的一致性。由此,一个行动的明确出现可以视为其肯定之"真理"的"确证"。

在下一节中,我们将试图证明,在施米特的政治思想中也有类似的轻与重之区分。于集体性层面,施米特的政治概念为我们展示出一种阴暗的(而且被认为无可辩驳的)、长期存在的、"极度接近"战争的图景。这一图景的展现方式简洁、庄严,戏仿了施米特政治神学中神启的力量。这是与[229]决断论形成对照的形而上学层面。但在这种解释中一再出现的图景,却被施米特自己对决断的无根基性和自身生成本体之特质的强调而消解,从而让"区分敌友"的政治行为带上了强烈的个体性质。在例外中恢复"具体生活的哲学",作为使秩序成为可能的、超越内在性的条件,具有一种破坏稳定的效果。它与福柯的历史本体论相似,也使"可理解性在空洞的背景下,以及在否定了自身之必要性时才显现出来"(Foucault 1996a:312)。也许与对其进行的语用学理解相反,施米特的作品要证明,不是事物一再出现的可能性使其发生变化,而是去"意愿"(willing)事物的政治性意义使其发生变化。对于我们自身"所处的中立化和去政治化的时代"(Schmitt 1993)中流行的、无奈的愤世嫉俗,这可能是一种及时的纠正。在下面一节中,我们将用福柯提供的四层框架讨论施米特的决断主义伦理学。

制造敌人的艺术:
朝向一种非实证性的对生活的肯定

我们已经论证了,施米特和福柯的作品都有稳定的非道德主义和反规范主义的特征。但是,它们与构成一种政治实践的特别气质(ethos)密不可分。我们所依赖的道德和伦理区分催生了福柯后期作品中"历史本体论"的"伦理"之轴。福柯引入了对道德三个方面的区分:道德行为;道德法则(行为可能与之相符或相反);以及最有原创性的:"你应该与你自己建立起来的关系,'让自己听到'(rapport à soi),我称之为伦理。它决定了个体作为其行动的道德主体所理解的自我构成方式"(Foucault 1984a:352;亦参 Foucault 1990b:25-32)。在对希腊-罗马文化的研究中,福柯提出了后一种道德面相的特定形式,一种同时是审美关系的伦理形态,一种"存在的艺术"。它并不试图在"对自我的注解"中恢复个人主体性的潜在真理,而是注重积极的自我形塑(self-fashioning)。

> 人通过那些所意欲和想要去做的行动……寻求重塑自己,在其唯一的存在中改变自己,将其生命变成包含一定审美价值并且符合某种形式性标准的作品。(Foucault 1990b:10)

对福柯而言,这些实践"在社会自身或政治体中没有任何位置。它们只能在波德莱尔称之为艺术的这一个不同的地方产生出来"(Foucault 1984b:42)。但是,与将福柯的"审美主义"批评为精英主义和自恋倾向相反(以 Wolin 1994 为例),我们必须注意到,"艺术"对于福柯而言并非意味着与其他经验领域相对的功能性行业。它与施米特的政治性概念相应,是所有经验的源泉。就像所有包含着强烈自我创生力量的实践都具备一种政治性特征一样,任何[230]包含着个人日常经验的材料,都可以被囊括在将自己作为"艺术品"进行创作的审美方案之中。因此,福柯的"艺术创作"并非空洞地重复着带上了当代新自由派个人主义特征的"创造性"和"自我表白",而是主要指向在遭遇任何既定的伦理机制时的不懈努力。这些既定机制都许诺个人能够获得其存在的真理,并由此通往个人实现。而福柯的伦理学是"一种实践的哲学,一个人可以在不预先知道自己是谁的前提下获得存在。自由是它的原则,但是这种自由并非产生于对我们本性或本质的预先确证"(Rajchman 1994:192)。在缺乏任何关于一个人"是"谁的知识时,自由可以在铸就存在样式时,通过审美而非认知来获得具体的样貌。在这个意义上提出施米特的伦理学问题,要求我们就福柯区分的四种伦理面相来重构施米特政治理论中的生存论决断主义,这四种面相分别是:伦理实体(ethical substance)、成为主体的方式(mode of subjection)、伦理修炼(ethical work)、伦理主体的目的(telos of the ethical subject)。

伦理实体:对"无"(void)的接近

在讨论了施米特政治性、主权和例外概念中贯穿始终的否定性特征之后,尝试指出施米特政治理论中的伦理实体似乎是矛盾的。但福柯使用的"伦理实体"概念指向的是生存层面的问题,是伦理实践的对象(object)而非内容(content)(Foucault 1990a:26)。我们可以尝试将施米特政治现实主义中的伦理实体放在"真实生活"的概念下来理解,接近"真实生活"的方式是"例外":

> 规则不会证明什么;但例外证明了一切:它不仅确证规则存在,也证明自身存在,这只能在例外中看见。在例外中,真实生活的力量打破在重复之中变得无力的机制,从端点迸发出来。(Schmitt 1985a:15)

之所以要关注这一从施米特本体论的例外主义中产生的、形塑了"真实"的非中介性的生活实践,因为正是它促成了诞生于例外决断那一瞬间的规范秩序的政治理论。这一行动从"无"中解放出来,获得了无限权威。除了让自身生成本体的强大力量之外,它没有其他内容。

如此,在没有实证性伦理实质的情况下,施米特的政治现实主义给出了一种"生活"的概念。它既是整体的、总括性的,又被限制在绝对最低的程度。这一生活的全部"现实"都被包含在例外的、批判的、边界的或有限的经验之中。① 这种经验既扮演着"有序生活"的可能性条件,又证实了它从根本上而言的不可能性。这些经验将"有序生活"降格为"机械主义"秩序,通过把例外带领到它面前而摒弃了[231]它。这种将生活限制在界限条件内的行为,不能被还原为一种对恐惧产生的"保守革命性"(conservative revolutionary)审美,这种审美经常被等同

---

① 参 Foucault(1977b)。对福柯哲学中生机主义之重要性的讨论见 Deleuze(1988:91-93,124-133)。

于对战争之特质的赞赏(见 Huysmans 1998;Wolin 1992)。但只要在福柯的意义上考虑一下这种越界性的经验,我们就会看到,知晓我们所处之结构的界限同时意味着踏出超过界限的一步,而这一步占据的所有空间就在那条界限的线中。因此,施米特伦理学中的伦理实体就是在个体生存的临界点上那一个狭窄的部分。通过决断跨越界限的行为,将主体带回到"无"之中,带回到主体拥有其主体性的时候。在决断主义伦理学中,可以确认的不是善之基础得到了确定的呈现,而是对"无"的接近。"无"的空间在决断中被解放出来,这使个体可以进入"真实生活"。这种对伦理的生机主义(vitalist)理解与德勒兹(Gilles Deleuze)对福柯"抵抗"(resistance)概念的解读具有相似性:

> 当权力将生命作为它的对象时,生命就成了对权力的抵抗。当权力成为"生命性"的权力(bio-power)时,抵抗就成了有生命的力量。这种生机勃勃的力量不能被放在特定路线图的条条框框之中。在福柯思想的终点,不就是这种来自外部的对生命的理解,一种生机主义吗?不正是生命本身才有能力拒绝权力吗?……我们没法知道人作为"活着的人",作为一系列抵抗的力量,能成就些什么。(Deleuze 1988:92-93)

虽然这种生命概念作为主体性的本体论前提似乎暴露了残余的自然主义,但我们还是要注意到"伦理实体"概念的细微差别。对施米特和福柯来说,"伦理主体"不是一种先在的、进行抵抗的生机性力量,而是产生于抵抗所有从外部强加的认同这种行为之中。因此,自由并不是释放生命的原初力量,而是对抗那永远威胁着生命力量,要将它封锁在一个实定秩序界限之中的东西。越界性的抵抗并不是保护性的自由主体的行为,而是建构性的。用尼采的话来说,"这是那些有人有而有人没有的东西,是一个人欲求的东西,是一个人要征服的东西"(Nietzsche 1977:271)。

成为主体的方式:生存论意义上的决断主义

从福柯出发重构施米特伦理学的第二个要素是"成为主体的方式",即"人们意识到自己的道德义务所借助或依赖的方式"(Foucault 1984a:353)。一个主体(自觉地)投入某种实践,可能是出于理性计算、对神圣的信念、自然法或实定法的要求,或是因为它符合"正常"的认识和政治标准。但施米特积极的虚无主义没有为伦理实践与真理挂钩留下任何可能,无论这一真理是来自神还是人。由于决断是一种"从无之中的解放",其定义就取消了以诸如[232]神法、理性甚至是实用性作为真理的基础。施米特的本体论所允许的唯一一种成为主体的方式,就是我们已经提及的生存论意义上的决断主义:即使其根基毫无可能,也要投身于其中。这种情况可以用韦那(Paul Veyne)的术语描述为"虚无主义的实现"(fulfilment of nihilism)。韦那认为,虚无主义是,"当思想家们认为真理是没有基础的,我们就把这些历史时期称之为虚无主义时期"(1992:242)。

如此理解的虚无主义由两个层面构成:其一,认识到真理、道德和政治的基础是不存在的;其二,要获得这些基础的欲求。对这种生存状况的真正虚无主义式回应,既包含尝试去伪造进行判断的新基础(用尼采的话来说,这是"不彻底的虚无主义"),又包含消极的虚无主义者所做的,完全服从必然出现的偶然性来进行判断。与沃尔泽(Michael Walzer)和弗雷泽(Nancy Fraser)这样的批评者相反,韦那用"虚无主义的实现"来解读福柯作品,接受了虚无主义的第一种假设,但抛弃了第二种假设,因为他认为第二种假设根本不能为一种可能的伦理行动建立规范。同时,韦那认为,没有安全的基础不会取消判断,但是会取消一种判断所呈现的真理或道德法则的力量。

> 在不能证明自身、认同自身正确性的情形下去生活和欲求,这就是留给我们的选择。(Veyne 1992:243)

正如德里达在后期"伦理"作品(1992,1996)中所强调的,重要的是,要将这种对决断主义的肯定与解构主义者所理解的决断之"不可能性"区分开来。施米特坚持决断让人从"无"中解放出来,解构主义者的伦理学却根据让每个决断成为可能的条件确证了不可决断性(undecidability)。在德里达对施米特的补充性解构中,任何决断主义必然包含"决断的悖论",那通过"不可决断之磨难"的道路,以及那在决断行动中被穿透和消磨却不会被完全清除的"模棱两可"的经验(Derrida 1996:67)。而正是这种消磨,使试图保存在已做出之决定当中的解构再次重申其激进的、拒绝被决定的本质,它不能被还原到生成的程序之中。如我们已经看到的,就施米特对真正的决断行为基础之不可能性的坚持而言,他可以被理解成一个虔诚的德里达主义者;但就衡量这种原初的不可决断性之后果而言,二人分道扬镳了。与施米特相反,德里达对在做决定这个行动中,不可决断性得到了必要的克服这一点感到犹豫。在不可决断性的深渊前,他的解构性的决断主义似乎被锁定在一个自我施加的暂停之中。在德里达的伦理学看来,每个开启和制造了这种封闭性的决断都要打破它,这使它永远不充分,且无法承担负责。

因此,在解构主义者的伦理学中,决断或不决断仍然悬置在犹豫和无能之中。只有施米特式的决断主义才能进行弥补,去打破这个死结。但据说,解构主义本身就是对施米特决断主义的一种补充。即使在每个决断中都存在"伦理上不充分"的前提下,解构也要坚持决断之必要,这样它才能看起来不是"无实质意义的托辞,或者新的道德绝对主义"——用[233]墨兰(Dominic Moran)的话说(2002:129)。简要地说,极端的无决断性一定在一切要到来、要发生的事情面前无法行动。这个麻烦陷每一种要在"伦理的解构"中寻求"伦理"与"非伦理"之间区分的尝试于困难当中:因为所有决断都经历了不可决断性之困境,故而所有决断在德里达的意义上都是伦理的。但是,又因为所有决断都造成了这一极端开放性的封闭,所以它们也同样都是"不负责任的",

因此是非伦理的。所以,伦理与非伦理已经结构性地内在于决断这种"怎样都行的特征"之中了,尤其是因为,它完全自发地产生于决断的特征之中,而不是使自身呈现或隐藏。与这种解构主义伦理学的僵局不同,施米特式的思考并不关注建立决断的伦理事实方面的不可能,而是肯定决断自身为一种伦理行动。其根据来自决断"穿过"了不可决断性的深渊和剧烈的消磨过程。用拉康式的"精神分析伦理学"来说(Lacan 1992;Zizek 2004a:200-205),由于根基的不可能性,生存论意义上的决断主义督促人们不要"以自己的欲求为行动寻找根基"。

伦理修炼:制造敌人

阐述施米特伦理学的第三步是思考"伦理修炼",即主体为构成自身而进行的活动。福柯用 askesis 统称它们(Foucault 1984a:355)。就我们的目的而言,伦理修炼特指施米特包含在生存论的决断主义中区分敌友的实践。"制造敌人的技艺"同时是积极形塑自身的手段。与他者的敌对关系包含在"伦理学作为塑造自我的技艺"这一定义之中。伦理学作为越界性实践的意义存在于"面对所有塑造我们的其他力量进行自我塑造"(Simons 1995:76)的可能。制造敌人的技艺因此包含在积极地扩展分歧,培育存在敌对关系的场域之中,只有这可以证实个人主体性的存在。分歧,或者更准确地说,制造分歧而非解决分歧,同时成为施米特式主体存在的条件和内容。在这个时候,我们应该记起,施米特政治本体论真正特别的功能,就在于确定敌人的身份:敌对的政治关系来自严格意义上平等的,得到或尚未得到确定之对手的诉求当中。在其中,自我和他者的建立都不能合法地诉诸认识论或道德意义上确定的语言(Schmitt 1976,2003)。这个敌对的对称结构类似于得到很好规制的决斗,施米特所谓的"敌人"丧失了列维纳斯意义上"他者"享有的所有伦理优先性,但也免于作为自由主义之敌而受到先天诽谤的悲惨命运:作为自由主义的敌人,就意味着被视为应该受到羞辱和消灭的可鄙怪物,而不仅仅是被击败(Schmitt 1976:27-29,53-54)。

尽管如此,[234]敌友关系中的"友谊"也不应被夸大。在对手、敌友之间预设和造成根本的本体论对立,会在实际上取消施米特解释中存在的以"商谈原则"(principle of discussion)为核心的自由倾向。要充分地理解"商谈"与决断主义伦理之间的无关性,我们需要专门讨论"商谈"与他者的关系。我们通常所熟知的对现实主义的批判是,它为了获得安全,通过他者来划分自己的权威界限,由此获得稳定的自我认同。但在我们看来,施米特的敌友区分与这一批判相反,使用了两个步骤和两种"他者"的概念。通过排斥或指认一个"肯定性的他者"(positive other)——即在生存意义上与自我相异的敌人——区分敌友的决断穿透了"否定性的他者"(negative alterity)所占据的空间,如此避免了陷入决断的不可能性之中。在"否定性的他者"那里,自我和他者都不存在(见 Zizek 1999a:19-20)——这种彻底的他者确实在本体上先于自我而存在,但它也必须在逻辑上先于一切"肯定性的他者"。先于或超出自我和他者认同的,恰恰就是字面意义上的"空白",即"作为背景的无",它的唯一特点就是与任何实定性决然不同。

"否定性他者"必须穿越敌友区分的决断,从而将所有与"肯定性他者"的关系重构为在生存意义上的平等者(existential equality)之间的关系。如此,由于自我和他者同时成为敌友区分的孪生子,自我的存在便不再依赖于"肯定性的他者"。但这一自我及其敌人的相互构成也成为二者关系当中一次不可还原的停顿,这与列维纳斯和德里达伦理学中强调的"完全相互依赖"(radical interdependence)相反。无疑,在本体论层面上,自我与他者相互依赖,但他们只有经过区分行动为这种相互依赖做出决断,才能成为主体。在施米特的伦理学中,列维纳斯为他者到来准备的开放性在一种警惕的接受态度中被具体化了。这要求敌友区分的持续进行,并由此以结合与分裂的程度界定了社会领域。就此而言,与一个肯定性的他者间的敌对关系是一个人主体性的证明,这意味着他不会在寻求妥协或一致性中遭到磨灭。

这样,商谈 ethos[气质]就与施米特的伦理学完全无关,因为它用在真理或道德问题上的本体论反思代替了自我生成本体的过程,预设了一种达成合理共识的目的论,或作为新式平衡物的中立化的真理概念(见 Schmitt 1985b:35 – 51)。施米特对启蒙运动建立"商谈中的公共性"理想持批判态度,呼应了福柯将政治性重新引入认知活动的尝试,并引发了一个明显的后果:没什么能在商谈中获得。如果自我与他者之间所有先在的差异都只是无关紧要且可以"随它去"的东西,那么尝试消除这些差异,从而达到根本的共同性也没有意义。如果我们被确认为主体不是通过同一性,而是通过与彼此区分开来而完成的,那么,任何旨在消除[235]差异的商谈,都还不如个人自己通过遵从目的或程序的规范来获得存在的独特性有意义。如果真理是世界中的一种事物,那么任何在商谈中达成的一致性已经被置于权力关系之中。也就是说,它是作为一种无根基决断之结果出现的,但后者大多遭到了否定:

> 任何一致性的达成,哪怕是"自由"的,都是被触发和被带入到存在中来的。因此,权力制造了一致性。当然,通常来说,理性和伦理将一致性正当化了。反过来,一致性产生权力,因此这种权力通常是不理性的,而且——尽管有着一致性——权力仍在伦理上是可疑的。(Schmitt 1999:202)

施米特知道,达成一致性的动力内含着对差异的抹杀,而决断主义伦理学不接受一种强调共同"人性"的、自由的"安全版机械论"(safety mechanism)。在施米特敏锐的观察中,它仅仅是助长了对人之生存状态中存在敌人的否定,将人降格为"完全非价值"(total non-value)的存在(Freund 1995:19),这会带来"不可计算的恶果,因为战争会因此走向极端的非人性"(Schmitt 1976:54)。就像施米特的政治现实主义在国际关系层面肯定了多元主义主导国际关系的必要性,决断主义伦理学在肯定国内存在最低限度的同质性时,强调在主体间关系中保留差异,并优先承认通过自我区分和树立自我界限这种清晰的行动,决定与肯定性的他者之间相互依赖的关系。以这种方式,决断主义伦理学预设了主体性至上的目的(telos of sovereign subjectivity)。

目的:做自己的主权者

主权作为目的是施米特伦理学的最后一部分内容。制造敌人的技艺要达成的最终目标是,通过持续回到无根基的决断之中,培育出真实生活的伦理实体。从根本上说,这种决断源自认识和道德给主体带来的不可承受之重,朝向使主体成为自身存在之主人的轻盈。"成为主人"标志着施米特在例外中进行决断的主权概念,与福柯用来呈现经验界限的"越界"概念得到了综合。就像我们在别处论述的,施米特对主权的讨论不能还原为实定秩序内部对绝对权威的肯定,但也不能被越界概念的否定性理解,即悬置秩序规范发挥作用的能力完全消解(Prozorov 2005)。主权在内部是根本原则之源泉的实定秩序,在外部则同时是不能被纳入那些规则之下的东西。它总是显得深不可测、巨大可怕、无法估量,是每一种实定性的补充。在越界者与自身创造之秩序的关系中,以及越界者作为其自身[236]存在之主权者的意义上,我们也许可以重新界定主权。任何声称秩序可以依靠内在性来维持自身的说法,都会遭到下面这两个处在临界点上的元素的扰乱和打断:其一是建立秩序的主权性主体;其二是对抗对其施加秩序的主体。与其受到施米特的鼓励,认为福柯的越界性是对主权性权力的一种抵抗,不如认为两位作者都在对抗内在论的客体化和主体化方式时,展示了一种"主权性的越界伦理学"(ethics of sovereign transgression),寻求对自身存在的掌控。① 如此,"主权性主体"的说法在批判性理论中变得重新重要起来。它揭示了,在主体中,原初性地预先存在着"偏离中心"的行动。主权性主体在被马克思主义、精神分析主义和建构主义联合起来驱逐出政治本体论的

---

① 关于施米特的主权概念与福柯对自由的理解间的关系,更详细的论述见 Prozorov(2007)。

中心之后,如今很可能作为一种构成性的边界概念,在其临界处重新确认自己(参 Zizek 1999b)。

这一将主权性作为目的来肯定自我的方式,指向一种明显的"非实定性"(Foucault 1977b:36):施米特式的主体通过制造敌人的技艺来肯定自己,但同时又通过保留作为其存在条件的对"无"的接近,摧毁了使这种主体性具有超越式基础的任何可能。它在无根基的情形下肯定了生命,也就是说,它在伦理实践中与"无"打交道,而不是引导伦理实践站在真理假定的权威位置上消除"无"。也正是这种对"非实定性的肯定"构成了我们所称的"不安生活的气质"。这种气质有一种"轻盈"的特质,其来源是建构了我们实定认同的集体性真理生产机制的认知和道德确定性的消解。但是,这种自由的伦理实践的代价是,它产生了不可磨灭的不安感。确切地说,从与世界的敌对关系中才产生了决断主义伦理学的实质。试图为这种不安寻找解决办法,甚或是消除它,产生了坎贝尔(1993:4)称为"原则政治"的各种表现形式:或通过抬出抽象普遍的人道主义理想,或在极为激烈的暴力实践中看到这些原则的上演。但是,不安的生活气质在其对"不按原则"的存在方式的肯定中,排除了以传教士和十字军的熟悉姿态来呈现这种气质的可能性。悖谬的是,乍一看,这种对抗性的气质可能是"虚无主义的""决断论的""非理性的",且它强调从根本上挑战善的实质性概念,进而能做出"任何一种决断"。但是,它相较于原则政治的道德主义气质,却规定了我们要以相当谦虚的态度和很强的责任感来进行实践。与目前在全球范围内以"反恐怖主义"来伪装自己的行动相比,这一点会获得最切近的证明。通过取消自我在认识和道德上的确定性,一个施米特式的主体保留了判断和决断的能力,但是,通过将自我置于接近不可决断的"无"的行动之中,它也放弃了将其判断作为基础或对其进行普遍化的能力。如此,对施米特式的主体而言,代他人言,或者告诉他人真理和道德存在于何处,显然是不值得尊重的行为。

结　论

[237]这种伦理倾向明显会因为在经验上被视为不可能,或因为被当作浪漫主义式的天真、政治上的危险而被忽略。被认为是由天真和危险混合而成的彻底的决断主义,在堂吉诃德式的勇往直前中,获得了对这种不可能之可能性的肯定。我们同意齐泽克(Slavoj Zizek)的说法,正是这个接近"无"时却预设了一个位置的危险,这样一种"不可能",才是本真性的政治行动的条件。用拉康式的语言来说,这是与"真"(real)的相遇:

> 重点不在于"真"是不可能的,而在于不可能才是"真的"。这是一种精神创伤,一个行动,而它就是"真"发生的时点。这是令人难以接受的。(Zizek 2004b:70)

我们阐释的这种不安生活的气质,与齐泽克"真的伦理"接近。它对行动的决断主义强调是完全施米特式的。这种行动是在既存的可能性空间之中,以无止境的冒险来追求不可能的激进尝试。此种主体性的伦理与当今主流的全球化表述无疑相悖。全球化中的主体,作为在"后国家"世界秩序中被视为神圣的关键性角色,同时成了从全球化进程、潮流和影响力中附带产生的现象,在人必须去适应的生存中获得了客观实在的地位。这一客观必然的机制,也标志着所谓"主体去中心化"的最后阶段。在其中,生存论的决断主义若可以成功,也只能在奇迹的意义上得到理解。这也恰恰是施米特式的决断与神学的关联所在。但是,恐怕对奇迹的信仰正是当今批判性思想所缺乏的:

> 真正令人痛苦的事情是,奇迹——不是宗教意义上的,而是自由行动意义上的奇迹——确实会发生,但它很难用语言表述。"真"并非我们不能接近的物自身,而是与实在的和谐完全割裂的

自由。(同上,页166)

那么,施米特对于当代的重要性可能恰恰在于,他肯定了自由作为一种在无止境的冒险中进行的决断,冲破了既存的可能性坐标,并揭示了我们在未来方向上的空白。我们的论述尝试证明了将施米特作为一个伦理思考者来阅读的可能性。他尝试在祛魅的虚无主义情境下肯定生活,而不是当一个将暴力和传统神话融合起来,以挑战资产阶级常规生活,从而被安上"保守革命性"面目的战争贩子。在我们看来,这种对施米特的解构性研究,对后解构主义话语而言是一种有价值的干扰,也为德里达针对"后现代伦理学"问题给出的重要解决方式提供了另一种同样以决断和他者为核心概念的可能选项。与解构主义者对[238]不可决断性的坚持,以及因此将每个决断理解为不可能,从而造成的伦理僵局不同,我们的研究更接近齐泽克近来对决断主义的肯定。后者将这种不可决断性理解为激进否定性带来的结果,但它同时也是每个政治行动成为可能的条件(见 Zizek 2004a;参 Prozorov 2005)。

本文对施米特的解读已经承认,会优先考虑施米特生存论的决断主义所带来的干扰性的、不稳定性的力量,而不是侧重他从例外行动中形成所有秩序稳定性的著名学说。在对施米特的生存论决断主义的伦理学重构中,施米特政治概念所引发的或许不那么施米特式的后果,证明了决断、例外、主权这些边界概念具有魔鬼般的力量,它们会起来反对自己的创造者,并永远干扰着对安全与稳定的巩固。德勒兹曾经写道,他自己的哲学阅读练习包括"将藏在背后的作者揪出来,给他一个可以作为其后代的,但是有着骇人面目的孩子"(齐泽克引用德勒兹之语,2004a:46)。在施米特这里,虽然伴随着"呻吟和反对",这种对他的解读也可以视为本体论意义上的极端主义与政治现实主义所生的孩子,而这个调皮的孩子又与现实主义这个父亲进行着愚蠢的乱伦之举。

参考文献

Agamben, G. (1998) *Homo Sacer: sovereign power and bare life*, Stanford, CA: Stanford University Press.
Bernauer, J. (1990) *Michel Foucault's Force of Flight: towards an ethics for thought*, Atlantic Highlands, NJ: Humanities Press.
Campbell, D. (1993) *Politics Without Principle: sovereignty, ethics and the narratives of the Gulf war*, Boulder, CO: Lynne Rienner.
Deleuze, G. (1988) *Foucault*, London: The Athlone Press.
Derrida, J. (1972) 'Violence and metaphysics: an essay on the thought of Emmanuel Levinas', in *Writing and Difference*, Chicago: The University of Chicago Press, 79–153.
—— (1992) 'Force of law: the "mystical foundations of authority"', in D. Cornell, M. Rosenfeld and D. G. Carlson (eds) *Deconstruction and the Possibility of Justice*, London: Routledge, 3–67.
—— (1996) *Politics of Friendship*, London: Verso.
—— (1998) *Of Grammatology*, Baltimore, MD: Johns Hopkins University Press.
Dumm, T. (1996) *Michel Foucault and the Politics of Freedom*, London: Sage.
Foucault, M. (1977a) *Discipline and Punish: the birth of the prison*, New York: Pantheon Books.
—— (1977b) 'A preface to transgression', in D. F. Bouchard (ed.) *Language, Counter-Memory, Practice: selected essays and interviews*, Ithaca, NY: Cornell University Press, 29–52.
—— (1980) 'Prison talk', in C. Gordon (ed.) *Power/Knowledge: selected interviews and other writings: 1972–1977*, New York: Pantheon Books, 36–54.
—— (1984a) 'On the genealogy of ethics: an overview of the work in progress', in P. Rabinow (ed.) *The Foucault Reader*, New York: Pantheon Books, 340–372.
—— (1984b) 'What is enlightenment?', in P. Rabinow (ed.) *The Foucault Reader*, New York: Pantheon Books, 32–50.
—— (1990a) *History of Sexuality*, vol. 1: *an introduction*, Harmondsworth: Penguin.
—— (1990b) *History of Sexuality*, vol. 2: *the use of pleasure*, New York: Random House.
—— (1996a) 'Friendship as a way of life', in S. Lotringer (ed.) *Foucault Live: interviews, 1961–1984*, New York: Semiotext(e), 308–312.
—— (1996b) 'Intellectuals and power: interview with Gilles Deleuze', in S. Lotringer (ed.) *Foucault Live: interviews, 1961–1984*, New York: Semiotext(e), 74–82.
—— (1996c) 'Clarifications on the question of power', in S. Lotringer (ed.) *Foucault Live: interviews, 1961–1984*, New York: Semiotext(e), 255–263.
Fraser, N. (1995) 'Foucault on modern power: empirical insights and normative confusions', in B. Smart (ed.) *Michel Foucault: critical assessments*, vol. 5, London: Routledge.
Freund, J. (1995) 'Schmitt's political thought', *Telos*, 102: 11–43.
Hirst, P. (1999) 'Carl Schmitt's decisionism', in C. Mouffe (ed.) *The Challenge of Carl Schmitt*, London: Verso.
Huysmans, J. (1998) 'The question of the limit: desecuritisation and the aesthetics of horror in political realism', *Millennium*, 27, no. 3: 569–589.
Jünger, E. (1993) 'Total mobilization', in R. Wolin (ed.) *The Heidegger Controversy*, Cambridge, MA: MIT Press.

Lacan, J. (1992) *The Seminar of Jacques Lacan, Book VII: the ethics of psychoanalysis*, New York: Norton.
Lefort, C. (1988) *Democracy and Political Theory*, Cambridge: Polity Press.
Levinas, E. (1969) *Totality and Infinity*, Pittsburgh, PA: Duquesne University Press.
McCormick, J. (1997) *Carl Schmitt's Critique of Liberalism: against politics as technology*, Cambridge: Cambridge University Press.
Megill, A. (1985) *Prophets of Extremity: Nietzsche, Heidegger, Foucault, Derrida*, Berkeley, CA: University of California Press.
Moran, D. (2002) 'Decisions, decisions: Derrida on Kierkegaard and Abraham', *Telos*, 123: 107–130.
Mouffe, C. (2000) *The Democratic Paradox*, London: Verso.
Muller, J. (1999) 'Carl Schmitt's method: between ideology, demonology and myth', *Journal of Political Ideologies*, 4, no. 1: 61–86.
Nietzsche, F. (1977) *A Nietzsche Reader*, Harmondsworth: Penguin.
Ojakangas, M. (2000) 'Existentially something other and strange: on Carl Schmitt's philosophy of concrete life', in S. Hänninen and J. Vähämäki (eds) *Displacement of Politics*, Jyväskylä: SoPhi.
—— (2001) 'Sovereign and plebs: Michel Foucault meets Carl Schmitt', *Telos*, 119: 32–40.
—— (2004) *A Philosophy of Concrete Life: Carl Schmitt and the political thought of late modernity*, Jyväskylä: SoPhi.
Prozorov, S. (2004a) *Political Pedagogy of Technical Assistance: a study in historical ontology of Russian postcommunism*, Tampere: Studia Politica Tamperensis.
—— (2004b) 'Three theses on governance and the political', *Journal of International Relations and Development*, 7, no. 3: 267–293.
—— (2005) 'X/Xs: towards a general theory of the exception', *Alternatives*, 30, no. 1: 81–112.
—— (2007) *Foucault, Freedom and Sovereignty*, Aldershot: Ashgate.
Rajchman, J. (1985) *Michel Foucault: the freedom of philosophy*, New York: Columbia University Press.
—— (1994) 'Ethics after Foucault', in B. Smart (ed.) *Michel Foucault: critical assessments*, vol. 3, London: Routledge.
Ranciere, J. (1995) *On the Shores of Politics*, London: Verso.
Rasch, W. (2000) 'Conflict as a vocation: Carl Schmitt and the possibility of politics', *Theory, Culture and Society*, 17, no. 6: 1–32.
—— (2003) 'Human Rights as geopolitics: Carl Schmitt and the legal form of American supremacy', *Cultural Critique*, 54, no. 1: 121–143.
Schmitt, C. (1976) *The Concept of the Political*, New Brunswick, NJ: Rutgers University Press.
—— (1985a) *Political Theology: four chapters on the concept of sovereignty*, Cambridge, MA: MIT Press.
—— (1985b) *The Crisis of Parliamentary Democracy*, Cambridge, MA: The MIT Press.
—— (1993) 'The age of neutralizations and depoliticizations', *Telos*, 96: 130–142.
—— (1999) 'Ethic of state and pluralistic state', in C. Mouffe (ed.) *The Challenge of Carl Schmitt*, London: Verso.
—— (2003) *The Nomos of the Earth in the International Public Law of the Jus Publicum Europaeum*, New York: Telos Press.
Simons, J. (1995) *Foucault and the Political*, London: Routledge.

Sims, J. (2005) 'Absolute adversity: Schmitt, Levinas and the possibility of killing', *Philosophy and Social Criticism*, 31: 223–252.
Strauss, L. (1976) 'Comments on Carl Schmitt's *Der Begriff des Politischen*', in C. Schmitt, *The Concept of the Political*, New Brunswick, NJ: Rutgers University Press.
Taylor, C. (1986) 'Foucault on freedom and truth', in D. Hoy (ed.) *Foucault: a critical reader*, Oxford: Basil Blackwell.
Turner, B. (2002) 'Sovereignty and emergency: political theology, Islam and American conservatism', *Theory, Culture and Society*, 19, no. 4: 103–119.
Veyne, P. (1992) 'Foucault and going beyond (or the fulfilment of) nihilism', in T. J. Armstrong (ed.) *Michel Foucault: philosopher*, New York: Harvester Wheatsheaf.
Walzer, M. (1986) 'The politics of Michel Foucault', in D. Hoy (ed.) *Foucault: a critical reader*, Oxford: Basil Blackwell.
Wolin, R. (1992) 'Carl Schmitt: the conservative revolutionary habitus and the aesthetics of horror', *Political Theory*, 20, no. 3: 424–447.
—— (1994) 'Foucault's aesthetic decisionism', in B. Smart (ed.) *Michel Foucault: critical assessments*, vol. 3, London: Routledge.
Žižek, S. (1999a) 'Carl Schmitt in the age of post-politics', in C. Mouffe (ed.) *The Challenge of Carl Schmitt*, London: Verso.
—— (1999b) *The Ticklish Subject: the absent centre of political ontology*, London: Verso.
—— (2004a) *Bodies Without Organs: on Deleuze and consequences*, London: Routledge.
—— (2004b) *Conversations with Slavoj Žižek*, Cambridge: Polity Press.

十四 法:词与神话

迪恩 撰
吕梓健 译 郭小雨 校

[242]由于许多贯穿本书的重要原因,世界秩序的主题再一次被提上议程。然而,使某物成为一个话题的并不是赋予它一个概念。我们目前的话语是过剩的,但是却没有关于这种话语的系统性思考。因此,我想在这里引用一下巴什拉(Gaston Bachelard)的话:

> 我们要研究这样一个没有人客观处理过的问题;在这一问题中,原初的诱惑如此强烈,以至于它的力量可以扰动最清醒的头脑,并且把这些精神带回诗的家园。在那里,梦幻代替了思想,诗歌掩盖了公理。(1968:2)

巴什拉是在讨论作为四种元素之一的火,这与我们在此处的目的密切相关。对于施米特来说,世界秩序可以用这些元素之间的关系来形容。

的确,我想指出,对世界秩序的诗学以及神话研究位于研究世界秩序本身的中心位置,但这并不是要去研究我们必须抛弃的错误历史,代之以塑造真知识的形式,而是因为这些诗学与神话研究以特定的方式使世界变得可以思想、可以行动。换句话说,诗和神话使特定种类的全球政治行动和决定性的权威成为可能。即使是施米特,这个最大程度上发展了一种在哲学上融贯并"客观"的世界秩序概念的思想家,也无法避免神话和诗的吸引,以及语言学家的那种对词源的着迷。对于巴什拉来说，这些词语"是用来歌咏和迷惑人的，很少与思想相关"（1968:1）。

我想指出，带着巴什拉推崇的那种必不可少的自我批判式的反讽，其实存在许多路径供我们处理世界秩序的问题。而所有这些路径都能够在施米特身上发现。它们可以从语词的视角出发，也就是从概念史或语文学出发；可以从对大地的神话研究出发，即那种可以叫做"地理－神话学"（geo-mythography）（Connery 2001）的研究；可以从权力关系的空间性和物质性——地缘政治——出发；也可以从国际法的历史法学以及由之而来的战争与和平的概念出发。

[243]施米特视《大地的法》（2003:37－38）为一部在"本质上以法学为基础的作品……尽管从地理学家那里受惠良多"。但是，它"与神话起源的联系更为重要"。确实，这本书，以及稍早些的《陆地与海洋》（1997）、《霍布斯国家学说中的利维坦》（1996b），连同一系列二战后讨论 nomos[法]的论文都表明，作者将自己展示为一个语文学家、神话学家，地缘政治和法律史的学者，正像他将自己展示为一个法学理论家一样。这些不同的外衣带来了一个根本的问题：根据他在写作这些重要作品之前和之中所作出的政治与道德抉择，我们今天应该如何阅读和对待施米特。尽管我们承认他对国际法进行历史法学研究的重要性，但这篇文章将聚焦于他的神话与语文学。

Nomos 的恢复

与许多保守主义者相同，施米特也有一种失落感。《大地的法》可以看作对一种特定世界秩序丧失的挽歌，这种世界秩序曾被欧洲国际法，即欧洲公法所统辖。nomos[法]这个词的故事同样也展现了一种丧失。然而，丧失的对立面则是恢复。"我想还原 nomos[法]这个词语的力量与威严"（同上:67）。

施米特认为（同上:325），nomos[法]这个词通常被法学家和历史学家在一种传统或习俗的意义上翻译为"法"。然而,它的含义远远不止于此。与其说是它是一个单纯的名词,不如说它是一个 nomen actionis[行动的名称],它指示一种行动,而这种行动进程的内容是被动词所给定的。nomos[法]的行动与进程是被希腊文动词 nemein 所给定的,它意为"占有"、"指派(to allot)"和"分派",而这个词反过来又是德文词语 nehmen 和 Nahme 的词根。施米特自己将 Landnahme 这个术语用作"陆地占有"或者"陆地占取",以此来捕捉这个术语的首要含义:

> 人民的历史,以及他们的迁徙、殖民与征服,都是陆地占取的历史。这或者是对无人拥有所有权的自由土地的占取,或者是对他人土地的征服。这些被征服的土地通过各种方式被占有,或者通过"与外国的政治性战争"(foreign-political warfare)的法律名头,或者通过国内的政治手段,例如放逐、剥夺以及对新近分配土地的没收。(同上:328)

但是,nomos[法]还有两个被其他动词给定的意思。一个是德文 teilen,意味着"分割"或"分配"。例如,对霍布斯来说,nomos[法]是引入主权权力并分配财产的行为:

> 以往有人把我们所谓的法律称为 nomos[法],意思就是分配,而对正义所下的定义则是把每一个人**自己的**东西**分配**给每一个人,这些人在古时对于这一点就知道得很清楚(Hobbes 1996:171,强调为原文所有,引自 Schmitt 2003:327)。

分配问题是一个社会问题,因此也就是一个有关正义的问题。这一问题[244]假设一个共同体将自身塑造为一个实体(entity),这个实体已经为自身占取了陆地以及其他资源,现在寻求在共同体内部解决正义的问题。这一正义问题对那些被排除出占取的人来说并不适用。施米特尖锐地指出:

具体而言,nomos[法]就是在好国王的治下,每到周日每个农夫都在自己锅里拥有的一只鸡;在他自己房子前种的那一小片地;每个美国工人停在自己房前的车。(2003:327)

像这个例子所指出的,在这一意义上,nomos[法]与一个定居的共同秩序紧密相连,也与一种仍然同家庭,即oikos[家庭],相连的经济概念紧密相连。

最后,德文动词weiden也给出了nomos[法]的内容,这个词的意思是"放牧","经营一个家庭",或者"生产"。定居共同体及其法律的一部分就是家庭、农业与生产系统的存在。从游牧到定居的过程中,nomos[法]发生了一次重大变化。施米特在一个脚注中,称"游牧民"(nomad)来源于希腊文nome,意思是为寻找牧场而去捕捉、放牧、或漫游(同上:326)。那么,这种游牧性质的找寻就是一种为了牧场而进行的陆地占有形式,而不是,比如说,一种周期性的从特定地区进行迁移的运动。对施米特来说,这是nomos[法]朝向定居共同体和家庭,即朝向oikos[家庭]的运动,它在之后变成了生产的最初场所。除了将之作为一种领土权的前奏外,施米特的神话学似乎没有囊括游牧生活。施米特提及的"游牧时代"既不源于历史学,也不源于人类学材料,而是源于古典希腊时期"游牧时代"的概念,以及牧羊人或nomeus(牧羊人)时代(同上:340)。这很大程度上透露了施米特的自身位置,视角和思想状况。

施米特认为,在非常早的时期就出现了对这一术语的败坏用法(decadent use)。① 他指控智术师们在提出nomos[法]与physis[自然]的对立时,将nomos[法]从生活的事实缩减为一种规定性的应然(Schmitt 2003:67-69;Ulmen 1993:43)。他对柏拉图提出了相似的指控,指责其将nomos[法]缩减为单纯的统治(schedon),并将之与亚里

---

① 本段与接下来四段的详细阐释都源于我在2006年的文章。

士多德对不同的法律(nomoi)与作为整体的具体秩序(nomos)所做的区分进行了对比。对施米特来说,后者仍然保留了 nomos[法]作为空间统一体的原初概念意涵。

那么,这种 nomos[法]的恢复能使施米特在现代对什么东西作出批评呢?他将实证主义者的法律概念作为攻击目标,这种法律概念将 nomos[法]缩减为空洞且形式主义的立法,并将正当性(legitimacy)缩减为单纯的合法性(legality)。施米特说道:

> nomos[法]这个词之所以对我们有用,是因为它能保护我们对时下世界问题的认识不受法律实证主义的干扰,尤其能免于同 19 世纪处理国内法事务时使用的法学概念和词语相混淆。(2003:69)

在更宽泛的意义上,他攻击这些法律概念既不理解"陆地占有"的历史是法律的组成部分,也不理解被他称之为共同体的"具体空间特性",这种"具体空间特征"对任何社会,经济以及法律秩序都是最为基础的。

[245]如果说福柯由于将我们的注意力从权力"属于谁"("the who" of power)转移向权力"如何形成"("the how" of power)而出名,那么,施米特坚持寻找的则是权力或者说法律的"在哪"("the where" of power)。如他所言:

> 在任何法律、经济以及社会秩序形成之前,在任何法律、经济以及社会理论出现之前,有一个简单的问题:在哪里并且如何占取?在哪里并且如何分配?在哪里并且如何生产?(Schmitt 2003:327-328,强调为原文所有)

法律可以被理解为是基于地理的。如 nomos[法]的第一推论所言,法律是"秩序和场域的统一"(同上:42-49)。

其实,我们无需费力就能够想出一种反对施米特观点的立场,这种立场指向词语与概念变动不居的特性,以及它们对特定话语和社会－政治结构的依赖;追踪话语和概念的条件性轨迹也可以用来批判探索术语的原初意义。作为这种立场的示范,福柯的态度因而就显得是站在施米特语文学的对立面。然而,如果我们考虑到,思考术语在今天已被淘汰了的某些用法,赋予了福柯联系其当下使用情况去进行分析的能力,那么我们就会发现,这个以澄清和明确为目的的复原过程也与施米特相似。以福柯对"治理"(government)这个术语的讨论为例,它远比当前仅仅限于指涉一套特定的政治制度的含义更为宽泛,因此很大程度上依赖这个术语在16世纪和17世纪文献中的使用方式(Foucault 1991;Dean 1999)。

更为宽泛地来说,鉴于福柯著作在治理和权力方面的影响,将施米特放在与之相关的地位上是至关重要的。如果我们带着nomos[法]的概念去面对福柯对治理技艺或"治理术"的关切,我们可以说,他追溯了nomos[法]这一概念在欧洲意识这一历史中遭受的积极遗忘(active forgeting),或至少是对"占取"的遗忘;而"占取"在历史上和逻辑上先于任何社会、政治和法律秩序。福柯治理技艺的谱系学追溯了治理从早期现代的家庭合理性(household rationality)到自由主义形态的变化,对前者来说,oeconomy[经济]与oikos[家庭]还紧密相连,而在后者中治理主要发生在自我治理(self-govering)以及经济、公民社会的自治过程中。因此,福柯分析治理术所涵盖的合理性反过来有利于分配与生产,却并没有真正揭示这两个环节在占取中的前提作用。就像自由主义试图对主权施加限制一样,它将占取归之于外部或先决条件的产物,并使人类陷入无根无际的普遍主义之中。

施米特当然会同意,相比分配与占取的循环,自由主义更偏向于将生产与消费的循环作为一种解决社会问题的手段。但是施米特通过从游牧性存在到定居共同体的出现来追溯nomos[法]的含义,则与福柯更接近。对施米特来说,这是nomos[法]朝向共同体、家族、家庭,也就是oikos——它们成了生产的原初地点——的运动。因此,他同意福柯的观点,认为生产跟随在分配之后,而不是在它之前,而且,他将土地占取[246]加入定居共同体得以分配土地和资源的条件之中。施米特尖锐地指出,nomos[法]是一个"制造界限的词语"(Schmitt 2003:75)。与福柯相同,我们或许可以为施米特补充一点:法律、秩序和治理关注那些发生在界限之内的事,这些事可以当作核心范式,贯穿了被我们认为是西方思想的整个历史。这个范式就是家庭,或者 oikos,以及对家庭和家庭成员的父权制统治。

对福柯来说,即使在最宽泛的意义上,占取也不属于治理问题,而是属于现在已经被主权权力取代的领域,这种权力在很大程度上是压迫性或"演绎性"(deductive)的。在这一意义上,福柯保留了占取,但却限制了它的分析价值。他的分析在这点上再现了他所追溯的谱系学。如果施米特的 nomos[法]将赋予秩序的目标和占取捆绑在一起,那么,福柯的谱系学则回溯了主权与治理概念的脱钩,因此也就是自由主义对占取的遗忘。如果我们把福柯对自由和新自由主义下治理合理性的谱系学扩展到至少 20 世纪 90 年代,那么,我认为我们会发现两个从施米特的角度来说不可能存在的形象。一个是"治理":一个没有秩序的场域。另一个则是没有场域的秩序幻梦:"全球化"。

归根结底,施米特是一个认为人类必然与大地捆绑,难逃其大地属性(telluric)的思想家;nomos[法]的语文学不仅揭示了占取的首要性,还有人的共同体在他们对大地的占有以及场域中的具体存在。他与各种形式的自由主义作斗争,他也通过自由主义的基础来攻击它:抽象、私有化的个体不仅是被剥夺了领土的存在,而且还是一个被连根拔起、迷失方向的存在。从更大的范围来看,自由主义和社会主义是一种"位置缺失"(a-topical)的构型,其理想无处寻找,或者用更强的说法,它的理想在一个不是地方的地方(not-place)中,亦即乌托邦中,才能被找到。全速、机动性和网络就是当今的乌托邦,而这一乌托邦在全球化大洋般的普遍性中洗刷掉了人性。

奠基性的 nomos[①]

我认为,神话形塑了我们理解世界秩序的尝试,但是它很少达到施米特作品中的强度。在《大地的法》前几页中,施米特的思想最具大地性。大地被描述成"法的母亲"。在"她的生殖能力中"蕴藏着一种每位农人都知道的正义的内在标准。我们所发现的是大地母亲(Monther Earth),无限正义的大地,justissima tellus〔最为正义的大地〕。施米特总结道:

> 她在自身之中蕴藏着法,作为劳作的奖赏;她在自身之上展示着法,作为固定的边界;她在自身之上也负载着法,作为秩序的公共标志。(2003:42)

对施米特来说,大地的神话是洛克式的劳动者将自己的劳动与大地混合并借此获得的正义酬劳。因此,大地被分割,界线"被刻画并被嵌入",最后,大地被"篱笆、围场、边界、围墙、房屋和其他建筑"勾画出轮廓,"之后,人类社会生活的秩序与位置才得以彰显"(同上:42)。施米特[247]不从人类劳动者或共同体的视角,而是从大地的视角来描述这一现象。一个显而易见的挑战认为,通过把一种特殊的人类秩序和场域变为大地本身的组成部分,施米特将大地之上某种特殊的秩序与场域普遍化了(对比 Aravamudan 2005)。nomos〔法〕与大地看起来相互组成。

毫无疑问,施米特(2003:50-54)会回答说,还有无数其他关于大地的神话图像。他引用了来自古埃及、犹太、希腊、罗马、阿拉伯、蒙古,以及在拜占庭和中世纪欧洲的 respublica Christiana〔基督教共和国〕中的"前全球时代的国际法"形式。然而,他可能论证说,他所描述的神

[①] 这一节也源于我在 2006 年的文章。

话是在唯一真正的国际法全球体系时期,在唯一的全球秩序,也就是在欧洲公法时期,反映了欧洲秩序与场域的神话。国际法,或者更为准确地说,国家间(interstate)法,从16世纪一直存活到20世纪早期,并且以新世界的发现为前提条件。施米特认为,在他生活的时代,这套法律陷入了混乱。这一神话最终在欧洲走向法律和政治现代性中耗竭了自身。

然而,无论是在现代欧洲法还是在施米特的神话中,terra firma[坚实大地]都与mare liberum[自由海洋]相对立。空间和法,秩序和位置在一种无特性的要素(无法留下痕迹的意义上)中发现了自身的对立。施米特说:

> 因为在开放的海洋上,没有围篱,没有界线,没有祝圣过的场所,没有神圣的位置,也就不存在法权和财产权。(同上:43)

海洋充满危险,是为搜寻宝藏而下危险赌注的领域,同时它还是海盗活动的地方;海盗这个词源自拉丁语peiran,①意味着"考验""尝试"或"冒险"。只有在海洋帝国(施米特使用了一个源自希腊语的表述,thalassocracies)出现之后,海洋占取才得以出现,安全与秩序才得到确立,海盗行为才被当作一种违反人道的犯罪。然而,施米特确信大地才是首要的,同时也是字面意义上法的基础,因为"法重大的原初行动仍保留在陆地的位置上:占取大地、建设城市、建立殖民"(同上:44)。

海洋也是一个神话的领域。施米特1942年出版了《陆地与海洋》(1997),试作为他小女儿安娜的儿童读物。施米特在这本书里坚持人类存在的元素性特征,以及人有创造性地对人类自身与四元素(土、水、火、气)之间关系进行定义以及再定义的能力(Schmitt 1997:3-5)。鲸鱼的神秘踪迹引诱着英雄般的捕鲸人驶向海洋深处(同上:13-17)。捕鲸人、海盗、私掠船、海洋探险家和各式各样的"海上兴风作浪

---

① [译注]peiran是希腊语,原文作者错写作拉丁语。

者",都在"朝向大海的决定性进发"中扮演了重要角色(同上:19)。施米特在文中尤其为鲸鱼的形象所倾倒——它也是霍布斯的国家符号,利维坦的动物形式之一。

没有比英国转型能更好地展现英雄气概(heroism)的时代了。英国从一个把环绕四周的水域当作护城河,被自身岛国性质束缚的牧羊人国度,转变成了一个继承之前所有海洋力量并建立世界帝国的水手国度:

> [248]英国将自己的存在真正地从陆地转向海洋这一元素。由此,它不仅赢得了许多战争和海战的胜利,也赢得了一个完全不同的东西,一个远为重要的东西——一场革命,一场宏大的革命,即一场整个地球的空间革命。(同上:28)

在《陆地与海洋》中,这样的元素变化赋予了空间意识一种新的形式。这种空间意识在《大地的法》中成为法律的基础。陆地与海洋的对立将会成为"一种不同空间秩序的对立"(Schmitt 2003:54),在这一意义上,欧洲公法既包含陆地法,也包含海洋法。在欧洲公法中,欧洲人的全球意识首先以坚实大地和自由海洋的区分为基础;在1713年《乌特勒支和约》之后,则以大地上的国家领土、殖民地、保护领地、异国以及自由的被占土地之间这些不同土地状态的复杂区分为基础(同上:184)。因此,对施米特来讲,第一部全球意义上的"大地法"依赖于这种元素的对立。这样的对立同样会反映在大陆领土国家与以英国和稍后的美国为代表的海洋权力之间,而这种海洋权力又导致了这一法律系统的衰落。

阿甘本(Giorgio Agamben)最近在拓展nomos[法]这个概念时加上了"出生"(nativity),以及它在词源上与"民族"(nation)一词的亲近关系,作为解释民族国家现代nomos[法]的第三个术语:秩序、领土、出生(birth)(1998;2000)。对阿甘本来说,正是在出生、公民身份和生命这条轴上,当今的民族国家陷入了危机。按照他的论点,这一危机的后果就是"集中营",它作为赤裸生命先被放进去然后被排除在外(inclusive exclusion)的场地,成了"这个星球上新的生命政治 nomos[法]"。这种具有争议的观点有许多值得探讨的地方,不过我们现在只关注两件事:首先,这是当代欧洲思想中对 nomos[法]思考的复兴、拓展和批评的一个范例,也是一个值得欢迎的事件;其次,它试图将生与死作为轴心,以 bios[生]和 thanatos[死]的轴心,或者像福柯说的"生命政治",来取代施米特的元素论。

阿甘本的做法忽视了 nomos[法]土地特性所在的整个元素性架构。的确,他更晚近的著作(2005)将"集中营"这种"例外状态"作为表现当前现代性空间秩序地方,并以关塔那摩湾为例。因此,阿甘本制造了一种 nomos[法]的叙事,它以在空间上表明对公民权利的剥夺,为正在衰落的领土国家准备了条件。由此,阿甘本将"例外"(Ausnahme)——按照词源学来说,就是"拿来"(拉丁语,excapere)——与占取土地,或土地占取(Landnahme)的领土性连接起来。这是一个令人吃惊的批判性姿态,但它的代价是将 nomos[法]封闭在"集中营"之中,以至于整个地球其他地方的争斗和国际法变得几乎难以理解。然而,阿甘本用了一个同样具体的图像来对抗施米特的尖锐洞见。新的 nomos[法]要在空间和法外结构的集中营中寻找——比如纳粹的"集中营"——对读者来说,施米特所写的内容无论多么具有启发性,都将与阿甘本的这一图景纠缠不清。

恶魔般的 nomos

[249]在施米特于1938年出版的关于霍布斯的政治符号——"利维坦"——的书中,他揭示了"利维坦"在霍布斯思想中的多重符号性特征:它既是"必死的上帝",也是机器、怪兽和巨人。通过使用《约伯记》,施米特展示了利维坦在另一种地理-神话学体系中的符号意义。在其中,利维坦可以是一个海怪、巨蟒、龙,或者正如我们已经提到的,

一条鲸鱼;利维坦面对并打败了陆地上的怪兽比希莫特。施米特指出,神话图像会经历持续的变化、无数的变形以及解释。他追溯了中世纪基督教教父以及犹太卡巴拉主义者(Jewish cabbalists)对利维坦神话的改变。在前者那里,利维坦是一个被十字架鱼钩所捕获的魔鬼;在后者的解释中,这两只怪兽代表了异教,利维坦是陆地力量,而比希莫特则是海洋力量。①"后者想要用他的角撕裂利维坦,利维坦则用他的鳍堵住比希莫特的嘴巴和鼻孔,并以这种方式闷死他"(Schmitt 1996b:9)。

施米特观察到这幅图像是对海洋封锁的"精美描绘"。施米特告诉我们,按照秘传思想,在这场战斗中,"犹太人在旁坐山观虎斗,看地上万族如何互相残杀",之后他们"吃惨遭屠戮的列族的肉,并以此为生"(同上:9)。他比绝大多数的思想家都明白能够带动符号和神话的情感冲动。他告诉我们,在这种卡巴拉主义的秘传教导中,我们面对的是"最令人惊奇的政治神话,碰到了常常具有魔法般震撼力的文献",在其中"显然可见犹太民族针对所有其他民族的立场和态度,这完全是犹太民族独有的、任何其他民族中都没有可与此相提并论的、十足病态的立场和态度"(同上:8)。施米特是一个有力量的"地理神话学家",这从他对陆地－海洋二分的反思以及对这二分的图像式证明就能看得出来。但就像他在这里做的一样,他还能够借这一能力服务于一系列的混合目标:在霍布斯国家学说中获得一个新的视角;使陆地与海洋的对立成为焦点;提出一种将犹太人排除在欧洲人"正常"秩序之外的分析。事实上,有关他智识伦理的问题远比人们想象的要更为关键。他一方面欣赏犹太神话以及由之带来的启发,但另一方面,他也增加了一种在当时可以被读作高级仇恨文学的东西。犹太人成了例外的范式:如阿甘本可能认为的,唯一可以安置犹太人的地方就是将他们封闭在正常生命架构之外的地方,在"集中营"中发现的结构就是如此。

---

① [译注]施米特的原文是利维坦代表海洋力量,比希莫特代表陆地力量。

这里存在一种同时产生吸引力和排斥力的心理经济学。

对那些参与批判自由主义历史,以及那些认为《大地的法》对国际法领域做出了卓越贡献的人来说,施米特的这些文字会造成很大困难,比方说我刚才引用过的段落就是这样。无论人们对施米特的性格以及他个人和智识经历持有什么积极看法,无论人们是否认为他在这本书的立场本质上是种族主义的,[250]即使我们承认这是出于1936年党卫队对他发出谴责后他对党卫队的畏惧,至少,作出这种论调的行为和时机选择,都毫无疑问代表着一个十分严重且不可原谅的道德滑坡(Schwab 1996)。比方说,在那本关于霍布斯的书中,他认为不单纯是自由主义,而是"犹太自由主义",在斯宾诺莎、门德尔松以及尤为重要的斯塔尔(Friedrich Julius Stahl,施米特称他为斯特尔-乔森,以此来提醒此人成为新教徒之前的犹太身份)等人的著作中,利用了霍布斯理论在内外信仰间的裂缝。此外,无论出于什么目的,施米特全文都把"犹太"和"德国"并立。比如,他将斯塔尔的妻子描绘为一个具有"德意志血统"的人,并将莫尔(Robert Mohl)说成是"德国自由派"(Schmitt 1996b:75,69)。尽管施米特将攻击范围扩大到了罗马天主教会,以及"渴慕权力的长老会或教派"、歌德、康德,"秘密团体和秘密修会、玫瑰十字会、共济会员光照会成员、神秘主义者和虔敬主义者,各种分裂分子,许多'田园幽静派'信众",他仍得出结论说,"此间最重要的也还是犹太人永不安分的精神"(同上:60;对比,Turner 1998)。这种言论无助于削弱人们对这一思想家的印象——为了掩盖(事实证明这并未成功)自己对纳粹主义日渐加深的厌恶,他表面上确认了纳粹的反犹宣传。确实是这些间接团体,尤其重要的是犹太人,利用了霍布斯在私人信仰方面的政治不可知论上留下的漏洞。他们使用卡巴拉主义者的方式,屠杀利维坦并且以它为食,"这种个人自由的组织只不过是反个人主义强权用来切割利维坦并分食其肉的刀子"(Schmitt 1996b:74)。

无论是反对自由主义还是支持自由主义(Stephen Holmes 1993,Leo Strauss 当然会完全反对后一种看法 1996),施米特与我们的区别,不在于他对自由主义的批判,而在于他将攻击的核心目标认定为一个特殊的社会群体。这个社会群体在当时被纳粹宣传猛烈抨击,又遭受着纳粹的灭绝技术①——施米特在承认 mea culpa[自己错误]后称其为 scelus infandum(无法用语言形容的罪行)。施米特引用霍布斯的观点说,霍布斯仅仅部分地展示自己的思想,就像一个人打开窗户一小会,但是因为害怕窗外的暴风雨就马上关闭了它一样(1996b:26)。施米特自己的利维坦以及他的神话就像是这样的"窗户"。无论《大地的法》和《霍布斯国家学说中的利维坦》的贡献在当今是多么的必要,我们对这些著作的粗浅认识都会使我们更难理解它们的贡献。通过这些窗户,我们瞥见了已经不在窗外的暴风雨。我们通过利维坦的形象瞥见的可能是恶魔般的占有。

利维坦的形象,融合了施米特对国内秩序的担忧,与他对以英美海空力量及其意识形态和战争观为主导的世界秩序的担忧。他在20世纪30年代对犹太自由主义的批评,也可以与他在战后对盎格鲁-撒克逊自由主义的批判连接起来,因为前者自下而上地将利维坦切分,后者则自上而下向利维坦发起攻击。

从国际视角来看,在非洲大规模的帝国圈地运动[251]和1885年刚果会议后,利维坦体系于1890年左右就开始遭到削弱。稍后1899

---

① 从字面上看,它是无法形容或可憎的犯罪,例如谋杀或叛国罪。在法律上,关于第二次世界大战后战争罪行的看法,他谈到了罪行的种类:"这些可怕罪行的野蛮和兽性超过了人类正常的理解能力。从这个词最充分的意义上讲,它们是可怕的 scelus infandum 的组成部分和表现形式。它们不在国际法和刑法的所有传统和习惯措施的范围之内。此类犯罪将犯罪者置于法律之外,并使他们从最充分的意义上说是非法的。上级机关的命令不能为此类骇人听闻的罪行辩护或辩解;它充其量只能在某种特殊情况下提出一个问题,即犯罪者是否发现自己处于危机状况,以及这种危机是否能为他开脱。在任何情况下,都不应将犯罪的非正常性作为讨论的对象,从而使这些犯罪行为的怪异性化为乌有,并减少对其非正常性的意识。"(转引自 Ulman 1996:108)

年和 1907 年的海牙和平会议,标志着从以欧洲为中心的世界秩序到"一般普遍主义的无空间性"(spacelessness of a general universalism)的转向(Schmitt 2003:230 – 232)。这一转向在国联中确立下来,并使战争的含义在《凡尔赛条约》和 1928 年的《凯洛格公约》中第一次发生了转变。这时,通过把为国家目的进行的战争宣布为非法,侵略战争将被定为非法。同时,也出现了这种战争的替代品,一种为国际目的而进行的新型正义战争(同上 279 – 280)。此外,这一自由普遍主义和对待战争新方式的拥有者和受益人,将会是 19 和 20 世纪的海洋强国,首先是英国,然后是美国。

因此,对于施米特来说,"利维坦/比希莫特"神话与个人主义批判联系在一起,国家的衰弱与普遍主义对欧洲国际法的废除联系在一起。在这一意义上,正当英国要凭借自己的海洋优势建立地球上最庞大的帝国时,英国政治思想家霍布斯试图使用一个海怪的符号,来描述一个基于陆地的定居国家的地理状况就显得十分重要了。然而,对施米特来说并非偶然的是,一个海洋生物成了建立和平的符号,英国人将这一秩序与其海上命运的图景相关联。

从奥德赛到新世界的发现以及哥伦布和他伙伴们的航行,从格劳秀斯的 mare liberum [自由海洋]学说和海洋法,到观念论哲学和神秘主义对"海洋意识"的渴望,从 20 世纪的大西洋主义和北大西洋公约组织,到美国在波斯湾的军事力量部署——陆地与海洋,以及后者对前者的主宰总是一种想象地球的有力方式(对比 Connery 2001)。的确,对于施米特来说,冷战可描述为大陆力量与海洋力量,即地球最大陆地中心的力量与世界海洋上决定性力量之间的辩证对抗(Ulmen 1987:44)。

时至今日,海洋和陆地的关系对于思考国际问题仍然至关重要。与施米特相反,米尔斯海默(Mearsheimer,2001)的"进攻现实主义理论"在处理诸如英国和美国这样的岛国案例时,将"水的遏制力量"视为一种对国家称霸野心施加的限制。此外,陆地与海洋的这种关系也有助于构成我们思考"区域"及其附属地区的方式,例如地中海、波罗的海国家、大洋洲、亚太经济合作组织(APEC)。难民们乘船到达澳大利亚的斗争(由于严酷的惩罚和首相办公室逆向追踪"走私人口的破坏性单位",这种行为已在很大程度上被成功消灭了),或者是那些从北非越过地中海的难民(无论他们被视为英雄还是犯罪分子)的斗争,相比那些持临时签证到达机场后潜逃的人,象征着一个更为强大的叙事空间。世界不再等待以"新世界"祖先那样英雄般的[252]方式被发现和定居,惩罚和预防现在等待着尝试这种探索行为的人(无论人们如何理解澳大利亚作为罪犯流放地的前身与当前拘留营的轨迹关联)。即使我们加上出生这一意涵,但如果我们不考虑开放海洋和领海,海岸警卫队和海军巡逻队的作用,以及如阿甘本所说的,它们与"赤裸生命"和难民困境之间的关系,我们对 nomos[法]的描述都将是严重不完整的。

如今,海洋元素的统治还存在于一个更明显的意义之中,施米特对自由海洋光滑、无痕表面的刻画,表现了他对此早有先见之明。全球化的两个伟大时期,即从 19 世纪到第一次世界大战之前的时期,以及 20 世纪的后半部分,都是海上力量的霸权时期,即 Pax Britannica[不列颠统治下的和平]和 Pax Americana[美利坚统治下的和平]。最近,尤其是自冷战结束以来,人们将世界想象成贸易、投资、资本、信息和文化在全球自由流动的平滑表面,因此也是一种大洋。当虚拟空间或网络空间自由的捍卫者寻求这种自由可以依傍的基础性原则时,他们转向的就是格劳秀斯的海洋自由学说(Connery 2001:178,13n)。还要注意,网络犯罪被描述为"盗版"(piracy)[译者注:与"海盗"有同样的词源]。①

施米特还设想,在他的时代,大地与海洋的关系正在因对新元素的统治而发生改变,这一元素就是天空(air)。在《陆地与海洋》中他就提出,不列颠岛上的工业革命突变引起了英国海洋生存方式的改变。这

---

① 这个词既有"盗版"的意思,也有"海盗"的意思。

种改变又保持并扩展了英国在19世纪的海洋霸权,但同时也使英国在19世纪末遇到了自己的新对手——德国和美国。施米特引用了美国海军上将马汉(Alfred Thayer Mahan,1984)的著作,此人在他的《海权对历史的影响》一书中,主张以维持盎格鲁-撒克逊人对海洋统治为目的,进行英美重新联合。马汉认为,美国注定要意识到自己是一个海洋权力,作为一个被两个大洋所包围的"大型岛屿",美国才处于能够确保当前贸易线路的特殊地位。变得太小的英国将不得不依靠这条贸易线路来维持其帝国。但是,施米特将马汉描绘为一个保守主义者,马汉可以感觉到但不能理解他那个时代"关键性冲击所拥有的能力";为了寻求地缘政治安全,马汉用巨大的打捞船将旧岛屿拖向了更大的新岛屿。然而施米特对这种冲击的态度还是模糊的。他不确定随着飞机的发明,人类是从陆地与海洋的对立转向了天空,还是在内燃机的形式中建立了与火的这种新的根本性关系。因此,一方面他提出,"在那两种神话般的动物,即利维坦和比希莫特之外,又增加了第三种动物:一种大鸟",另一方面他又说,"人们只要想到人类在大气层里是以什么样的技术-机械手段和力量发挥威力……那么火看起来就是那种新加入人类活动的真正元素"。

施米特在1955年似乎接受了没有火元素的观点。[253]他在一篇同名文章中探究了大地新nomos[法]的三种可能性(2003:351-355)。第一种可能是一个单级的世界,冷战的胜利者将会是这一世界的唯一主权。"它将会占取整个地球-大地、海洋和天空"(同上:354)。第二种可能仍然维持了旧nomos[法]的平衡结构,其中美国通过"海空联合统治"来管理和保证世界其他地区的平衡(同上:355)。换句话说,美国在马汉的意义上跟随了英国的脚步,成了更大的岛屿。第三种可能是在数个大空间(Grossräume)之间的平衡。施米特这项探究的有趣之处是,他仍然在考虑天空力量可能替换陆地与海洋的对立。总体而言,地理神话思维,尤其是施米特特别重视的这四个古典元素,显然存在局限性。

施米特倾向于对他注意到的关键冲击和新大地 nomos［法］分别押注。然而，他很确定，飞机改变了战争和军事策略的本质，因为它挑战了关于战争的传统空间概念，尤其是诸如"战场"和"前线"这样的观念，甚至也挑战了陆战与海战的区分，以及统辖这两种战争形式的规则（同上：316-320）。因为空战是一种纯毁灭性的行动，在空中的军事人员不会和陆地上的军事人员产生联系，也不会与当地居民有积极联系；空战也没有为一方领土带来秩序的企图，因为这要求士兵与所占领土的平民产生关系。

空战的出现与在道德上限制战争和以非歧视性观念对待敌人的终止有关，施米特将后面两者视为欧洲公法的主要特征：

> 将敌人当作罪犯的歧视性概念和 justa causa［正义理由］造成的附带影响，与破坏手段的强化和战争方向的迷失并行不悖。（同上：321）

这将施米特带向了另一种神话。他将第二次世界大战后期盟军的空中统治及其对德国平民造成的可怕后果描述为警察行动：

> 轰炸机飞行员直接使用武器对付敌国，就像圣乔治在对龙使用长矛一样。如果战争已转变为针对制造麻烦的人、罪犯和害虫的警察行动，那么必须加强对这种"警察式轰炸"的辩护。（同上）

就这样，施米特在他的利维坦故事中增加了新的内容。正如我们所知道的，利维坦可以是怪兽，可以是机器，也可以是必死的上帝，还可以是鲸鱼、大鱼、恶魔、巨蟒，或这句话中的"龙"。

在国际范围内，这种对"警察"一词的用法在当代意大利后马克思主义对 nomos［法］的刻画中得到了回应。[254] 阿甘本（2000：102）明确地涉及对施米特的回应，前者使用"主权式警察"（sovereign police）一词，来讨论第一次海湾战争以及集中营中被关押人员的待遇。哈特和奈格里的著作《帝国》（*Empire*, 2000：17）讨论了新帝国主义的主权权利形式——作为一种"统治例外状态的司法权力"和"部署警察部队能力"的结合。双方都认为,在新的全球分配中,当前的军事干预,在施米特上述段落所说的意义上,采取了警察行动的形式。尽管我们不能在这里厘清"警察"一词的诸多用法,但"国际警察权力"的概念在国际关系中的悠久历史,至少可以追溯到老罗斯福总统将门罗主义扩展为"国际警察权力的行使"(转引自 Ferguson,2004:52 - 53),以及他在这一扩展意义上对美国在西半球角色的描述。

然而,在警察这个例子中,施米特似乎缺乏理解"警察"一词及其变体的细微差别所必需的观念史,这种对"警察"的谱系学研究开端可见于福柯的著作(例如福柯 2001)、德国观念史(例如 Knemeyer 1980; Oestreich 1982)以及德国"官房学派"(cameralists)对警察科学(Polizeiwissenshaft)的讨论(例如 Small 1909)。然而,我们不必走得太远去寻找警察的各种不同含义。施米特在自己的《霍布斯国家学说中的利维坦》中就使用了这个词,其方式与在上述文献中得到分析的早期现代话语相一致。他曾引用一段霍布斯为对抗布拉姆霍尔(Bramhall)而出版的简短辩护性文章,那时他就使用了"警察"一词来指代"国家强制和平的职能"(1996b:21 - 22)。对施米特来说,"国家的绝对主义是对人内在具有的、不可扼制的混沌力量的压制。卡莱尔就直接而明快地说,(国家就是)无政府加警察"(同上:31)。此处的警察是一种文明的、庄严的状态,警察在其中确保和平、安全和秩序,全部公民在其中也得享安宁(同上:31)。

此处文本中,在利维坦对抗自然状态、宗教战争和内战(比希莫斯)所固有的无政府、反叛性力量的战斗中,警察是利维坦寻求的一种状态。因此,利维坦的创造就是一种警察状态。在另一处文本中,利维坦(作为巨龙)正被新的天空性力量所刺中,这种力量将无政府状态引入战争的规则中,放到了空间性的舞台上。但是在这两者中没有本质性的不一致:施米特认为,警察是主权者为了确保国内秩序而采取的合法行动。战争是在主权者之间发生的,所以需要将警察行为与战争区别开来。将国际军事干预视为警察行动,与将战争彻底重新道德化和新的歧视性全面战争的出现有关。

这种观点的力量,正如施米特的左派追随者不断重申的,在于它注意到曾经的国内警察失去了在战争和军事行动中发挥的作用。它的弱点在于它的解决方案,即怀旧式地重新恢复国内警察和国际战争之间的经典区分(Dean,即将出版)。而在我们的时代,我们不但要区分军事干预和警察行动,还要区分[255]不同类别的警察行动。表面上,我们似乎可以区分联合国警察和维和部队在独立后的东帝汶的角色,以及美国军事警察在阿布格莱布(Abu Ghraib)行动中的不同角色。但此外,我们可能要分析甚至衡量在特定情境中不同机构的警察能力,这些能力被定义为在给定领土内带来并维持民事秩序的能力。正是由于缺乏分析辨别力和历史敏感性,施米特思想的左派利用者认为,盎格鲁-撒克逊的自由主义空中力量终结了欧洲大陆的威斯特伐利亚式领土国家所提供的安全——虽然第三帝国可以用作证明这一结果的替罪羊,但这种观念纯属头脑糊涂的结果。

施米特描述的空中轰炸(大概是针对德国城市)图景,是圣乔治刺穿巨龙(利维坦)的图景。在大多数文艺复兴时期的绘画中(例如贝里尼,拉斐尔,丁托列托的绘画),这个著名场景里都会有第三个人物——即将被献祭给这只野兽的萨布拉公主(Princess Sabra)。就像卡尔帕乔(Vittore Carpaccio)所描绘的暴力图像一样,龙经常被之前受害者的头骨和骨头包围。① 在故事的某些版本中,圣乔治并没有杀死龙,而是驯服了龙。至少在这里,我们有另一种警察形象:使用经过精心校准的武力和最小限度的暴力来保护受苦的(如果是可以被女性化的)

---

① 卡尔帕乔(Vittore Carpaccio,1455—1526)的绘画《圣乔治与巨龙》(St George and the Dragon),作于1502—1508年,位于威尼斯的圣乔治大教堂(Scuola di San Giorgio degli Schiavoni)。关于圣乔治故事的图像展览可以在以下网站找到:www.ucc.ie/milmart/grgwstart.html(2006年6月15日访问)。

人类,由此它可以开始建立一个公民社会。无论在国际领域中警察行动存在哪些实质性问题,我们至少应通过这种形象来考虑使用警察的一种可能性,即通过一种经过仔细校准的武力,以及最低程度的暴力,来保护人类和建立社会秩序。

结 论

科斯肯涅米(Martti Koskenniemi,2004:493)最近论证说,无论人们如何思考施米特的政治选择,《大地的法》的读者"都会被它在批判中的表现性力量所震撼"。这些批判解释了反恐战争是一种完全道德化甚至神学化了的新型正义战争。这种正义战争的新形式被当作一种警察行动来指挥,去对抗那些远在人性范围之外的罪犯化敌人。它们明确地展示,在关塔那摩和阿布格莱布这样的集中营里,生存状况与拷问活动处于一种无规范的例外状态之中,酷刑在这一状态中不过是一个司法解释的问题。这些批判还使读者得出结论:普遍主义者对自由和民主的呼吁正当化了决定参与军事冒险者不受约束的权利,而不论国际法的规定和国际社会的意愿如何。实际上,这些被当今反全球化激进分子所采用的批评,根植于一种非常特殊的神话。

研究施米特神话中所浓缩的各种各样的愤慨与恐惧很有价值。尽管我们会发现他对自由主义的批判——尤其是在国际范围内——十分具有说服力,但我们可能并不希望参与到一种从种族或国别出发的、替代普遍主义的方案之中。正是向这一替代方案移动的可能,[256]意味着施米特的意象传达出一种确定但高度可疑的情感冲动。施米特将他强大的、无可置疑的魔力从他对希伯来圣经的神话分析,转移到了他论霍布斯的书中。尽管如此,他在解释利维坦作为政治象征的失败时,还是忍不住地仇恨一切被明确确认为利维坦内部之敌的人——尤其是犹太人。他执拗地把自己在纳粹德国遭遇的窘境归咎于这些人。当圣乔治把欧洲领土国家当作巨龙来宰杀时,它变成了这样一个故事:自由的盎格鲁-

撒克逊人的空中(和海上)力量,除掉了德国人民中的害虫。

与施米特所有的主要著作相同,《大地的法》为 20 世纪反思自由主义政治与法之根据的历史做出了重要贡献。此外,他继续展示了作为启蒙运动关键组成部分的理性与统治的关系。在施米特看来,国家是启蒙运动最高的成就之一,因为它结束了内战。欧洲公法的国家体系则是一个更高的成就,因为它结束了中世纪的正义战争概念,并且将战争限制在被设想为平等主权者的国家所领导的战争之中。因此,启蒙运动本质上是一种文明化进程。施米特因而可以被解读为类似于法兰克福学派、埃里亚斯(Norbert Eilas)和福柯理论的一种尽管他采取了不同的道路。我们仍然需要建立一种批判机制,这样,我们才能在阅读施米特时,既获得他智识工作的全部益处,又能辨认出附在他身上的那种恶魔性力量,甚至与之搏斗。我们或许可以继续说,这种力量既属于他那个时代,也属于人类本身。

斯特朗(Tracy B. Strong)在十年前就提到,当今,我们对施米特的接受向我们提出了一个问题,即我们应如何处理向我们敞开的智识领域中的责任问题。可能对于任何一种世界秩序的政治神话而言都是如此。关键问题不是我们是否会在道德上、政治上被一个曾经是纳粹的思想家所污染,而是我们是否会被这种思考世界秩序的傲慢所影响。或许,我们需要一种特别的 ethos[气质]来接近这种政治想象与政治诗学,它要能够表现出某种谦虚与自我意识,而且能够寻求一种可理解性。这似乎是达到一种两全的唯一方式:让我们既能发挥神话与语文学的神奇作用,来让这复杂的世界秩序进程变得可思想且有政治上的操作性,同时又意识到,当我们用神话式的诗学来呈现大地时,可能释放出危险与恶魔般的力量。

这样的一种气质可能会使我们提出一个问题,即如何才能既不把施米特从合法的欧洲思想家序列中开除出去,同时又在对自由主义国际理性的批判性历史叙述中利用施米特的洞见。它也会提出另一个问题,即我们应用什么方式来接近施米特,才不会使我们重新陷入施米特曾经陷入的关系之中,即与那些他指控屠杀并享用了大利维坦之人间的关系,无论这些人来自利维坦之内还是之外。如果我们不能够凭我们自己的智识实践来回答这些问题,那么,我们便会丧失重要的基础,去质询关于新世界有序或失序的讨论。

参考文献

Agamben, G. (1998) *Homo Sacer: sovereign power and bare life*, trans. D. Heller-Roazen, Stanford, CA: Stanford University Press.
—— (2000) *Means without Ends: notes on politics*, trans. V. Binetti and C. Casarino, Minneapolis: University of Minnesota Press.
—— (2005) *The State of Exception*, trans. K. Atell, Chicago: University of Chicago Press.
Aravamudan, S. (2005) 'Carl Schmitt's The *Nomos* of the Earth: four corollaries', *South Atlantic Quarterly*, 104, 2: 228–236.
Bachelard, G. (1968) *The Psychoanalysis of Fire*, Boston, MA: Beacon Press.
Connery, C. L. (2001) 'Ideologies of land and sea: Alfred Thayer Mahan, Carl Schmitt, and the shaping of global myth elements', *boundary 2*, 28, no. 2: 173–201.
Dean, M. (1999) *Governmentality: power and rule in modern society*, London: Sage.
—— (2006) 'A political mythology of world order: Carl Schmitt's *Nomos*', *Theory, Culture and Society*, 23, no. 5: 1–22.
—— (forthcoming) 'Military intervention as police action?', in M. Dubber and M. Valverde (eds) *The New Police Science*, Stanford, CA: Stanford University Press.
Elias, N. (1996) *The Germans*, trans. E. Dunning and S. Mennell, New York: Columbia University Press.
Ferguson, N. (2004) *Colossus: the price of America's empire*, New York: Penguin Press.
Foucault, M. (1991) 'Governmentality', in G. Burchell, C. Gordon and P. Miller (eds) *The Foucault Effect: studies in governmentality*, London: Harvester/Wheatsheaf.
—— (2001) '*Omnes et singulatum*: toward a critique of political reason', in M. Foucault *The Essential Works 1954–1984*, vol. 3: *Power*, ed. J. Faubian, London: Allen Lane.
Hardt, M. and Negri, A. (2000) *Empire*, Cambridge, MA: Harvard University Press.
Hobbes, T. (1996) *Leviathan*, ed. R. Tuck, Cambridge: Cambridge University Press.
Holmes, S. (1993) *The Anatomy of Antiliberalism*, Cambridge, MA: Harvard University Press.
Koskenniemi, M. (2004) 'International law as political theology: how to read *Nomos der Erde*', *Constellations*, 11, no. 4: 492–511.
Knemeyer, F.-L. (1980) 'Polizei', *Economy and Society*, 9, no. 2: 172–196.
Mahan, Alfred T. (1894) 'Possibilities of an Anglo-American reunion', *The North American Review*, 159: 551–563.
—— (1965) *The Influence of Sea Power upon History, 1660–1783*, London: Methuen.
Mearsheimer, J. J. (2001) *The Tragedy of Great Power Politics*, New York: W. W.

Norton.
Oestreich, G. (1982) *Neostoicism and the Early Modern State*, Cambridge: Cambridge University Press.
Schmitt, C. (1985 [1922]) *Political Theology: four chapters on the concept of sovereignty*, trans. G. Schwab, Cambridge, MA: MIT Press.
—— (1996a [1932]) *The Concept of the Political*, trans. J. H. Lomas, Chicago: University of Chicago Press.
—— (1996b [1938]) *The Leviathan in the State Theory of Thomas Hobbes: meaning and failure of a political symbol*, trans. G. Schwab, Westport, CT: Greenwood Press.
—— (1997 [1942]) *Land and Sea*, trans. S. Draghici, Corvallis, OR: Plutarch Press.
—— (2003 [1950]) *The* Nomos *of the Earth in the International Law of the* Jus Publicum Europaeum, trans. G. L. Ulmen, New York: Telos Press.
Schwab, G. (1996) 'Introduction', in C. Schmitt, *The Leviathan in the State Theory of Thomas Hobbes: meaning and failure of a political symbol*, Westport, CO: Greenwood Press.
Small, A. W. (1909) *The Cameralists*, Chicago: University of Chicago Press.
Strauss, L. (1996) 'Notes', in C. Schmitt, *The Concept of the Political*, Chicago: University of Chicago Press.
Strong, T. B. (1996) 'Foreword: dimensions of the new debate around Carl Schmitt', in C. Schmitt, *The Concept of the Political*, Chicago: University of Chicago Press.
Turner, C. (1998) 'The strange anti-liberalism of Carl Schmitt', *Economy and Society*, 27, no. 4: 434–457.
Ulmen, G. (1987) 'American imperialism and international law: Carl Schmitt on the US in world affairs', *Telos*, 72: 43–71.
—— (1993) 'The concept of *nomos*: introduction to Schmitt's "Appropriation/distribution/production"', *Telos*, 95: 39–51.
—— (1996) 'Just wars or just enemies?', *Telos*, 109: 99–112.

索　引

（阿拉伯数字为原文页码，译文中以方括号注明）

9/11 attacks 73, 78, 83–92, 97, 126, 132–9, 154

Abu Ghraib 121, 255
aesthetics of existence 222, 227, 229
Afghanistan 76; war in 78, 154, 176
Africa 250; economies 162
agonal tests of strength 5–6, 127
agonistic restraint 113–14, 120
air-power 252–3, 255; American 248, 250
alterity 234, 237
America 45, 79, 90, 113, 147–9; citizens' rights 88; consensual leadership 168; discovery of 173; foreign policy 51, 87, 111
American government 88; Bush administration 90, 135, 139; Congress 87, 90; empire 50–1, 113, 128; *Grossraume* 171; hegemony 73
American political affairs 2, 10, 40, 51, 148
amity lines 126; agonal 141
American power 168, 181; economic 62; military 251; superpower 159
Amnesty International 89, 93
anarchy 26, 79, 109, 113–14, 118, 206; forces of 254; international 23, 25, 32; logic of 175
Anglo-America 50, 59; international relations 37; sea powers 172
Anglo-Saxons 59, 63, 67; air-power 255–6; domination of the seas 252; liberalism 250
annihilation 75, 101, 108–9, 127, 134; of the foe 81, 103, 111; techniques of 215
appropriation 169, 197–8, 216, 245–6; air, sea and space 6, 247; industry 215; legitimate 219
Arab bloc 57, 76, 168; Arab-Islamic culture 162

art of making enemies 233, 235–6
Asia, Central and East 171; disputes in 98
atomic weapons 49–50
atrocities 60; Amboyna Massacre 68
authority 43, 196–7; of the Church 5, 7; proper 66, 68; ultimate 207

balance of power 25–7, 50, 82; world 162, 169
Behemoth 249, 252, 254
Berlin Wall 92, 104; fall of 130, 193
bipolar world 147, 150, 169, 171; demise 154
bolshevism 41, 46, 67
borders 25, 29, 218, 224; fixed 213
Britain 45–6, 50–3, 250–1; sea-power 173, 248
British Empire 36, 41, 173; Commonwealth of Nations 45–6, 168; maritime 168; Reich 47

capitalism 45, 47–8, 150; global 6, 138, 192
Carr, Edward Hallett 10, 37, 41–6, 52–3, 61
Central and South America 149, 162, 171
Central and East Europe 22, 31, 36, 41, 46, 52, 130; centralization 155, 178, 181; global 216
China 45, 162, 168; Ho Chi Minh 98; Mao 99
Christian 157, 211, 216–18; world order 64
Church 28; Catholic 23, 59–60, 217, 250; law 32, 57, 67; moral authority of 127
civil liberties 138; restricted 85, 89–90, 134
civil war 26, 33, 60, 75, 100–1; American 87, 98; end to 256; global 13, 105, 150, 178–9

civilians 74, 80, 102, 161; deaths 63, 177
civilizations 14, 147, 180; construction of 193
Cold War 13, 47, 51, 76, 80–2, 87, 92, 104, 130, 138, 150, 168–9, 171, 178–9, 193, 251; beginning of 1; bipolarity of 167; end of the 128, 147, 151, 154, 170, 252; victor of 52, 253
communism 51, 150, 158–9; collapse of 151, 193; defeat of 172; revolutionary program 99, 101; struggle against 50; sympathizers 88
community 109, 246; international 13, 23–4, 133, 255; law 194; limits of 119; organization of 214; of political entities 4; of shared values 194; spatial character of 244; world 49
competence 196–7
concentration camp 248, 252, 254
concrete order 219; institutional 213; international 216; territorial 4; thinking 217
conflict 44, 113, 176; limit for 108–9, 120; military 100; neutralization of 23, 25; regulated 7; in unity 193; and violence 116
Congress of Vienna 40, 52, 100
constitutive event 214; of international law 215
constructivism 174–5
contingency 24, 210, 219; discourse 245
conventions 89, 93, 99, 103–5, 161, 251
cosmopolitan 13, 128, 130–7, 140, 152, 178, 181; discourses 129; governance 172; law 130; liberalism 180; order 147, 151, 237; vision 166; worldview 134, 160
criminal 80–2; cyber-crime 252; law 7

decision 27, 214–16, 233; borderline concepts of 238; constitutive element 225; on exception 213, 235; ontogenetic character of 229
decisionism 23, 176, 225–6, 237–8; affirmation of 232; ethics 234–6
deconstructionist 112, 118, 237; ethics 232–3
democracy 53, 90, 112–13; identification of 114; liberal 115–16, 119; restoring 118
democratic peace 51; Theory 107, 111–15, 119
deterritorialization 77–8
difference 118–19, 121, 233; liberal appreciation of 111; pluralizing 233; reality of 120
distinctions 29, 79, 108, 125, 224; inside–outside 138; land and sea 26; of law 215; substantive 129; war–peace 121
distribution 141, 243, 245
domestic order 250, 254; legal 210–11
dualist phase 169–70, 197

East Timor 56, 255
economic relations 22, 148–9
economy 244–5; globalization 32, 130, 159, 173
Emperor 66, 155, 208
empire 61, 154–6; global 158–61; world 50, 247
enemy 78, 84–6, 97, 100, 133, 211–12, 233–4, 253; absolute 101, 205; alien 224–5; criminal 74–5, 160, 255; dehumanization of 121, 248; denial of justice to 33, 128, 134, 137–8, 166, 235; of humanity 162, 177; just and equal 7, 126–8, 140; legitimate 26, 29, 60–3; new 73, 137; political 81, 206, 226; public 148; security measures 102; three kinds 213, 219
Enlightenment 157, 160, 178, 256
enmity 92, 207; absolute 75; domain of 38; lines of 140; management of 125; political 110; responsibility of 211; unjust 140
ethics 11, 223, 225, 230–3, 237–8; humanitarian 148; intellectual 156, 249; political 222, 228
ethnic 127, 130, 155; massacres 83; values 157
Eurocentric world 33, 251; destruction of 99
Europe 37, 66, 98, 125, 168, 245; Council of 194; exceptionalism of 22; Mediterranean roots 162; overthrow of 31; without political identity 157; political integration of 51; public law of 59, 63; transnational and international 191
European civilization 3, 30, 104, 157, 185–6, 193; citizenship 191, 196; imperialism 59; global consciousness 248; leadership of 46; migrations 28; political affairs 39; post-war political 37; racism 59; spatial order 27
European Coal and Steel Community 186, 198

索 引 325

European Community 195, 196; contracts between states 189; Court of Justice 186, 194; powers 5, 26; solidarity 188; sovereign states 7; values 192–3
European construction 14, 187, 190–4, 197–8
European legal system 9, 12, 14, 31, 187–8, 190–1, 193, 196–8; common 188; inter-state 150
European Union 104; Constitutional Treaty 185, 190–3, 197; enlargement of 186, 194; law 14, 186–7; member states 192–5; objectives 191
events of the political 208–10, 217
exception 86–8, 90, 109, 176, 210–11, 214, 216–17, 230, 248–9; borderline concepts of 238; decision on 222; global 161; permanent state 91–2; state of 23, 85, 88, 90–1, 254–5
exclusion, modes of 133, 181
existential 225; decisionism 11, 223–4, 227–33, 235–8; equality 234; threat 110

First World War 1, 11–12, 42, 104
force 25, 50, 56, 68, 114, 127, 161; appropriate 88; decisions to use 65–6, 216; limits on 116
Foucault, Michel 222, 225–31, 234, 236, 245–6, 254; genealogy 245–6; transgression 223
founding rupture 210–11, 217, 222
France 40, 156–7, 185; Catholic 64; Fifth Republic Constitution 87; Revolution 79, 101
free space 5, 125, 211, 215–16
freedom 222, 228, 230–1, 237–9; and democracy 148; fighters 79; metaphysics of 216–17; of movement 215; of the sea 27, 173, 247–8; space of 206; of virtual space 252
friend–enemy distinction 74, 99, 107–8, 120, 147–8, 172, 176, 210, 218, 223–4, 226–9, 233–4

geopolitical 9–10, 21, 36, 39, 52, 181, 252
Germany 48–9, 52–3, 63, 67, 84, 87, 157, 250; conceptual history 254; culture 32; foreign policy 36, 41; geo-politicians 45; occupying forces 76–8; people 256; unification of 193
Global Parliamentary Assembly 152
globalization 10, 78, 130–1, 151–4, 157, 160, 170, 173–4, 181, 206, 211, 215, 237, 246, 252

God 60, 206–9, 217
government 245–6; absence of 23, 25; tyrannical 91; world 50, 175
gravity 227–8; unbearable 235
great powers 37, 133, 149, 154, 158; Austria 40; central role of 172; elimination of 43
grievances, political channels for 151–3
grosspolitics 10, 36–7, 46, 52
Großraum 14, 39–42, 45–6, 53, 156, 159–60, 163, 180, 198; theory 36
Großräume 37, 47, 52, 168–9, 179, 181; balance of 167, 253; multinational 37
Guantánamo Bay 89, 93, 121, 162, 248, 255; incarcerations at 105
guerrillas 76, 84, 98–9, 101–3; communist 217

Hegel 207; Marxism 158–9; philosophy 208–9
hegemonic 116, 148–9, 152; balance structure 168; maritime powers 252; states 157, 170
Hitler, Adolf 46–7, 67, 211; expansion into Europe 36; foreign policy 41; war victims 63
Hobbes, Thomas 65, 247, 251, 256; state of nature 23–5,138; theory of the state 249
humanity 110, 133, 140, 148, 205, 209, 234, 246–7; discourse of 126, 134; discrimination within 177; passive 211; suicide of 215; universal 128–32, 135, 137
human rights 89, 119, 129–32, 139, 171; violations of 56–7
Hussein, Saddam 117, 135, 162

immanence 208–11, 224, 229; absolute 218
imperial 51, 63, 67, 181; authority 155–7; expansion 148; federalism 50; liberalism 107; projects 131, 158; sovereignty 254
inclusion 130–1, 248; and exclusion 129
India 162, 168
industrial revolution 45, 75, 174, 178, 181, 252
institutionalism 213–14; contemporary 9, 22
institutions 21, 24–5, 27, 33; history of 23, 214;
international law 3, 7, 11–14, 23, 25–6, 30, 33, 38–40, 41, 50, 52, 61–2, 104, 107, 114–19, 125, 130, 134, 139, 154,

international law – *contd.*
159–61, 167, 187–91, 193–8, 211, 249, 255; abdication of 21; development of 1; Eurocentric era 97, 185; European 8, 22, 29, 99, 103, 243, 251; global 31, 247; new 32, 150; post-war institutions 185; reconstruction of 108; spatiality of 127; supranational 162; traditional 116, 120; transgressing 91
international order 43, 46, 59, 63, 152, 156, 160, 215; emerging 36; legal 60; new 47, 49; post-war 37, 44–5, 51, 125, 129, 167, 169, 179
international organization 151, 186, 193, 196
international politics 2, 9–10, 14, 24–9, 97, 109, 111–13, 118–19, 124, 127–31, 166, 179–80, 195, 198; institutions 30; and law 6; modern 22
international relations 1–2, 4, 6, 8–11, 22, 30–1, 36, 43–4, 52, 58, 65, 105, 111, 114, 124, 127, 155, 160–1, 166, 168, 172, 175, 181, 226; contemporary 179; early 42; English School of 5, 27, 67, 179–80; European 60–1; geopolitical sphere 38; liberal thinking 107; modern 23, 37; problems of 47; theorist 41, 174
international society 3–5, 13, 67, 120, 179–80
international system 24, 109–11, 113–16, 120–1, 130, 167; democratizing 119, 152
interstate system 7, 25, 29, 127, 179, 235
intervention 50, 114, 117, 121, 159; contracts of 149; by force 118–19; global 1, 12, 40–1, 49, 171; humanitarian 10, 56–8, 62, 64, 171; political 169; prohibition of 116; right of 38
Iraq 52, 56, 85, 117, 139; civilians killed 176; opposition groups 76; war in 93, 134–5, 154
Islamic 82, 157; movements 76, 80; war 102–3
Israeli state 76, 80
Italy 156, 193

Japanese Empire 36, 41, 48–9, 84
Jewish 218, 249–50, 256; religion 157
juridical science 32, 149, 196, 215
jurisprudence 3, 21, 125, 185–6, 188, 193, 196; of European Court 194–5; particularity in 191
jus publicum Europaeum 3–5, 7–9, 11–12, 14, 22–7, 32, 37–40, 46–7, 60–7, 101, 105, 125–9, 134, 140, 150, 159, 166–8, 171–3, 179, 185–9, 197, 243, 247–8, 253, 256; achievement of 29; collapse of 198; dissolution of 30
just cause 57, 65, 100, 127–8, 137, 160, 253
just war 12, 23, 26, 67, 74, 80–1, 158, 162, 177, 251, 256; critics of 64; thinking 58–9, 63–5, 66; tradition 57, 62, tradition 171
just warriors 64, 67, 167, 180
justus hostis 7, 25, 66, 126–8, 133, 137, 140

Kant, Immanuel 65, 136
Kellogg–Briand Pact 38, 149, 251
Kosovo 56; campaign 58; killing of civilians in 176; Liberation Army 76

land appropriation 5–8, 26, 60, 125–7, 141, 187, 214–15, 243–5, 248; European 27
land–sea relation 173–4, 249, 251–2
late modernity 209, 217, 222
Latin America 62, 162–3
law 59, 86–7, 115, 173, 215, 245; courts 196; implementation 188; land-bound 213–14, 247; and politics 33; of the sea 248;
League of Nations 11–12, 24, 30, 38, 42–3, 62, 129, 132–4, 136, 149, 160, 167, 175, 185, 189, 193, 251; structure of 159
legal and political systems 115, 166, 213
legal order 87, 188, 196–7; in Europe 189; global 198; national 195, 197;
legal positivism 21, 33, 224, 244
legitimacy 64, 68, 76–7, 85, 87, 90, 101, 172, 179, 196–7, 218, 244; unmatched 117
Lenin 98–100, 158
Leviathan 247, 249–50, 251–6
liberal 2, 107–8, 121, 172, 216–17, 234, 256; cosmopolitanism 11, 130–2, 136, 139; democracies 13, 54, 147; imperialism 111; institutionalism 9, 26, 30, 32; internationalism 61–3, 135, 256; modernity 137; project 114–19; rationalities 246; regimes 76, 85, 89, 91–2, 179; theorists 151; universalism 148, 251
liberalism 13, 41, 46, 61, 107, 111, 114, 118, 127, 131, 135, 148, 156, 180,

245–6, 250, 255; globalization of 172; history of 249; moral theories of 65; struggle against 62, 225
liberty 215, 236; restraining 89, 91
lightness 227, 236; condition of 235; dimension of 228; transgressive element of 228
limits 231, 236; experience of the 235
lines 124–6, 172, 179, 246; beyond the 5, 138, 169; of cosmopolitanism 140; drawn 129, 141; erasure of 135; exclusionary 130–1; geopolitical 137; quarantine 171

managerialism 47–9
maritime power 78, 247, 252
market economy 82, 158; global 78; liberalism 192; trade flows 192, 252; transitions to 193
Marxism 47–8, 173, 178, 236
mass destruction 160, 162; weapons of 116–17
Meier, Heinrich 206, 208–9, 211
military force 58, 64, 155; hegemony 160–1; intervention 181, 254; morality of 57; peacekeeping 255
monism 132, 169, 170, 197
Monroe Doctrine 37, 39–40, 45–6, 49, 61–2, 149, 155–7, 159, 163, 168, 171, 180, 185, 254
moral 65–6, 148, 171, 229; absolutism 233; discourse 112; judgement 61; lapse 249; obligations 119, 231
morality 43, 61, 78, 225, 229, 234; aspects of 229; and ethics 229
multipolar phase 169

Napoleon 73, 82, 92, 100
nation state 48, 130, 154, 156–7, 185; collapse of 128; crisis of 156; European 188–9; role of 158; self-constitution 191; territorial 39
national security 87–8, 90, 93; threats to 89
Nazi 37, 63, 99, 217, 248; extermination techniques 250; foreign policy 51; Germany 256; occupation policy 181; politics of expansion 211; thinker 147
neorealism 9, 28–30, 67
neutrality 28, 60, 225; third party states 7
New World 4, 6–7, 127, 252; discovery of 247, 251; European discovery of 5, 125
nihilism 32, 82–3, 124, 178, 206; active 231; contemporary 218; fulfilment of 232; of imperial wars 162; incomplete 232
nihilistic 217; destruction of law 33, 134; ethos 236; existential decisionism 226
nomos 2, 6, 10, 26–7, 52, 126, 128–9, 133, 136–7, 140, 172, 187–9, 192–4, 218, 242–9, 250, 256; defined 187; new global 197–8
nomos of the earth 1, 3–5, 8–9, 11–12, 14, 21, 30, 33, 59, 63, 67, 97, 104, 124–5, 128, 150, 159, 161, 173, 179–80, 185, 195, 213–17; new 166–9, 179, 253; old 171; pluralistic 181
non-intervention 40, 129, 131, 139
norms 59, 87, 111; hierarchical structure 38; permanent 92; system of 210
North Atlantic Treaty Organization 251

oikos 244–6
ontogenetic 222, 225–6, 229–31, 238
open sea 45, 252
openness 211–12, 214; closure of 233
order 4, 26, 216, 230; cultural dimensions of 21; establishing 188; negation of 153; positivity of 224; self-immanence of 236
originary asymmetry 234, 238
other 79, 114–20, 132–3, 137, 207, 212, 224, 233, 238; dignity of the 111; eradication of 121; foreign 113; positive 234

partisan 73–7, 84, 97, 150, 213, 219; classic 82; deterritorialized 78; political character of the 81; theory of 101; warfare 98–101
Pax Americana 168, 170, 252
peace 27, 43, 62, 128, 137, 158, 198, 254; conferences 8; dissolution of 134; maintenance 149; as the norm 57–8; perpetual 136; practices 138; treaties 78, 80, 248; violators of 134; world 130, 160
Permanent Court of International Justice 43
pest control 13, 105, 256
pluralism 13, 109, 118, 120, 150–1, 168, 205–6; international 235; universal 110
pluriverse 44, 49, 148, 167, 169, 179, 205
police 91, 255; action 134, 149, 177, 253; domestic function 254; militarization of 78–9; technologies 158; world police 211, 216

political 22, 39, 53, 97, 105, 111–13, 118–21, 223, 230; act 86, 227–8, 237–8; authority 38, 177; conflict 109; crimes 81; decision 109, 176, 224; discourse 125, 131, 172; institutions 43–4, 157, 245; intensity 32, 74; no-man's land 98, 101; ontology 225, 233; organization 30; pluriverse 29; realism 23, 25, 37, 135, 189, 222; science 21; survival 50; theology 218, 228; theory 181, 226; union 50; unity 29, 31

political power 44; organized 45; subjectivity 39, 46; world centralization of 175

politics 28, 61, 73, 99; dissolution of 32; global 114; international 38, 43; intra-national 195; origins of 108

post-modernity 77–8, 237

power 21, 30, 45, 114, 230, 245; absolute 116; decentred 222, 227; economic 173; expansion of 104; hyper- 151; international 44; global 158, 161; relations 23, 235; of sovereignty 246

prisoners 121; deportation 88; internment 87, 89, 254; political 79; of war 103, 161

realism 22, 25–6, 30, 32, 42–3, 114, 120–1, 175; contemporary 29; orthodox 28

realist 58, 61, 63; institutionalism 9–10, 22, 27, 30–2; tradition 24

refugees 251–2

Reich 41, 46, 156, 181; Western 171

religious 217; conflict 64; tolerance 47, 155

resistance 76, 78–9, 210, 231, 236; civic 151; homeland 101; movements 99; power of 217; right denied 73, 134; and self-defence 7

respublica Christiana 5, 47, 64–5, 247

revolutionary 98–9; conservative 51, 225, 231, 238; fighter 73–5, 77, 100, 219; activists 98–9

rule of law 86–7, 98, 134

Rwanda 83; French interests 68; genocide 56

sacred, fascination for 217–18

sea-powers 251–2

Second World War 46, 49, 62–3, 76–8, 84, 99, 101, 104, 150, 180, 193, 253, 257

secularisation 6, 38; of the Church 4; of the public sphere 23, 28

security 9; agenda 187; global 90, 171; internal 90, 92, 161; public 149; zone 171

self-creation 116, 229–30, 233–4

South Africa 162

sovereign 27, 29, 86–7, 138, 211, 235; decision 210, 226; nation-state 130, 197–8; police 254; power 154, 243; rights 194, 196; sole 169, 176, 253; states 10, 26, 114–15; subject 236

sovereigns 27; duels between 38; equality of 28, 60, 113, 120, 256; war between 254

sovereignty 23, 48, 51–2, 100, 110, 114, 121, 130–1, 139, 175, 185, 230, 235, 238–9, 245; of law 227; popular 117–18; principles of 222; state 109, 116; territorial 179–80

Soviet Union 36, 40–1, 45–6, 49, 51, 73, 82, 87–8; Bolshevik 62; collapse of 154; former 193

Spain 40, 193; Hispanic world 168

spatial order 12, 27, 124–5, 141, 172–3, 214; European 8, 185; new 174, 198; unity of 214

spatial revolution 173–4, 179

state 22–3, 28, 32, 56, 73, 82, 87, 97, 109, 115, 124, 148, 226–7; centrality 25, 27–9, 130; end of the 10; equality of 40, 113–14; European 6, 8, 27, 39, 59, 67, 156; geopolitical form 37; global 198; law 189; liberal 116–19; liberal democratic 111; modern 4, 9, 24; monopoly 47, 167; non-democratic 121; political systems 157; power 161; specific institution 30; sovereign 44, 60, 63; sovereignty 36, 38, 129, 176, 179; Stalinist 47–8; structure 90–1, 175; super 50, 52; system 68, 256; territorial 168, 173; territories 248; totalitarian 48; world 53, 166, 175–7

structural principles 175, 236; informal 197

subjectivity 137–40, 226–8; mode of 230–2; and power 188; world political 13

subsidiarity and supremacy 196–7

surveillance procedures 51, 88, 91, 114, 161

technology 172–4, 178, 180, 225, 252; counter-terrorist 102; military 175; modern 44, 169; revolution 174; of world order 180 terrorism 1, 76–9, 80–5, 88–9, 116, 151–3; alerts 138; citizen accused 93; definition of 90; fight against 90–1, 93; global 3, 11, 13, 73, 81–3, 129, 139, 161–2; international 102–5; legitimacy of 75–6; methods against 89

terrorist 74–6, 97–8, 101, 105, 151, 162; as criminals 79, 80, 104; Islamic 73, 82–3; legislation 90; political 103; religious 102–3

terrorist networks 77–8; transnational 82

theological 10–11, 207–8, 218

torture 89, 90, 93, 105, 255

total war 77, 80, 103, 109–10, 114; discriminatory 254; legitimate 59, 64

transgression 222, 226–8, 233, 235–6; experience 231; of the limit 227

Treaties 36, 195; Maastricht 157; Paris 186, 198–9; Tordesillas 5; Versailles 12, 38, 43

truth 231, 234–5, 238; centralized 114; claims to 110; of divine law 232; economy of 113; locus of 236; pluralized 109, 111; regimes of 228

undecidability 232, 238; radical 233

unipolar world 147, 150–2, 253

United Nations 24, 30, 33, 50, 98, 104, 119, 134, 160, 162, 169, 189; Charter 114, 116, 129, 139; police, role of 255; Security Council 117, 134

United States 1, 36, 40–1, 46–50, 61, 76, 78–80, 82, 90–1, 98, 103–5, 117, 134–6, 139, 141, 156–60, 162, 251–3; boundaries 39; Constitution 87; foreign policy 40, 42, 126, 161, 171; government 51, 148–9; grand strategy 181; hegemony 3, 13–14, 147, 150, 154; influence 168; interest 53, 171; military police 255; Patriot Act 88, 93; role of 11–12, 49, 254; Supreme Court 93; unilateralism 134

United States power 62, 161, 163; imperial 149; military 62; structure 159; unchallenged 151

United States Presidents: Bush, George W. 78, 85, 88, 92, 107, 147–8, 162; Lincoln, Abraham 87; McKinley, William, assassination of 79; Monroe 52; Roosevelt, Franklin D. 87; Roosevelt, Theodore 40, 79, 254; Washington, George 98; Wilson, Woodrow 40, 61, 149, 175

Universal Declaration of Human Rights 152, 192

universalist 13, 41, 66, 119, 126, 205–6, 251; appeals to democracy 255; humanitarians 153; ideals of humanism 236; liberal norms 131; political 40, 42, 48; spaceless 125, 128–9, 245

values and norms 109, 113; abstractions 192; of the European Union 192; of the law 219

violence 32, 43–4, 49, 77, 133, 103, 107, 110–11, 116–17, 136–7, 216, 218, 237; legitimized 58; limits of 108, 119–21; minimum 255; nihilist 177; organized 26; patterns of 6; political 13, 101; role of 59, 66–7; self-regulation of 128; among states 114; unrestrained 127

voice 113–14; arrogation of 119; global 152

void of undecidability 234, 236; originary 235; proximity to 231, 237

war 25, 44, 54, 60, 73, 107, 111, 114, 119–21, 136, 148–9, 175, 216, 228, 235; of annihilation 6–7, 12, 30, 134; asymmetrical 82; bracketed 9, 22, 28, 63, 66, 101, 125–7, 140, 253; crimes 257; criminalized 38, 251; discriminating 162; as a duel 66; economic 177; and enmity 97, 126; exaltation of 231; foreign 100; game 219; global 161; Gulf 76, 254; humanitarian 57, 67, 138; humanized 10, 58, 62, 64; intensification 179; interstate 26, 32; just 10, 32, 104; justification of 110, 135; laws of 13, 98; liberal 117; limited 128; Napoleonic 68; non-discriminatory 133, 137; nuclear 50; partisan 92; as police action 160; prevention 47; revolutionary 75; right to wage 29; rules of 103; traditional 80; unlimited 30, 128; without end 85, 88; see also civil war; total war

War on Terror 3, 11, 13, 37, 53, 78–82, 85, 89, 92, 104, 121, 126–9, 132, 134–40, 147, 171, 255

warfare 110; modern 62; partisan 1, 99

Weimar Republic 2, 38–9, 87

Western bloc 51; civilization 170–1; defensive concept 40; Europe 52; Grossraum 53; Hemisphere 39, 41, 141, 180; isolationist 12; material values 82; political theory 154; rationalism 31; tradition 47; secularised 83

Westphalia 1–9, 13, 36, 52, 124–30, 137, 140, 157–8, 190; principles 131; territorial state 255

world order 59, 105, 158, 179, 186, 208, 242–3, 250; changes in 67; contemporary 126, 140; democratic 51; multipolar 147, 150; new 78, 104, 157, 172; pluralistic 153, 167, 180, 218; policy of 53; political 36

world politics 3, 125, 169, 177, 211; centre of 31; modern 42; unification 166, 178

world unity 152–3, 166–7, 169, 174, 177–80, 206, 211–12, 215–16, 218

图书在版编目(CIP)数据

施米特的国际政治思想:恐怖、自由战争和全球秩序危机 /(英)欧迪瑟乌斯(Louiza Odysseos),(英)佩蒂托(Fabio Petito)编;郭小雨等译. -- 北京:华夏出版社有限公司,2021.9

(西方传统:经典与解释)

书名原文:The International Political Thought of Carl Schmitt:Terror, Liberal War and the Crisis of Global Order, 1st Edition

ISBN 978-7-5222-0089-7

Ⅰ.①施… Ⅱ.①欧…②佩…③郭… Ⅲ.①施米特(Schmitt,Carl 1888-1985)-国际政治-思想评论 Ⅳ.①B516.59 ②D5

中国版本图书馆 CIP 数据核字(2020)第 260816 号

Copyright © 2007 Louiza Odysseos and Fabio Petito for selection and editorial matter, individual contributors, their contributions
This edition published in the Taylor & Francis e-Library, 2007
All Rights Reserved
Authorized translation from the English language edition published by Routledge, a member of Taylor & Francis Group.

Copies of this book sold without a Taylor & Fancis sticker on the cover are unauthorized and illegal. (封面未贴 Taylor & Fancis 防伪标签的书,将视为盗版)

版权所有　翻印必究
北京市版权局著作权合同登记号:图字 01-2020-3223 号

施米特的国际政治思想——恐怖、自由战争和全球秩序危机

编　者	［英］欧迪瑟乌斯　［英］佩蒂托
译　者	郭小雨　等
责任编辑	李安琴
助理编辑	朱绿和
责任印制	刘　洋
出版发行	华夏出版社有限公司
经　销	新华书店
印　装	北京汇林印务有限公司
版　次	2021 年 9 月北京第 1 版 2021 年 9 月北京第 1 次印刷
开　本	880×1230　1/32
印　张	10.875
字　数	283 千字
定　价	78.00 元

华夏出版社有限公司　地址:北京市东直门外香河园北里 4 号　邮编:100028
网址:www.hxph.com.cn　电话:(010)64663331(转)
若发现本版图书有印装质量问题,请与我社营销中心联系调换。

西方传统：经典与解释
Classici et Commentarii
HERMES
刘小枫◎主编

古今丛编

克尔凯郭尔　[美]江思图 著
货币哲学　[德]西美尔 著
孟德斯鸠的自由主义哲学　[美]潘戈 著
莫尔及其乌托邦　[德]考茨基 著
试论古今革命　[法]夏多布里昂 著
但丁：皈依的诗学　[美]弗里切罗 著
在西方的目光下　[英]康拉德 著
大学与博雅教育　董成龙 编
探究哲学与信仰　[美]郝岚 著
民主的本性　[法]马南 著
梅尔维尔的政治哲学　李小均 编/译
席勒美学的哲学背景　[美]维塞尔 著
果戈里与鬼　[俄]梅列日科夫斯基 著
自传性反思　[美]沃格林 著
黑格尔与普世秩序　[美]希克斯 等著
新的方式与制度　[美]曼斯菲尔德 著
科耶夫的新拉丁帝国　[法]科耶夫 等著
《利维坦》附录　[英]霍布斯 著
或此或彼（上、下）　[丹麦]基尔克果 著
海德格尔式的现代神学　刘小枫 选编
双重束缚　[法]基拉尔 著
古今之争中的核心问题　[德]迈尔 著
论永恒的智慧　[德]苏索 著
宗教经验种种　[美]詹姆斯 著
尼采反卢梭　[美]凯斯·安塞尔-皮尔逊 著
舍勒思想评述　[美]弗林黑 著
诗与哲学之争　[美]罗森 著
神圣与世俗　[罗]伊利亚德 著
但丁的圣约书　[美]霍金斯 著

古典学丛编

赫西俄德的宇宙　[美]珍妮·施特劳斯·克莱 著
论王政　[古罗马]金嘴狄翁 著
论希罗多德　[古罗马]卢里叶 著
探究希腊人的灵魂　[美]戴维斯 著
尤利安文选　马勇 编/译
论月面　[古罗马]普鲁塔克 著
雅典谐剧与逻各斯　[美]奥里根 著
菜园哲人伊壁鸠鲁　罗晓颖 选编
《劳作与时日》笺释　吴雅凌 撰
希腊古风时期的真理大师　[法]德蒂安 著
古罗马的教育　[英]葛怀恩 著
古典学与现代性　刘小枫 编
表演文化与雅典民主政制
[英]戈尔德希尔、奥斯本 编
西方古典文献学发凡　刘小枫 编
古典语文学常谈　[德]克拉夫特 著
古希腊文学常谈　[英]多佛 等著
撒路斯特与政治史学　刘小枫 编
希罗多德的王霸之辨　吴小锋 编/译
第二代智术师　[英]安德森 著
英雄诗系笺释　[古希腊]荷马 著
统治的热望　[美]福特 著
论埃及神学与哲学　[古希腊]普鲁塔克 著
凯撒的剑与笔　李世祥 编/译
伊壁鸠鲁主义的政治哲学
[意]詹姆斯·尼古拉斯 著
修昔底德笔下的人性　[美]欧文 著
修昔底德笔下的演说　[美]斯塔特 著
古希腊政治理论　[美]格雷纳 著
神谱笺释　吴雅凌 撰
赫西俄德：神话之艺
[法]居代·德拉孔波 编
赫拉克勒斯之盾笺释　罗逍然 译笺
《埃涅阿斯纪》章义　王承教 选编
维吉尔的帝国　[美]阿德勒 著
塔西佗的政治史学　曾维术 编

古希腊诗歌丛编
古希腊早期诉歌诗人 [英]鲍勒 著
诗歌与城邦 [美]费拉格、纳吉 主编
阿尔戈英雄纪（上、下）
[古希腊]阿波罗尼俄斯 著
俄耳甫斯教祷歌 吴雅凌 编译
俄耳甫斯教辑语 吴雅凌 编译

古希腊肃剧注疏集
希腊肃剧与政治哲学 [美]阿伦斯多夫 著

古希腊礼法研究
宙斯的正义 [英]劳埃德-琼斯 著
希腊人的正义观 [英]哈夫洛克 著

廊下派集
剑桥廊下派指南 [加]英伍德 编
廊下派的苏格拉底 程志敏 徐健 选编
廊下派的神和宇宙 [墨]里卡多·萨勒斯 编
廊下派的城邦观 [英]斯科菲尔德 著

希伯莱圣经历代注疏
希腊化世界中的犹太人 [英]威廉逊 著
第一亚当和第二亚当 [德]朋霍费尔 著

新约历代经解
属灵的寓意 [古罗马]俄里根 著

基督教与古典传统
保罗与马克安 [德]文森 著
加尔文与现代政治的基础 [美]汉考克 著
无执之道 [德]文森 著
恐惧与战栗 [丹麦]基尔克果 著
托尔斯泰与陀思妥耶夫斯基
[俄]梅列日科夫斯基 著
论宗教大法官的传说 [俄]罗赞诺夫 著
海德格尔与有限性思想（重订版）
刘小枫 选编
上帝国的信息 [德]拉加茨 著
基督教理论与现代 [德]特洛尔奇 著
亚历山大的克雷芒 [意]塞尔瓦托·利拉 著
中世纪的心灵之旅 [意]圣·波纳文图拉 著

德意志古典传统丛编
论荷尔德林 [德]沃尔夫冈·宾德尔 著
彭忒西勒亚 [德]克莱斯特 著
穆佐书简 [奥]里尔克 著
纪念苏格拉底——哈曼文选 刘新利 选编
夜颂中的革命和宗教 [德]诺瓦利斯 著
大革命与诗化小说 [德]诺瓦利斯 著
黑格尔的观念论 [美]皮平 著
浪漫派风格——施勒格尔批评文集 [德]施勒格尔 著

美国宪政与古典传统
美国1787年宪法讲疏 [美]阿纳斯塔普罗 著

启蒙研究丛编
浪漫的律令 [美]拜泽尔 著
现实与理性 [法]科维纲 著
论古人的智慧 [英]培根 著
托兰德与激进启蒙 刘小枫 编
图书馆里的古今之战 [英]斯威夫特 著

政治史学丛编
克服历史主义 [德]特洛尔奇 等著
胡克与英国保守主义 姚啸宇 编
古希腊传记的嬗变 [意]莫米利亚诺 著
伊丽莎白时代的世界图景 [英]蒂利亚德 著
西方古代的天下观 刘小枫 编
从普遍历史到历史主义 刘小枫 编
自然科学史与玫瑰 [法]雷比瑟 著

地缘政治学丛编
克劳塞维茨之谜 [英]赫伯格-罗特 著
太平洋地缘政治学 [德]卡尔·豪斯霍弗 著

荷马注疏集
不为人知的奥德修斯 [美]诺特维克 著
模仿荷马 [美]丹尼斯·麦克唐纳 著

品达注疏集
幽暗的诱惑 [美]汉密尔顿 著

欧里庇得斯集
自由与僭越 罗峰 编译

阿里斯托芬集
　《阿卡奈人》笺释　[古希腊]阿里斯托芬 著

色诺芬注疏集
　居鲁士的教育　[古希腊]色诺芬 著
　色诺芬的《会饮》　[古希腊]色诺芬 著

柏拉图注疏集
　挑战戈尔戈　李致远 选编
　论柏拉图《高尔吉亚》的统一性　[美]斯托弗 著
　立法与德性——柏拉图《法义》发微　林志猛 编
　柏拉图的灵魂学　[加]罗宾逊 著
　柏拉图书简　彭磊 译注
　克力同章句　程志敏 郑兴凤 撰
　哲学的奥德赛——《王制》引论　[美]郝兰 著
　爱欲与启蒙的迷醉　[美]贝尔格 著
　为哲学的写作技艺一辩　[美]伯格 著
　柏拉图式的迷宫——《斐多》义疏　[美]伯格 著
　哲学如何成为苏格拉底式的　[美]朗佩特 著
　苏格拉底与希琵阿斯　王江涛 编译
　理想国　[古希腊]柏拉图 著
　谁来教育老师　刘小枫 编
　立法者的神学　林志猛 编
　柏拉图对话中的神　[法]薇依 著
　厄庇诺米斯　[古希腊]柏拉图 著
　智慧与幸福　程志敏 选编
　论柏拉图对话　[德]施莱尔马赫 著
　柏拉图《美诺》疏证　[美]克莱因 著
　政治哲学的悖论　[美]郝岚 著
　神话诗人柏拉图　张文涛 选编
　阿尔喀比亚德　[古希腊]柏拉图 著
　叙拉古的雅典异乡人　彭磊 选编
　阿威罗伊论《王制》　[阿拉伯]阿威罗伊 著
　《王制》要义　刘小枫 选编
　柏拉图的《会饮》　[古希腊]柏拉图 等著
　苏格拉底的申辩（修订版）　[古希腊]柏拉图 著
　苏格拉底与政治共同体　[美]尼柯尔斯 著

　政制与美德——柏拉图《法义》疏解　[美]潘戈 著
　《法义》导读　[法]卡斯代尔·布舒奇 著
　论真理的本质　[德]海德格尔 著
　哲人的无知　[德]费勃 著
　米诺斯　[古希腊]柏拉图 著
　情敌　[古希腊]柏拉图 著

亚里士多德注疏集
　《诗术》译笺与通绎　陈明珠 撰
　亚里士多德《政治学》中的教诲　[美]潘戈 著
　品格的技艺　[美]加佛 著
　亚里士多德哲学的基本概念　[德]海德格尔 著
　《政治学》疏证　[意]托马斯·阿奎那 著
　尼各马可伦理学义疏　[美]伯格 著
　哲学之诗　[美]戴维斯 著
　对亚里士多德的现象学解释　[德]海德格尔 著
　城邦与自然——亚里士多德与现代性　刘小枫 编
　论诗术中篇义疏　[阿拉伯]阿威罗伊 著
　哲学的政治　[美]戴维斯 著

普鲁塔克集
　普鲁塔克的《对比列传》　[英]达夫 著
　普鲁塔克的实践伦理学　[比利时]胡芙 著

阿尔法拉比集
　政治制度与政治箴言　阿尔法拉比 著

马基雅维利集
　君主及其战争技艺　娄林 选编

莎士比亚绎读
　莎士比亚的政治智慧　[美]伯恩斯 著
　脱节的时代　[匈]阿格尼斯·赫勒 著
　莎士比亚的历史剧　[英]蒂利亚德 著
　莎士比亚戏剧与政治哲学　彭磊 选编
　莎士比亚的政治盛典　[美]阿鲁里斯/苏利文 编
　丹麦王子与马基雅维利　罗峰 选编

洛克集
　上帝、洛克与平等　[美]沃尔德伦 著

卢梭集
- 论哲学生活的幸福　[德]迈尔 著
- 致博蒙书　[法]卢梭 著
- 政治制度论　[法]卢梭 著
- 哲学的自传　[美]戴维斯 著
- 文学与道德杂篇　[法]卢梭 著
- 设计论证　[美]吉尔丁 著
- 卢梭的自然状态　[美]普拉特纳 等著
- 卢梭的榜样人生　[美]凯利 著

莱辛注疏集
- 汉堡剧评　[德]莱辛 著
- 关于悲剧的通信　[德]莱辛 著
- 《智者纳坦》（研究版）　[德]莱辛 等著
- 启蒙运动的内在问题　[美]维塞尔 著
- 莱辛剧作七种　[德]莱辛 著
- 历史与启示——莱辛神学文选　[德]莱辛 著
- 论人类的教育　[德]莱辛 著

尼采注疏集
- 何为尼采的扎拉图斯特拉　[德]迈尔 著
- 尼采引论　[德]施特格迈尔 著
- 尼采与基督教　刘小枫 编
- 尼采眼中的苏格拉底　[美]丹豪瑟 著
- 尼采的使命　[美]朗佩特 著
- 尼采与现时代　[美]朗佩特 著
- 动物与超人之间的绳索　[德]A.彼珀 著

施特劳斯集
- 苏格拉底与阿里斯托芬
- 论僭政（重订本）　[美]施特劳斯 [法]科耶夫 著
- 苏格拉底问题与现代性（增订本）
- 犹太哲人与启蒙（增订本）
- 霍布斯的宗教批判
- 斯宾诺莎的宗教批判
- 门德尔松与莱辛
- 哲学与律法——论迈蒙尼德及其先驱
- 迫害与写作艺术
- 柏拉图式政治哲学研究
- 论柏拉图的《会饮》
- 柏拉图《法义》的论辩与情节
- 什么是政治哲学
- 古典政治理性主义的重生（重订本）
- 回归古典政治哲学——施特劳斯通信集
  ***
- 施特劳斯的持久重要性　[美]朗佩特 著
- 论源初遗忘　[美]维克利 著
- 政治哲学与启示宗教的挑战　[德]迈尔 著
- 阅读施特劳斯　[美]斯密什 著
- 施特劳斯与流亡政治学　[美]谢帕德 著
- 隐匿的对话　[德]迈尔 著
- 驯服欲望　[法]科耶夫 等著

施米特集
- 宪法专政　[美]罗斯托 著
- 施米特对自由主义的批判　[美]约翰·麦考米克 著

伯纳德特集
- 古典诗学之路（第二版）　[美]伯格 编
- 弓与琴（重订本）　[美]伯纳德特 著
- 神圣的罪业　[美]伯纳德特 著

布鲁姆集
- 巨人与侏儒（1960-1990）
- 人应该如何生活——柏拉图《王制》释义
- 爱的设计——卢梭与浪漫派
- 爱的戏剧——莎士比亚与自然
- 爱的阶梯——柏拉图的《会饮》
- 伊索克拉底的政治哲学

沃格林集
- 自传体反思录　[美]沃格林 著

大学素质教育读本
- 古典诗文绎读 西学卷·古代编（上、下）
- 古典诗文绎读 西学卷·现代编（上、下）

柏拉图读本（刘小枫 主编）
- 吕西斯　贺方婴 译
- 苏格拉底的申辩　程志敏 译

中国传统：经典与解释
Classici et Commentarii
刘小枫 陈少明 ◎主编

知圣篇 / 廖平 著
《孔丛子》训读及研究 / 雷欣翰 撰
论语说义 / [清]宋翔凤 撰
周易古经注解考辨 / 李炳海 著
图象几表 / [明]方以智 编
浮山文集 / [明]方以智 著
药地炮庄 / [明]方以智 著
药地炮庄笺释·总论篇 / [明]方以智 著
青原志略 / [明]方以智 编
冬灰录 / [明]方以智 著
冬炼三时传旧火 / 邢益海 编
《毛诗》郑王比义发微 / 史应勇 著
宋人经筵诗讲义四种 / [宋]张纲 等撰
道德真经取善集 / [金]李霖 编撰
道德真经藏室纂微篇 / [宋]陈景元 撰
道德真经四子古道集解 / [金]寇才质 撰
皇清经解提要 / [清]沈豫 撰
经学通论 / [清]皮锡瑞 著
松阳讲义 / [清]陆陇其 著
起凤书院答问 / [清]姚永朴 撰
周礼疑义辨证 / 陈衍 撰
《铎书》校注 / 孙尚扬 肖清和 等校注
韩愈志 / 钱基博 著
论语辑释 / 陈大齐 著
《庄子·天下篇》注疏四种 / 张丰乾 编
荀子的辩说 / 陈文洁 著
古学经子 / 王锦民 著
经学以自治 / 刘少虎 著
从公羊学论《春秋》的性质 / 阮芝生 撰

刘小枫集
城邦人的自由向往
民主与政治德性
昭告幽微
以美为鉴
古典学与古今之争［增订本］
这一代人的怕和爱［第三版］
沉重的肉身［珍藏版］
圣灵降临的叙事［增订本］
罪与欠
儒教与民族国家
拣尽寒枝
施特劳斯的路标
重启古典诗学
设计共和
现代人及其敌人
海德格尔与中国
共和与经纶
现代性与现代中国
现代性社会理论绪论
诗化哲学［重订本］
拯救与逍遥［修订本］
走向十字架上的真
西学断章
编修［博雅读本］
凯若斯：古希腊语文读本［全二册］
古希腊语文学述要
雅努斯：古典拉丁语文读本
古典拉丁语文学述要
危微精一：政治法学原理九讲
琴瑟友之：钢琴与古典乐色十讲
译著
普罗塔戈拉（详注本）
柏拉图四书

经典与解释辑刊

1. 柏拉图的哲学戏剧
2. 经典与解释的张力
3. 康德与启蒙
4. 荷尔德林的新神话
5. 古典传统与自由教育
6. 卢梭的苏格拉底主义
7. 赫尔墨斯的计谋
8. 苏格拉底问题
9. 美德可教吗
10. 马基雅维利的喜剧
11. 回想托克维尔
12. 阅读的德性
13. 色诺芬的品味
14. 政治哲学中的摩西
15. 诗学解诂
16. 柏拉图的真伪
17. 修昔底德的春秋笔法
18. 血气与政治
19. 索福克勒斯与雅典启蒙
20. 犹太教中的柏拉图门徒
21. 莎士比亚笔下的王者
22. 政治哲学中的莎士比亚
23. 政治生活的限度与满足
24. 雅典民主的谐剧
25. 维柯与古今之争
26. 霍布斯的修辞
27. 埃斯库罗斯的神义论
28. 施莱尔马赫的柏拉图
29. 奥林匹亚的荣耀
30. 笛卡尔的精灵
31. 柏拉图与天人政治
32. 海德格尔的政治时刻
33. 荷马笔下的伦理
34. 格劳秀斯与国际正义
35. 西塞罗的苏格拉底
36. 基尔克果的苏格拉底
37. 《理想国》的内与外
38. 诗艺与政治
39. 律法与政治哲学
40. 古今之间的但丁
41. 拉伯雷与赫尔墨斯秘学
42. 柏拉图与古典乐教
43. 孟德斯鸠论政制衰败
44. 博丹论主权
45. 道伯与比较古典学
46. 伊索寓言中的伦理
47. 斯威夫特与启蒙
48. 赫西俄德的世界
49. 洛克的自然法辩难
50. 斯宾格勒与西方的没落
51. 地缘政治学的历史片段
52. 施米特论战争与政治
53. 普鲁塔克与罗马政治
54. 罗马的建国叙述
55. 亚历山大与西方的大一统
56. 马西利乌斯的帝国
57. 全球化在东亚的开端
58. 弥尔顿与现代政治